庸父贤子

成化弘治

张明林◎编著

明宪宗　明孝宗

西苑出版社

图书在版编目（CIP）数据

庸父贤子：明宪宗成化、明孝宗弘治 / 张明林编著. —北京：西苑出版社，2011. 10

ISBN 978-7-5151-0107-1

Ⅰ. ①庸… Ⅱ. ①张… Ⅲ. ①明宪宗（1447～1487）—传记 ②明孝宗（1470～1505）—传记 Ⅳ. ①K827=48

中国版本图书馆CIP数据核字(2011)第211996号

庸父贤子 明宪宗成化、明孝宗弘治

编　　著　张明林

出版发行　西苑出版社

通讯地址　北京市海淀区阜石路15号　　邮政编码：100143

电　　话：010-88624971　　传　　真：010-88637120

网　　址　www.xycbs.com　　E-mail: xycbs8@126.com

印　　刷　北京中印联印务有限公司

经　　销　全国新华书店

开　　本　787mm × 1092mm　1/16

字　　数　216千字

印　　张　15. 25

版　　次　2012年1月第1版

印　　次　2012年1月第1次印刷

书　　号　ISBN 978-7-5151-0107-1

定　　价　30. 00 元

明宪宗纯皇帝朱见深
明孝宗敬皇帝朱祐樘

卷首语

明宪宗即位初年为于谦平冤昭雪，恢复景帝帝号，又能体谅民情，励精图治。但日益喜好方术，终日沉溺于后宫与比他大19岁的丰腴熟女万贵妃享乐，并宠信宦官汪直、梁芳等人，以至奸佞当权，西厂横恣，朝纲败坏。成化二十三年（1487），万贵妃去世，八月，宪宗过于悲痛而随之驾崩，为大明王朝留下一段粉色的浪漫记忆。

明孝宗皇帝不但是明朝的中兴明君，采取种种措施减轻老百姓的徭役赋税，把本已经衰败的明朝再度复兴起来，而且还是中国历史上唯一一个用实际行动实践男女平等的皇帝，因为母亲的悲惨遭遇让他深感皇帝拥有三宫六院的危害，他一生只娶了一个张皇后，不封贵妃、美人，过着与平常百姓几乎一样的夫妻生活，作为一个拥有无上权力的皇帝，这真的是非同一般。

目　录

上卷　荒唐昏聩　弊政横生

——明宪宗朱见深

中卷　恭俭有制　勤政爱民

——明孝宗朱祐樘

下卷　孝宗、宪宗两朝之谜

荒唐昏聩
弊政横生

第一章　成化之初气象新

明宪宗朱见深（1447~1487）原名朱见濬，是明朝历史上第八位皇帝，明英宗朱祁镇的长子。英宗在土木堡被俘，太后把朱见深立为皇太子。代宗朱祁钰即位，在景泰三年（1452），废朱见深为沂王。英宗复位以后，又被立为皇太子。天顺八年（1464）英宗病死后，18岁的朱见深继承了父亲的皇位，改年号为“成化”，史称“成化皇帝”。朱见深性情温和，谨慎，信任大臣。在对待他的叔叔即景帝的问题上，尤其表现出宽厚的一面。

明宪宗朱见深像

朱见深在位23年，宠爱年长的万贵妃，由此而听任宦官梁芳等人耗费国帑，购买奇玩淫巧。他还宠信宦官汪直，建置西厂，数兴大狱，使宦官专权进一步发展。同时，他还偏信僧道，沉湎方术，内批授官，冲击了正常的官员除授程序。总之，成化一朝虽无大的战事，政局较为平稳，但朝政已经极其秽乱，弊政横生，危机四伏，为后世留下了隐患。

宪宗朱见深登上帝位的命运曾几度起伏。正统十四年（1449）八月十五日，“土木之变”发生后，明太皇太后张氏下令，让英宗的异母弟弟郕王朱祁钰监国，总理国政，立英宗长子朱见深为皇太子，正位东宫。这一年，朱见深只有两岁。这是朱见深第一次当皇太子。

明宪宗成化明孝宗弘治

景泰元年（1450），受尽屈辱的英宗大难不死，被也先送回北京，这时朱祁钰已经在朝臣们的拥戴之下，做了快一年的皇帝，年号也改作“景泰”。随着政局的逐渐稳定，代宗就开始考虑如何废掉朱见深，而以自己的儿子朱见济取而代之。朱祁钰珍惜到手的权力，不肯拱手让出，把英宗送入南宫加以幽禁。景帝想立自己的儿子做皇帝，因此朱见深在东宫居住的时间没能太久，景泰三年（1452），他的太子之位被废掉，改封为沂王，朱祁钰封自己的儿子朱见济为太子。

朱见深年纪小，每日只知玩乐游戏，当不当太子对他来说并不重要。他得到沂王的封号，照旧过着优裕的生活，衣食无愁。在后宫里，他最亲近的有两个人，一个是他的母亲周贵妃，另一个是因反对废掉朱见深太子地位而被朱祁钰废掉的皇后汪氏。汪后与周贵妃关系一直很好。汪氏对朱见深十分喜爱，经常不避人前地与周贵妃往来走动，由此遭到了朱祁钰的斥贬。因此，朱见深对她十分尊敬。

但是，也许命中注定他就是做皇帝的料，上天好像只垂青于他。景泰八年（1457）正月十六日夜里，发生了富有戏剧色彩的“夺门之变”。朱祁镇重新登上了皇帝的宝座。随着父亲的复辟，朱见深也有了出头之日，很快恢复了太子的地位。英宗复辟后，朱祁钰很快就病死了，报复心极强的英宗下令景帝的嫔妃全部为景帝殉葬，太监拟出的名单上也包括汪氏。朱见深听说后，马上找到父亲，重新提起了汪氏当初遭贬的事因，英宗遂与宽宥。朱见深还请求父亲允许汪氏出宫安居旧邸，并将私蓄一并带去。这以后，朱见深时常陪母亲去看顾汪氏，并邀请汪氏进宫叙谈家常，感情一如当初。

天顺八年（1464）正月二十六日，18岁的朱见深即位，以第二年为成化元年（1465）。朱见深知道，新君临朝给人印象最深的是能否割舍私爱。他把这把火首先烧向了典玺太监王纶。王纶是朱见深做太子时最喜爱的一个内官，朱见深即位之前，朝官中有人预料王纶日后必有大用，就极尽巴结，王纶也直言不讳，在朝中造成了很坏的影响。朱见深即位后，依照李贤的建议，立即将王纶逮捕下狱，发配到南京服苦役。第二把火是为于谦平反。前兵部尚书于谦曾在土木之败后力撑危局，挫败了兵临京城之

下的瓦刺大军，后被人陷害，被英宗砍了脑袋。朱见深还是太子的时候，就闻知这是冤案，为了平息朝野的怨怒，他不为父讳，下令为于谦平反。第三把火是恢复了被父亲废掉的景帝的帝号。有人进谗言说景帝废他的太子，朱见深只是一笑说："那些事已经过去了，不要再提了。"他继位后做的这几件事深得人心。朱见深除了做了这几件事外，还任用贤臣，使得成化初期的朝政一新。

在治理朝政方面，他给人的最初印象是一个有朝气的青年。为了保持安定，朱见深继续任用一大批父亲信得过的老臣，尤其将李贤视为得力的辅臣，几乎做到了言听计从，并且又陆续在内阁中添进了许多忠直之士，朝政颇有振兴的气象。朱见深继位时的阁臣，初时有三位，分别为李贤、陈文、彭时。李贤颇有宰相风度，身为大学士兼吏部尚书，为政识得大体，在用人方面，进贤而退不肖。在朱见深的支持下，李贤提拔了一批忠于朝廷的官吏，同时革斥了四千多名冒"夺门"之功而获爵位的投机者。陈文、彭时也是尽心辅佐。朱见深对此深存感激之心，特赐给厚禄，以示嘉许。

成化元年（1465），南方大旱，湖广、河南、陕西、四川交界处的荆襄地区，流民不堪赋税徭役之苦，造起反来。朱见深接到奏报，令湖广总督李震为总兵官，由工部尚书白圭提督军务，率军征讨。一年后终于胜利。接着又派人征讨广西境内大藤峡的瑶民起事。大约有一个月左右，瑶民战败，大藤峡一带遂告陷落。事后，韩雍令士兵把大峡中的青藤砍断，把大藤峡改名"断藤峡"，并磨崖勒石，立了纪功碑。捷报驰抵京师时，正值大雪初降，朱见深踏雪赏玩归来，兴致未消，又添喜悦，格外兴奋。他传旨嘉奖，提拔韩雍，让他担任右副都御史提督广西军务。以后朱见深又镇压了荆襄山区人民起义，派兵击退了北方蒙古连续对西北河套地区的进攻。虽然带有镇压起义的性质，可对于明朝的巩固却是大有意义的，朝野因此对朱见深大为赞许。

朱见深即位之初，勤政爱民，一扫英宗留下来的秽气。可惜的是好景不长，宪宗渐渐沉迷于神仙、佛道和长寿秘术，纵情声色之娱和货利之乐，政务陷入一片迷茫之中。

第二章　姐弟恋宫闱情深

独霸后宫享恩宠

中国古代得宠的妃子数不胜数，但多以青春姿色取媚，而始终如一备受宠爱的，却谁也不及宪宗朱见深的爱妃万贞儿。

万贞儿，原籍青州诸城（今山东益都县）人，父亲万贵为县衙掾吏，犯法戍边。万贞儿年仅四岁便充入掖庭为奴，十多年后出落得花容月貌。万贞儿为人聪明伶俐，入宫后服侍英宗的母亲孙太后，很得孙太后的喜爱。到了正统十四年（1449），万贞儿已经长成了19岁的妙龄少女，被孙太后派去照顾年仅两三岁的皇太子朱见深。这是他们缘分的开始，幼小的太子从此以后与如同保姆的万贞儿形影不离。他在这个乳母的精心照顾下一天天长大，渐渐长成为一个少年。

孙太后画像

朱见深长于深宫，自小锦衣玉食，娇生惯养，但却经常缺乏真正的母爱，万贞儿在他的眼中很像母亲，有时又很像姐姐。令人惊讶的是，不知道从什么时候开始，朱见深居然爱上了大他

17岁的宫女万贞儿，这当然是为皇室所不容的感情，但是他却终其一生都没有改变。当时无论是文武大臣，还是后宫妃嫔，以及后来的修史者，都对他的行为迷惑不解。

据历史记载，万贞儿虽秀丽端庄，可并无倾国倾城之貌，相反，“貌雄声巨，类男子”。朱见深的母亲周太后就曾质问过儿子：“彼有何美，而承恩多。”朱见深称，“彼抚摩，吾安之，不在貌也。”再明确不过地回答了这个问题。用现代心理学或许可以很好解释这种现象，它绝不是一般的男女情爱，而是从小形成的复杂的依恋之情，俄狄浦斯情结，是其他任何人代替不了的。

万贞儿为了将朱见深牢牢地掌握在自己的手里，她处处迎合朱见深，努力琢磨养生之术，以保持美丽的身材和容貌，无微不至地照顾朱见深的衣食住行。可以说，朱见深是在她温柔的怀抱中长大的。少年太子稚嫩而单纯，从未尝过感情滋味，怎么能抵挡得住这样一个风情万种的成年女子的刻意挑逗呢？他依恋着万贞儿给予的温柔体贴，年纪渐长后又体验到万贞儿无尽的风情，沉浸在万贞儿温情和柔情的双重陷阱中不能自拔。

天顺八年（1464），朱见深登基。尽管他身边有后有妃，但这位万贞儿在他心目中的地位，是任何嫔妃也取代不了的。本来，宪宗是想立万贞儿为皇后，而且在他心目中，万贞儿实际上就是统领六宫的皇后。然而，明朝廷却不能接受万贞儿，皇亲国戚和臣民百姓也不能容忍一个大皇上17岁的随侍宫女成为堂堂天朝母仪天下的国母。因此，宪宗不得已立吴氏为皇后，授权她正统六宫，但宪宗对这位新皇后却冷淡得很。

年轻漂亮的皇后，入宫之初就得不到丈夫的喜爱，心里十分不满。万贞儿自恃宠幸，每次见到吴皇后都板着脸不给她面子，甚至故意摆架子，使吴皇后非常生气。起初还能勉强容忍，后实在忍耐不住，免不了斥责她无礼。可万妃非但不知收敛，却对皇后反唇相讥。一次惹得吴后性起，命宫人将她拖倒在地，亲自取过杖来连击数下。

朱见深对皇后本无感情，心思全在万贞儿身上，见到自己心爱的女人被打，岂能容忍？于是，他决定废后。立后不到一个月就要废后，而且只因为一件小事，很难令人心服。所以，他又找了一个理由，说吴皇后是在太监牛玉的阴谋之下冒立的，不但把牛玉发配边疆，还趁机废除了吴氏的皇后称号，把她打入冷宫。万贞儿知道皇帝一心护着自己，在宫中更是横行无忌。万贞儿原以为这下能登上皇后之位，但皇太后又是强烈反对，使她与皇后宝座再次擦身而过，皇后尊贵的身份给了王氏。王氏天资聪颖，又性情淡泊，早就看透了宫廷中的浮沉，因此对万贞儿一味地忍让，好让万贵妃无可乘之机，以达到明哲保身的目的。这种情况下，万贞儿实在无法扳倒王皇后，只能转而专注于迷惑朱见深。

万贞儿善于投皇帝所好，经常身穿戎装，骑着高头大马在皇帝的辇车前扬鞭开路，皇帝十分喜欢她这身装扮和不让须眉的豪气，不但没有嫌弃她，反而对她宠爱有加。

成化二年（1466），已经37岁"高龄"的贵妃万贞儿为朱见深生下了他的第一个儿子，宪宗十分高兴，册封万贞儿为皇贵妃。朱见深欣喜之余，将万氏一门尽数封官，并赏赐万氏大量金银财宝，还一心想着要尽快立这个孩子为太子。他还兴奋地派人到全国各地去祭祀山川河海、天地神灵。万贞儿觉得，自己这回终于能成为名正言顺的皇后了，再也没有人能因为她出身低下而蔑视她。只要她的儿子将来当了皇帝，她就更是权倾天下的皇太后了。

然而万贞儿并没有高兴多久，一年后，她的儿子居然夭折了，这也是她一生中唯一的儿子。失去了手中仅有的王牌，万贞儿开始处心积虑地为自己的未来打算，经常在后宫颐指气使，恃宠而骄，以残酷的手段使其他受孕的女子堕胎，以至于宫中人人都惧怕她。由于朱见深的宠爱，万贞儿在朝廷中也曾弄权不止：一方面许多官吏通过贿赂她而得到了提升；另一方面，其父兄为锦衣卫指挥使，侦伺百官，统领诏狱，控制朝官，并通过阁臣万安把持朝政。后宫中一提到万贵妃，无人不闻之色变。成化七年（1471），她又毒死了贤妃柏氏生下的皇子，这也是宪宗唯一一个在世的孩子。

宪宗没有子嗣，自己也很烦恼，朝中的大臣们更是为此而忧心忡忡，甚至有人还直言要宪宗"广施恩泽，博爱后宫"，言下之意是要皇帝不能只专宠万贵妃一人。宪宗当然也知道没有皇子的严重性，可要他放弃与万贞儿的多年感情却万万不能。对大臣们的直言上书，他给予的回答是“这是朕的家事，朕自己会做主”。大臣们见皇帝如此固执，也没有别的办法了。

万岁阁老误朝廷

万安是四川眉州人，善于揣摸皇上心意，因此得了个“万岁阁老”的称号。

成化五年（1469），万安担任大学士、入内阁。两年后，由于宪宗多日不上朝会见群臣，当时的大学士彭时和商辂就力请宪宗出来上朝。司礼监宦官于是约定皇上御殿之日召大臣应对，并说：“君臣初见，感情可能不融洽。不要多言，等到将来再说。”入内时宦官又叮嘱了一遍，到召见时，彭时说：“昨天御史有奏疏，请削减京官的俸薪。这样做武臣不免失望，请照旧为便。”

皇上答应了。彭时本来还要说其他的事，岂料万安叩头高呼万岁，便想出来。彭时、商辂不得已，都叩头而退。宦官嬉笑朝臣说：“你们曾说不得皇上召见。这回见到了，只知道呼万岁吗？”这件事一时传为笑谈，万安被称为“万岁阁老”。

万安委过于人的本事，实在是高明。尹直入阁，想请见皇上讨论事情。万安劝他说：“从前彭公请召对，一语不合，即叩头呼万岁，以此让人笑话。现在我辈应每事都尽言，由太监选择向皇上汇报，皇上无不应允，这胜过当面应对多了。”

当时万贵妃宠冠后宫，万安通过宦官献殷勤，自称是子侄之辈。万贵妃曾自愧没有门阀家世，听说有万安这个亲戚非常高兴。万贵妃的弟弟锦衣卫指挥万通，以同族身份多次走访万安。万通的妻子王氏，她的母亲从博兴来，王氏对母亲说：“原来家贫时，曾把妹妹送给别人作妾，现在她在哪？”她母亲说：“好像是四川万编修家。”万通心疑是万安，访问之下，果然是万安的妾，从此两家妇人经常往来。万通的妻子落籍在禁宫内，可以随便出入，万安因此得以详知宫中动静，更加巩固了自己的地位。

成化九年（1473），万安升为礼部尚书，后来改调到户部。十三年（1477），被加封为太子少保，不久改为文渊阁大学士。明孝宗出阁，万安升为吏部尚书，谨身殿大学士，不久加封为太子太保。万安为首辅，与南方人结党，刘王羽与尚书尹旻、王越又以北方人为党羽，互相倾轧，搞得朝廷乌烟瘴气。

万安掌权近20年，每遇科举考试，一定令他的门生任考官，因此他的子孙外甥女婿多得登第。儿子万翼，任南京礼部侍郎。孙子万弘璧，是翰林院编修。万安在位许多年，只做过一件好事，那就是借势上奏撤了西厂。成化十八年（1482），汪直在皇上的面前失宠，言官请撤西厂。皇上不许。万安上奏再次请求，回报批准了，中外人士颇因此而称赞万安。除了这一件事，万安最有名的就是给宪宗的奏章中大谈房中术了，这件事直到明孝宗时才揭露出来。明孝宗继位后，有一天皇上在宫中得到一小盒奏疏，发现里面都是论房中术的，末尾署名是"臣安进"。皇上命太监怀恩拿着它到内阁，说："这是大臣所应该做的吗？"万安羞愧流汗，伏在地上，就是不说辞职的话。到大臣们弹劾他的奏章呈入后，皇上又命怀恩对着万安读。万安多次跪下恳求哀悯，没有离去之意。怀恩上前摘下他的牙牌说："你可以出去了。"万安这才慌着找马回到家中，请求退休离去。当时他已七十多岁了，路上还盼望能得到复用。过了一年，万安去世，赠太师，谥文康。万安死后不久，万翼、万弘璧也相继死去，万安竟然绝后，世人都说这是他应得的惩罚。

万安一生庸庸碌碌，当时人讥讽他"面如千层铁甲，心似九曲黄河"，形象生动地描绘出了万安的厚颜无耻。当初纪氏之死，内庭纷纷暗指是万贵妃做的手脚。明孝宗即位后，廷臣建议逮捕审问曾经出入禁宫的万氏亲戚。万安惊恐不知所为，说："我已经不与万氏往来了。"明孝宗仁厚，放过他们不问，万安得以无事。可笑万安充其量只能算是一个小人，没有对国家造成太大的伤害，因为他的胆子很小。

太子几度险丧命

明孝宗朱祐樘是明朝的第九个皇帝，被评价为明代帝王中最具风范的明君，可他的少年时代却过得危险而坎坷。至于生母，也是一个普通的宫女纪氏。

纪氏是广西一个地方酋长的女儿。纪氏长得很美丽，为人伶俐聪慧。明军杀死了纪姓土司首领，将纪氏俘至北京，送入后宫。入宫以后，很快升任女吏。她秀美出众，颇有文才，但由于她是乱酋之后，没有资格侍候皇帝和宫中后妃，所以被派往一处宫室，管理书籍。宪宗喜好文墨，一天偶然去翻阅书籍，正好巧遇纪氏，就临幸了她，纪氏因此暗结珠胎。

万贵妃画像

由于宪宗专宠万贵妃，万贵妃恃宠而骄，在宫中横行无忌。她决不允许任何一个女人母以子贵，夺走宪宗对她的专宠。所以她派人在宫中暗自侦察，千方百计地阻挠其他嫔妃宫女和皇帝接近。万贵妃一听说纪氏怀了孕，马上派太监张敏去打探实情。不知是同情纪氏还是因为一些别的什么原因，张敏并没有如实回奏纪氏怀孕的消息，只是向万贵妃回报说，纪氏是因为得病，所以肚子肿胀。万贵妃这才放下心来。可她还是不想放过这个引起皇帝注意的女子，命人将纪氏关到西内的冷宫中去。

纪氏在冷宫中忍受着孤独寂寞，几个月后居然生下了一个儿子，这就是朱祐樘。由于营养不良，这个孩子一生下来就很虚弱，头顶上还少了一撮头发。纪氏生下孩子，心中仍然很害怕，担心这个瘦弱的孩子早晚会被害。幸亏太监张敏帮助纪氏将小皇子藏在一个隐秘的地方，细心喂养。宪宗的第一个皇后吴氏因为被万贵妃嫉恨而被废，这时也居住在西内的冷宫中。吴皇后心地善良，也很同情纪氏的遭遇。共同的命运把这两个女人连在一起，吴氏便加入到了纪氏的行列中，共同对付万贵妃和她的心腹。她们一起细心地抚养皇子，就这样苦撑时日，皇子在艰难的困境中一天天长大，一晃就熬过了六个春秋，而宪宗对此始终一无所知。

成化十一年（1475）的一天，宪宗召张敏为他梳理头发。宪宗对着镜子，看着镜中的自己已经渐生白发，不禁长叹道："老将至矣，无子！"张敏闻言马上跪伏请罪，"奴才罪该万死，万岁已有皇子！"宪宗不禁愕然，忙问皇子安在，张敏回答说："奴才说了即死，请万岁给皇子做主！"站在一边的太监怀恩，也随声伏地顿首说，"敏言是，皇子潜养西内，今已六岁矣！匿不敢闻！"宪宗欣喜若狂，当即传令驾幸西内，并派使臣前往迎接皇子。

小皇子穿上小红袍，坐着小轿，被一路簇拥着送到宪宗的面前。皇子长期幽禁，胎发都没有剃，在这冷宫的凄风苦雨中度过了整整六年，这时已是长发及地。皇子披头散发，摇晃着扑向身穿黄袍、长着胡须的宪宗。宪宗张开双臂，抱着自己的儿子，老泪纵横。宪宗悲喜交加，将儿子放在自己的膝上，细细端详。他看了很久，最后流泪说道，"是我的儿子，很像我。"

朝中大臣得知后万分欣喜，纷纷入贺。宪宗立刻颁诏天下，封纪氏为淑妃，立即迁出冷宫，住进了宫城内的永寿宫。一时间，冷寂多年的后宫又热闹非凡，宫禁也因此失去了平静。万贵妃得知此事，恨得咬牙切齿，终日破口大骂，"群小欺哄我！"不久，宫里出了一件特大的怪事：刚刚住进永寿宫的纪淑妃突然暴死，紧接着，帮助纪氏潜养皇子的太监张敏也不知因为什么吞金自尽了。史书中对纪氏和张敏的死都写得含含糊糊，可明眼人都知道，这必定是万贵妃心中怀恨而暗中下的毒手。宪宗明明知道事情的原委，但是他一直对万贵妃怀着一种又爱又怕的情感，这件事发生以后，他既不追究死因，也不追查杀手，事情就这么不了了之。

明宪宗成化明孝宗弘治

宪宗对这好不容易得来的儿子十分宠爱，为他取名为朱祐樘，并很快立他为太子。为了太子的安全，他也开始注意宫中的防范措施。因为，多年来后宫中到处都是万贵妃的亲信眼线，他谁也不敢相信，只好把太子放到自己的母亲所住的仁寿宫去。尽管如此，太后和皇帝还是派许多人片刻不离地保护太子。太后也常常嘱咐太子说，如果万贵妃给你任何东西，都不要吃。太子年纪虽轻，但是从小生长的环境使他聪敏异常。

有一天，万贵妃叫太子到她宫中去玩。临去之前，太后又细细叮嘱了一遍，太子一一点头答应。到了万贵妃的宫中，他果然什么也不吃。万贵妃让他一起吃饭，他说吃饱了，万贵妃让他喝茶，他回答说怕有毒。万贵妃气得要命，却也无奈。

万贵妃挟恨在胸，酿成肝疾，到58岁时，变得更加喜怒无常。一次怒打宫女，因体胖心脏负荷量大，加之怒气冲顶竟然猝死。万贵妃死去，对她一往情深的宪宗也很快追随而去。饱经磨难的太子朱祐樘，终于登上了皇帝宝座，成为一代明君，这也足以使他那命运凄惨的母亲纪氏的在天之灵得到一些安慰了。

第三章　阉宦弄权乱朝纲

汪直弄权

汪直，明朝宦官，瑶族，生卒年不详，大藤峡（今广西大藤峡）人。汪直幼年入宫，在宪宗宠妃万贵妃宫中做小太监，后来升为御马监太监。一次，宫中混入了外人，虽很快被发现，但宪宗就此十分担心有人要谋害他。汪直为人狡黠，宪宗便常派他带一二人乔装出宫，秘密侦察外间的事，由此得到宪宗的宠信。

明成祖时设了东厂，专门负责这方面的事，其权势与锦衣卫相当。据此，宪宗于成化十三年（1477）正月，在东厂之外，又正式设立西厂，汪直便被任命为主管，从此他就开始飞扬跋扈起来。西厂所置缇骑几倍于东厂。缇骑是贵官前导和随从的骑士，而其权势远远高于锦衣卫之上。西厂特务四出侦察，无论是王府、边镇，还是南北河道，都布有西厂校官。官员百姓，大政小事，以至民间的街谈巷议、鸡狗琐事，都在西厂的侦察视听之下，稍不留神，便被缉拿。

汪直领西厂后，为树立权威，屡兴大狱，广罗手下。他手下有个叫韦瑛的人。一次，韦瑛向太医院左通政方贤索取药品，方贤未给，韦瑛大怒，派人搜查，得到了片脑沉香和御墨及龙凤瓷器，就把他抓了起来。汪直甚至捉拿大臣都不通过皇上，有捉完又放的事情皇上竟然不知道。汪直利用宪宗对他的信任，先后逼走了大学士商辂等忠臣，从此更加有恃无恐地欺压大臣们，大臣进见汪直居然都要跪着说话。

王越和陈钺是靠汪直才升官的大臣。陈钺是一个彻彻底底的笨蛋，只是因为会拍汪直的马屁才飞黄腾达。陈钺靠结交汪直而擢升为右副都御史，巡抚辽东。成化十五年（1479）秋，汪直受命巡边，率飞骑日驰数百里，御史、主管等官迎拜马首。各边都御史畏惧汪直，都迎出数百里外。

汪直到辽东，陈钺“郊迎蒲伏，厨传尤盛，左右皆有贿”。汪直对他更加喜欢。兵部侍郎马文升恰好奉命在辽东，不吃汪直这一套，对陈钺也很怠慢。陈钺、汪直于是对他进行陷害，终于使他丢官谪戍。汪直“年少喜兵”，陈钺给他出主意征伐伏当加，以立大功。汪直即用扶宁侯朱永做总兵官，自任监军出兵征伐伏当加。大军回来后，汪直果然升了职。王越看到陈钺用协助汪直出征的办法得到了好处，也起而效法，劝汪直出征。汪直诈称亦思马因犯边，让宪宗下令朱永与王越西讨，汪直为监军。结果王越得封威宁伯，汪直再加禄米。汪直的出征，招致了边境的不安宁，辽东巡按强珍上表弹劾陈钺，汪直袒护陈钺，竟将强珍谪戍。于是人们称陈钺、王越为“二钺”。

汪直及西厂的行径，激起人们极大的不满。大学士商辂等上疏，要求罢西厂，疏中言道：“自汪直用事以来，卿大夫不安其职，商贾不安于途，庶民不安于业，若不立即加以匡正，天下安危，未可知也！”宪宗见疏，大为不快，说：“无非是用一内臣，何至于危及天下。”传旨查问奏疏是何人主使。商辂对奉旨前来的太监说：“臣等同心一意，为国除害，不分先后。”这时，兵部尚书也率九卿上书弹劾汪直。宪宗不得已，下令罢西厂，解散缇骑，划归锦衣卫，汪直仍回御马监，一时人心大快。

然而，好景不长。宪宗虽罢了西厂，却依然宠信汪直。一个月后，有个御史逢迎宪宗之意，请求恢复西厂，宪宗立即同意。逢迎之辈很快被加官晋爵，商辂等官员被迫辞官，原来的兵部尚书被贬为民，而由汪直的亲信王越接任，汪直的权势越发炽盛。

据说，有个江西人叫杨福，大家都说他长得像汪直，于是他冒充汪直，自芜湖出发，先后去苏州、常州、杭州、四明（今浙江宁波），沿途官吏对他俯首听命，百般巴结。后来，他又到福州行骗，结果败露。

汪直好大喜功，王越，陈钺等人便劝汪直用战功来巩固自己的地位。汪直听了正中下怀，借口辽东有战事，几次协同王越，陈钺等人出征，每次回来后都得到宪宗的厚赏。汪直迷恋战功，时常在外。宫中有个善演杂戏的小太监，名叫阿丑。一天，他在宫中扮醉酒者谩骂之状，别人提醒说：皇帝来了。他照旧谩骂不休，说：“汪太监来才避走，今日只知汪太监也。”随即，又学作汪直的模样，手操两钺，走到宪宗面前，说：“我统率军队，全仗此两钺。”别人问哪两钺，他答道：“王越、陈钺也。”宪宗也忍不住笑了。然而，他由此也对汪直及西厂的胡作非为有所觉察。

成化十七年（1481），明朝北部边境遭受蒙古骑兵侵扰，宪宗命汪直、王越前往宣府御敌，敌兵退却后，其他人均奉调回京，却让汪直移镇大同。朝臣们看到这个情况，知道汪直在宪宗面前失宠了，才敢上告他往日的罪行。十八年，言官弹劾西厂胡作非为有违国体，宪宗下诏再罢西厂。次年，又借口汪直与总兵不和，将他贬到南京司马监供职。八月，御史徐镛上疏弹劾汪直与王越、陈钺勾结欺罔不法之罪，疏中有“天下只知有西厂而不知有朝廷，只知畏汪直而不知畏陛下”之句，宪宗对汪直的擅权用事这才进一步警觉，下诏贬汪直为南京奉御，其党羽王越等被罢黜，从而结束了汪直多年的飞扬跋扈。

这一调动使汪直一落千丈，真是树倒猢狲散。汪直离开北京的时候，没有一个人理他。在去南京的路上，形单影只，冷冷清清，以前那种一路喧哗，前呼后拥的场面再也没有了。汪直是个飞扬跋扈的太监，但还谈不上祸国殃民的程度。汪直本人，后来也逃过了惩罚，寿终正寝。在明代专权的宦官中，他可能算是最幸运的一个。

梁芳敛金

除了汪直外，太监梁芳也是朱见深所宠信的宦官，但他的手法与汪直不同：汪直注重“权”而梁芳注重“财”。

梁芳在成化一朝，虽然不如汪直那般有权势，却在另一个方面破坏了朝廷的正常秩序。梁芳知道，要得宠于宪宗，最好能得到万贵妃的信任。为了敛财，梁芳经常给万贵妃送一些美玉珍宝，又以采办珠宝为名出使各地，在地方上大肆搜刮民脂民膏。因为万贵妃的缘故，朱见深对此也就不管不问。梁芳还利用宪宗对道教和佛教的迷信，修建宫观庙宇，从中贪污。例如，拓建永乐朝所建的显灵宫，改名为大德显灵宫。据说，在梁芳的挥霍下，内库中前几朝累年积蓄下来的七窖金子都花光了。所以，从成化一朝的历史来看，其挥霍程度也是很惊人的。

为了弄到更多的钱，梁芳甚至开始卖官鬻爵。江西人李孜省，原来是江西布政司的一个贪赃枉法的小官吏，他得知宪宗喜爱方术，便拜左道为师，学会五雷法，重金买通太监梁芳，向宪宗进献符咒。再比如僧继晓，据说知道“秘术”。他也是靠着梁芳的引荐得到了皇帝的信任，使宪宗迷信于佛教，并诱使宪宗在西市建大永昌寺。据说，建寺一项费银十万，迁移居民几百家。尤其荒唐的是，僧继晓的母亲是一个娼妓，他竟然请求皇帝旌表他的母亲，而皇帝也下令不需要审核，直接就为他的母亲立起了牌坊。甚至，皇帝还经常将宫中的宫女赐给继晓，供其淫乐。

终成化一朝，梁芳始终得宠于宪宗。只是明孝宗即位以后，梁芳才被谪居于南京，很快又把他下大狱。梁芳的擅作威福，交结官员、卖官鬻爵终于让他受到了应得的惩罚。

第四章 醉心方术惑淫邪

宪宗一生干过两件令人费解的事：一件是专情于肥胖的万贵妃，一件是专心于方术。宪宗是怎样迷恋上方术的呢？这里面有三个人起到了重要作用。

第一个是李孜省。李孜省是南昌人，以布政司吏待选京官。当时宪宗正在喜好方术，不过还不算太变本加厉。李孜省为了得到宠幸，就学起了五雷法，并结交宦官梁芳等人，靠符篆得到了宪宗的欢心，终于在成化十五年（1479）做到了太常寺丞，宪宗又赐给他金冠、法剑和两枚印章。李孜省尝到了甜头，更加献上淫邪之术，逐渐掌握了大权，开始在政治上为非作歹了。

李孜省当上大官后，不仅陷害忠臣，还积极为宪宗引荐方士之流人物，使皇上周围充斥了大批因方术而得进的官员。邓常恩和赵玉芝都懂得方术，累升为太常寺卿。赵玉芝遭母丧时，皇上特赐祭葬，大治坟茔，所用制度超过了应有的等级。

顾玒工靠着扶鸾术，累升到太常寺少卿，他的母亲去世时，皇上赐祭葬，还赠给诰命。按惯例，任四品官不到三年的不给赠诰命和赐祭，可皇上却特许给他了。不久，顾玒工升为本寺卿，他的两个儿子顾经和顾纶，也官任太常寺少卿。凌中因擅长书写，供事于文华殿，没几年便升为太常寺卿。也有偶尔因为法术不灵而遭贬的，不过毕竟是少数。有个叫李文昌的，所进的方术试验不灵，被杖打五十而斥还。岳州通判沈政以绘画技巧爬到太常寺少卿，请聚敛天下货财充于内府。皇上发怒了，把他投进监狱，杖打后贬到广西庆远府任通判，人们颇为快意。这些人和李孜省狼狈为奸，大大搅乱了成化朝的政治。

李孜省是在政治上捣乱，宪宗还没有认识到自己的错误。另一个人继晓则是亲手引导宪宗迷醉于方术之中。

继晓是江夏僧人，他以秘术通过梁芳得以进用，被授予僧录司左觉义，后升为右善世，被任命为通元翊教广善国师。他每天引诱宪宗做佛事，在西市建大永昌寺，逼迁民居数百家，耗费国库钱财数十万。员外郎林俊请求斩梁芳、继晓以谢天下，可总是受到宪宗的严厉责备。继晓担心灾祸及身，请求归家养母，并请求空名度牒五百份，宪宗都听从了。宪宗初即位时，即以道士孙道玉为真人。后来，西番僧人扎巴坚参被封为万行庄严功德最胜智慧圆明能仁感应显国光教弘妙大悟法王西天至善金刚普济大智慧佛，他的徒弟扎实巴、锁南坚参、端竹也失都被封为国师，赐给诰命。他们的服食器用都比拟于王者，锦衣玉食者有近一千人。他们取荒冢中人骨的顶骨做念珠，骷髅作法碗。给事中魏元等人恳切劝谏，皇上不听。不久进封扎实巴为法王，班卓儿藏卜为国师，又封领占竹为万行清修真如自在广善普慧弘度妙应掌教翊国正觉大济法王西天圆智大慈悲佛，又封扎失藏卜、扎失坚参、乳奴班丹、锁南坚参、法领占五人为法王，其他被授予西天佛子、大国师、国师、禅师的不可胜计。道士被加以真人、高士之号的也充积于京师。大国师以上赐给金印，真人赐给玉冠、玉带、玉珪、银章。继晓尤其奸猾，盗弄威权，他所奏请的事皇上立即依从。成化二十一年（1485），言官极力论奏继晓之罪，皇上才将他勒令为民，但各番僧仍没有动及。

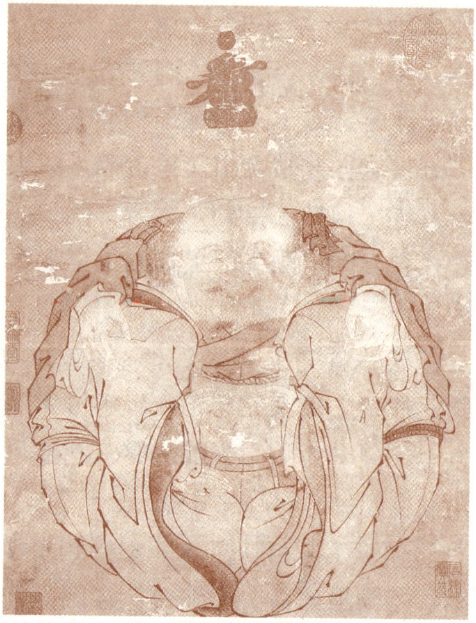

明宪宗所绘《一团和气图》

李孜省和继晓的进用，得力于同一个人，这就是宦官梁芳。梁芳与汪直同时，如果说汪直窃权乱政的话，梁芳则是个十足的败家子。他引诱宪宗大做佛事，起修寺庙，把国库钱财挥霍一空。有一次，宪宗视察内帑，看见历朝历代积累的七窖金银都用没了，就指着梁芳和另一个宦官韦兴说："浪费帑藏，就是因为你们两个人啊！"韦兴不敢回嘴，而梁芳却辩解说："修建显灵宫及各个祠庙，都是为陛下祈万年之福嘛！"宪宗很不高兴地说："我不与你计较，但后来人会和你算这笔账的。"

宪宗的话一点也没说错，明孝宗继位之后，听从大臣建议，废黜梁芳，李孜省死在狱中，又把继晓处死，做了件大快人心的事，可浪费的钱财却再也回不来了，这都是宪宗好方术带来的后果，他实在也是难辞其咎。

第五章　开滥制遗患后世

传奉官

天顺八年（1464）二月，即位不到一月的朱见深下了一道诏令，授予一位名叫姚旺的文人为文思院副使。《明史》对此的简要记载是："二月庚子，始以内批授官。"这便是"传奉官"之始。传奉官是不经过正常途径，即不经选拔、廷推和部议等选官过程而由皇帝直接传旨任命的官员。成化年间，四方"白丁"勾结内臣，进献珍玩，哄皇上高兴了，动辄便赏个什么官。

这一举措对制度的破坏，带来了三个最直接的后果：第一，从此，皇帝视官爵为私物。只要皇帝喜欢，他可以随意任用官员，从而破坏皇帝与官僚士大夫之间的平衡。宪宗自己，也往往一传旨就授官百数十人。对于士大夫们来说，官爵原是"天下公器"，皇帝这样的行为，无疑将官爵变成了"人主私器"。第二，传奉官既然是由皇帝直接任命的，也就说明大部分人是无法通过正常渠道获得官职的。对于一个文官政府来说，混杂着一大批出身于军人、僧道、工匠、画士、医官的官员，朝廷想不乱政都很困难。传奉官中多数是一些佞幸之人，靠着结交宦官或者行贿的手段取得一官半职，他们的在职也就大大地败坏了吏治。第三，既然传奉官由宫中旨意直接传授，而又不需要经过吏部复核，因此，掌握宫中大权的嫔妃及太监就可以借皇帝之名，大行私利，卖官鬻爵。据说，大太监梁芳取中旨授官，累计就达一千人。

传奉官的泛滥，引起了许多官员的不满，大臣们纷纷上疏指责传奉官之弊。成化十九年（1483），山西巡抚郑时上疏，指出传奉官日益冗滥，弹劾梁芳、李孜省等。御史张稷也上疏，谈及传奉官给朝政带来的混乱："末流贱伎妄厕公卿，屠狗贩缯滥居清要；文职有未识一丁，武阶亦未挟一矢。……自古以来，有如是之政令否也？”张稷的意思说，自有传奉官后，文官中竟有一字不识的，武官中竟有从来没拿过弓箭的，自古以来，有这样的政治吗？因此，官员们纷纷请求淘汰传奉官员。

成化二十一年（1485）正月的一天，京城上空坠落一道白光，并有赤星出现。古时天象变化常被附会人事、政事，出现如此星变，宪宗不免有些惊惶，忙下令群臣，直言时政得失。于是，九卿大臣、给事御史纷纷上书，条陈政事，指责的中心便是传奉官，认为这是目前“最大且急”的弊政。有大臣在上疏中为宪宗算了一笔账：“一年传奉千人，几年就是几千人；几千人的俸禄，一年就要耗费几十万。这些都是国家的租税，老百姓的脂膏。”请求宪宗尽罢传奉官。

在巨大的舆论压力下，宪宗有所感悟，于是贬李孜省为上林监丞，斥罢五百余名传奉官，一时朝野称快。然而，大臣们有关方士、宦官的言论，不免触痛宪宗。宪宗便叫人暗自把这些大臣的姓名写在屏风上，遇有官员调迁，便将这些大臣贬往边远地区。直至成化二十三年（1487）明孝宗即位后大力裁汰冗官，这才平息朝野的议论。

由宪宗创造的传奉官本是对制度的破坏，但由于能满足历代皇帝任用私人的愿望，竟成了制度。或许，皇帝们都认为，“率土之滨，莫非王臣”吧。

西　厂

成化十二年（1476），宫中发生了一个案件，据说有个妖人叫李子龙，用“法术”迷惑了宦官韦舍，潜入皇城，常常在宫内和万岁山（景山）活动，图谋不轨，锦衣卫的官校奉旨把他抓获绞死了。于是，宪宗在已有的锦衣卫和东厂这两个特务机构的基础上，又增设了一个新的机构——西厂，并交给太监汪直掌管。

本来锦衣卫和东厂就干这种事。锦衣卫属亲军，除侍卫仪仗外，还纠察缉访，可以抓人审讯，是皇帝的看家狗。明成祖的时候，怕人不服，又设立了特务机关东厂，专派宦官掌握。如今宪宗还嫌不够，又挑选了成百

个锦衣官校，设了个西厂。至此，厂卫的编制不断膨胀，已超过了六七万人。从此从街谈巷议、打架斗殴，以至夫妻吵嘴，都在他们刺探之列，官吏的言谈行为当然更在他们的监视之中。晚上回宫后，他们就把见到和听到的事情一五一十地禀报宪宗皇帝。

成化十三年（1477）二月，西厂制造了杨晔之狱。杨晔是建宁卫指挥，故少师杨荣的曾孙，与其父杨泰被仇家所告发，逃入京师，藏在姊夫董玙处。董玙找到汪直的心腹锦衣百户韦瑛求情，韦瑛表面许诺，暗地里却报告汪直。汪直立即把杨晔和董玙逮捕，用称为“琶”的一种锦衣卫特有的酷刑拷讯。杨晔“骨节皆寸解，绝而复苏”，因不胜其苦，妄言寄金于叔父兵部主事士伟处。汪直不奏闻朝廷，即捕士伟下狱，杨晔死于狱中，最后杨泰论斩，士伟等皆谪官。借这个案件，汪直还诬左右大臣多得杨晔的贿赂，除大学士商辂外，并及刑部尚书董方、都御史李宾等。汪直利用西厂罗织人罪，数起大狱，搞得政治空气极为紧张，引起了一些大臣的反对。

五月，大学士商辂在要求罢西厂的奏疏中指出：“近日伺察太繁，政令过急，刑网太密，人心疑惧畏怕，汹汹不安，这都是陛下信任汪直，汪直又让一群小人侦查大臣的结果，弄得中外骚然不安，岂能保证不发生什么突然变故呢？”这个奏疏应该说是切中时弊的，但宪宗看过后，大发雷霆，说：“一个太监难道能倾覆天下吗？”商辂据理力争，说：“朝臣无大小，有罪皆请旨收问。可汪直擅自逮捕

商辂雕像

三品以上京官，就连南京的留守大臣也未能幸免。不罢免汪直，国家安得不危！”宪宗大概对这番道理无法驳倒，只好听从建议，下令罢西厂，令汪直回御马监，把韦瑛调边卫，遣散诸旗校。这是第一次罢西厂。

不过，宪宗并非真心接受商辂的意见。当时西厂虽革，但宪宗密召汪直伺察外间动静，并且让他寻觅会耍笔杆的人做助手。有人推荐锦衣副千户吴绶，宪宗就在于罢西厂的当月升了吴绶的官。太监黄赐、陈祖生曾在司礼监任职，位在汪直之上，汪直对他们很嫉恨。西厂被罢后，汪直诬称商辂奏疏为“黄赐、陈祖生意”，目的是“为杨晔报复”，宪宗即让他们去南京。御史戴缙，品质很坏，以九年秩满不得迁而着急，这时得知宪宗对西厂念念不忘的本心，上书“盛称（汪）直功”，请复西厂。

六月十五日，宪宗下令复开西厂。大学士商辂因西厂终于恢复，知事不可为，于是上疏坚决要求致仕。宪宗也乐得他离开，很快就批准了他的辞呈。另外，与汪直有矛盾的刑部尚书董方、都御史李宾等人也先后被迫去职，汪直的气焰更加嚣张。

西厂的兴盛，终于引起了东厂和锦衣卫的不满。东厂的头子叫尚铭，他最先依附汪直得到了宪宗的信用。正当汪直忙于出征时，有贼偷了大内西宫的东西，宪宗命厂校侦缉，东厂抢先抓住了贼子，起获了赃物。这一下激怒汪直，怨恨尚铭抢功，就口称“尚铭负我”，要对付尚铭。尚铭自知捅了马蜂窝，决定先发制人。以前汪直“时或泄禁中语于（王）越”，王越传之他人，尚铭有所耳闻，因将之奏上，并“尽发王越交通不法事”，宪宗于是开始疏远汪直。

成化十七年（1481）秋，给事、御史们交章奏其苛扰，请仍罢西厂。十八年三月，西厂最终被罢，终结了它罪恶的历史。

皇庄

皇庄是明朝皇室直接经营的庄田。一说始于永乐年间（1403~1424），另说始于天顺八年（1484）。武宗时急剧发展，他即位后一月之间，就增皇庄七处，后又增至三十多处。例如，仁宗朱高炽就曾有仁寿宫庄、清宁未央宫庄，英宗朱祁镇为诸子设立东宫、德王、秀王庄田。但是“皇庄”之名，始于宪宗朱见深。他没收宦官曹吉祥在顺义的田地，设为“皇庄”。这一做法，无疑使皇庄的设立名正言顺，从而使皇室搜括土地的风气进入一个高潮。

《菽园杂记》里对皇庄有一段记载：“前代赐诸侯有汤沐邑，赐公主有脂粉田，而皇庄则未闻也。今所谓皇庄者，大率皆国初牧地及民田耳。岁计之入，有内官掌之，以为乘舆供奉。然国家富有天下，尺地莫非其有，仓廪府库，莫非其财，而又有皇庄以为己有，此固众人所不识也！”这段话的意思，明白地表示出对皇庄设立的疑惑。大意是说，前代虽然有汤沐邑、脂粉田之类赐给王侯、公主的庄田，但那还情有可原，然而，“普天之下，莫非王土”，皇帝为什么还要设皇庄作为自己的私产呢?

看来，明代皇帝对于钱财的追逐，显然有一种变态的心理。从明代中期设立皇庄，到明代后期派太监充矿监、税监，目的都是为皇室搜集更多的钱财来满足宫中奢侈的生活。不过，皇庄并不单是皇帝一个人的庄田，而是包括皇帝本身、后妃、皇太子及在京诸王的庄田，也就是说，是皇帝及其妻、子的庄田。因此，皇子若分封后离京去了封地，在封地取得的田地，就不算是皇庄了。

皇庄的分布，主要集中在北直隶的顺天等八府。尤以顺天、保定、河间等府为最多。至于皇庄土地来源，主要有原属国家官田的牧马草场，夺还勋戚的庄田，侵占的民田，“奸民”向管庄太监投献的部分官民田地，未就藩的王府辞还地等。不过，皇庄所占土地的数目无完整记载。

皇庄的设立，其实是开了明代土地兼并的先河。朱见深的皇庄，很快就遍布顺义、宝坻、丰润、新城、雄县等处。到他的儿子明孝宗弘治二年（1489）的时候，在京畿内的皇庄有五处，面积达12800顷。他的孙子武宗朱厚照即位一个月内就在大兴县设皇庄七所，并陆续发展到昌平、真定、保定等地，十年内使皇庄的面积达到37595顷。上行下效，皇帝既然带头兼并土地，藩王、勋戚、宦官也纷纷请求皇帝赐给土地，于是有所谓的王田、官庄。据说，到弘治十五年（1502），全国官田的面积达到民田的七分之一。

土地兼并激化了社会矛盾，在京城附近的皇庄设置，就直接导致了正德年间河北霸县的刘六、刘七起义。而且，在皇庄内，土地所有权与司法权、行政权相结合。皇庄的管理非常混乱。皇庄内部的管理人员大多由宫廷直接委派管庄太监管理，另有官校、庄头、家人等数十人。管庄太监倚仗权势，对农民进行残酷剥削，引起京畿地区农民的不断反抗。正德五年（1510），由于保定诸府把民田献为皇庄，致农民冤声撼野。宦官带着一旗校，再豢养着一帮无赖，“占地土，敛财物，污妇女”，无所不为。由皇庄引发的社会问题，得到一些官僚士大夫的注意。

嘉靖以后，明世宗派夏言查勘皇庄后，将一部分皇庄改称官地，同时还撤回自行管业的皇庄管理人员，由户部派州县官取代，即“有司代管”。但实际上由太监征收皇庄子粒或皇庄子粒银的办法，一直维持至明末，未见改变。宪宗设置皇庄的做法，无疑在与民争利，是在毁坏王朝统治的经济基础。

第六章　成化朝社会万象

安置流民

随着土地兼并的加剧和赋役的不断加重，“逃户”和“流民”日益增多，使明朝政府的赋税和徭役大量流失。同时逃户、流民的聚集，也容易引起暴动，直接威胁到了明王朝的统治。宪宗成化年间，爆发了著名的荆襄流民起义。

长期以来，许多破产农民流亡到荆襄地区垦荒开矿。到成化年间，聚集到这里的流民已达150万人以上。荆襄的郧阳地区，在湖广、河南、陕西、四川四省交界处，蔓延数千里，山深地广，有大量空闲荒地，是流民屯聚开垦的理想地区。为了加强对这一带的控制，天顺八年（1464），明朝特地添设湖广布政司参议一员，专门管理荆、襄、南阳三府流民事宜。

由于明朝屡次强令驱散流民，成化元年（1465），荆襄流民在刘通、石龙领导下举行了起义。刘通，河南西华人，正统年间流亡到湖广房县（今湖北房县）。刘通与石龙、冯子龙等人在房县大石厂聚众起义。刘通称汉王，年号“德胜”，设将军、元帅、国师、总兵等官。刘通竖起反旗后，荆襄地区的流民纷纷加入了义军队伍，一时间，义军声势浩大，人数达到了四万多人。刘通在襄阳房县，豆沙河等地的大山中，分作七屯，且耕且战，并且分兵进攻襄、邓、汉中。刚刚当上皇帝的宪宗急忙派工部尚书白圭、湖广总兵李震前去镇压。在梅溪附近，起义军大败李震率领的湖广军，杀死都指挥以下军官38人。白圭所率领的明军从南漳、远安、房县、榖城四路向梅溪进逼。刘通转战至寿阳，在于古口山与明军血战两天，被俘牺牲。明军残忍地杀害了起义群众及其家属一万多人。石龙一路起义军转战至四川，攻下巫山、大昌，后来石龙被叛变的部下抓住，交给了明军，石龙不屈被杀。

明宪宗成化明孝宗弘治

刘通、石龙所领导的起义虽然被明军剿灭了，但接下来的几年中，旱灾不断，各地的流民仍源源不断地进入荆襄山区。成化六年（1470），李原和小王洪又举起反抗的大旗。李原，又称李胡子，河南人，原来是刘通的部下。李原起义后，自称太平王，活动于南漳和河南内乡、陕西渭南三省交界地带，受到了数百万流民的拥护。成化七年（1471），宪宗派都御史项忠率领大军25万，分八路进攻起义军。这些流民多半是赤手空拳跟随李原起义的，没有武器，更没有严密的组织，在项忠的诱惑下，几十万流民走出大山，削弱了起义军的力量。李原被俘牺牲。小王洪率领的义军转战到了均州（今湖北省丹江口市），中伏被抓。项忠对起义军和流民进行了血腥的大屠杀，沿路被杀和因饥饿瘟疫而死的人达数十万。《明宪宗实录》上说“兵入，尽草剃之，死者枕藉山谷”。

明朝政府在杀逐流民后，试图用严刑峻法和筑堡守卫的办法来隔绝郧阳地区，防止流民再次进入。然而由于社会矛盾并没有解决，饥饿交迫的流民还是成批地涌入荆襄一带，势不可止，到了成化十二年（1476），荆襄流民又聚集到几十万人。为了解决这一问题，祭酒周洪谟根据自己的调查，写成了《流民说》，他总结了东晋时用侨郡县办法处置荆襄流民的历史经验，认为应该采取安抚的政策。宪宗面对无法压服流民的实际情况，采纳了周洪谟的建议，命都御史原杰经略郧阳，抚定流民。设置郧阳府与湖广行都司，并由都御史吴道宏抚治郧阳、襄阳、荆州、南阳、西安、汉中六府。于是有9.6万多户，近40万流民于当地附籍。流民附籍后，垦辟老林，从事农作，开发药材、竹木、铁、炭等资源，荆襄山区逐渐民户稠密、商旅不绝，地区经济得到了很大的发展，流民起义终于灭绝。

成化斗彩

斗彩，即烧制瓷器时的一种工艺，又称为“逗彩”，即在胎上先用青花釉料画出部分花纹，又在釉上与之相适应的加以彩绘，使青花和彩绘形成变化统一的装饰效果，上下斗合，构成全体，故名“斗彩”。斗彩在成化时期烧制成功并取得了突出成就。成化斗彩最大的特点，是以勾绘青花轮廓线，施上白釉烧后，再施彩绘，经过二次烧造，其风格基本上改变了明代永乐、宣德时的拙重，显得秀丽清雅，具体表现在造型上多为小器，如碗、杯、盏、罐等，故有“成化无大器”之说。

成化斗彩的烧制成功，一是它改变了过去较为单一的釉上红、绿彩，开始了釉下青花和釉上多种彩色相结合的新工艺，且色彩丰富，协调融合，争妍斗奇；二是它改变了过去的釉下青花和釉上彩单一独立的特点，而是釉上各种色彩按图案填绘在釉下青花轮廓线的中间，如花朵及叶子均有青花勾的边，而五彩则不然，花朵和叶子均无青花勾边，青花色泽是单独存在于某一纹样上。

大明成化年间斗彩海兽天字罐

斗彩有填彩、点彩、覆彩、染彩、加彩等多种技法。填彩即先在胎上用“苏泥勃青”画出花纹轮廓，然后在花纹轮廓内再填以彩色釉料。点彩即釉面全部为青花，偶尔加几点彩色作为点缀。覆彩即将彩色覆盖在青花花草之上。染彩是指在青花花纹的边外，渲染浓淡深浅如晕状的色彩。加彩是在青花的某一部分增加一种彩色，与青花显出两种色调的对比。这些多种的施彩方法，是成化时期的新创造。

斗彩的釉上彩一般有三四种，多者达六种以上，颜色很鲜，其品种有色鲜如血的鲜红，色重浓艳而有光的釉红，色娇嫩透明而闪微绿的鹅黄，色浓光弱的姜黄，色浓而闪青的松绿，青翠透明的孔雀绿，色调沉稳的孔雀蓝，色如熟葡萄而透明的葡萄紫，以及赭紫、姹紫、水绿、叶子绿等近20种。由于色彩多样，在图案设计时可根据画面内容自如地配色。

成化斗彩基本为官窑产品，制作工艺严格，成型讲究，颜色鲜嫩，描画生动，在明代就有很高的评价。《万历野获编》说："成（化）窑酒杯，每对至博银百金。"《博物要览》记述明末所见的成化斗彩瓷器"较宣德杯妙甚"，各种盏、碟、罐等器"皆精妙可人"。《成窑鸡缸歌注》："描画精工，点色深浅莹而质坚，鸡缸上画牡丹，下画子母鸡，跃跃欲动。"从这些记载中，可见其精制的一斑。

成化斗彩造型小巧，多小件作品，尤以酒杯著名。成化鸡纹酒杯，又称鸡缸杯，以母鸡为题材，表现母鸡带小鸡觅食、玩耍的情景，颇具浓厚的天伦之乐的生活气息。造型小巧玲珑，制作精致，为人珍爱。成化斗彩胎釉精细，呈乳白色，莹润似玉；色彩绚烂，色调鲜明而柔和；绘画线条精细流利，纹样设计精巧，具有较高的艺术造诣。

成化斗彩是明代彩瓷发展的卓越标志之一，历来有"首成化、次宣德、次永乐、次嘉靖"之评，又有"彩瓷贵成化"之说。成化斗彩瓷器在当时便价值连城，其贵重可见一斑。1962年，在北京出土了一对有款为"大明成化年制"的青花斗彩葡萄杯，是成化斗彩的典型器物。该杯杯高4.8厘米，口径7.8厘米，底径3.2厘米，敞口，深腹，圈足，杯身环绕彩绘葡萄藤枝，烧制工艺精湛，施彩巧妙。釉下青花为国产青料，色泽浅淡呈灰蓝色，柔和轻淡，釉上彩绘多样而逼真。它以红彩为枝，红中闪紫；绿彩为叶，绿油油的叶子透视现青花的叶茎；黄彩为蔓，娇嫩的蔓须似正在生长；紫彩为果实，正如熟透了的紫葡萄悬挂于枝头一样，生动表现出葡萄成熟时所具有的质感和色泽。杯的造型小巧雅致，装饰纹样精美，是成化斗彩罕见的艺术珍品。

是是非非八股文

八股文是明、清科举考试规定的文体。每篇分破题、承题、起讲、入手、起股、中股、后股、束股八部分。其中，从起股到束股四部分，是议论的主体，每部分都有两股排比对偶的文字，合共八股，故叫“八股文”，亦称“时文”、“制义”或“制艺”等。八股文作为一种考试文体，采用时间长，影响大，在中外历史上都很罕见。那么，八股文开始于什么时候呢?

一种说法是明太祖与刘基所定或“明太祖朱元璋制定”说，另一种说法是“始于成化二十三年”说。最早持后一说的，是明清之际的顾炎武。他说：“经义之文，流俗谓之八股。盖始于成化之后。”并具体指出：“成化二十三年，会试‘乐天者保天下’文”以及“弘治九年（1496）会试‘责难于君谓之恭’文”均是八股文。

从表现特点来说，明代兴起的八股文的一个重要体裁特征便是它的对偶性。成化以前，八股文的句式基本上还是“或对或散，初无定式”，显得比较自由。成化以后，句式趋于严格化，八股对偶结构越来越明显。如成化二十三年（1487）会试《乐天者保天下》文，弘治九年（1496）会试《责难于君谓之恭》文，程式的要求都已充分强调文体的对偶性。应该说，对偶句式并不是八股文的独创，它作为一种修辞手段早在先秦诗文中就已应用。南北朝时期形成了一种以偶句为主要特征的文体即骈文。唐宋时代，骈文的句式更趋严整。八股文的成熟，与它吸取古代骈文的艺术体制显然是分不开的。明代洪武至成化、弘治年间，八股文的发展逐渐趋于成熟，并出现了一些创作名家，如当时的王鏊、钱福等人便是具有代表性的八股文作家。尤其是王鏊，为八股文制作的一位大家，被人推崇，所谓“制义之有王守溪（即王鏊）”，还有人说“更百世而莫出者”。他的名篇如《百姓足君孰与不足》、《邦有道危言危行》等文，破题简洁明了，议论平缓不迫，层层展开，结构紧凑，对偶工整，比较典型地体现出八股文的一些基本特点。

清人认为：成化年间，试文渐为冗长，凡千百余言，庸陋支离，无恶不备。杨慎说：“破题谓之马笼头，处处可用也；又舞单枪鬼，一跃而上也；又八寸三分帽子，无不可套也；起语数十百言为寿星头，长而虚空也。”这段话十分形象地勾画出了明代八股文之弊，但这同时也提出了一个颇为费解的问题，八股文作为明代士子考试的试文究竟应当如何评价。

明宪宗成化明孝宗弘治

明初本是不用八股的，至成化末始行，然而恰恰是并未以八股取士的成化以前，却正是文化的禁锢时期。明代的文化自从洪武“文字之祸”以后，在专制控制之下，出现了文坛寂寞的局面。永乐之后，文坛盛行“台阁体”粉饰太平，歌功颂德而又空洞无物的文风成为当时的主流。成化以后，社会风气为之一变，文风也随之而出现了变化。也就是说，成化以后八股取士的结果，并未影响到当时文化的发展。而且再到后来，科举试文也都进一步崇尚新奇，将文运的不振归咎于八股文，看来也未必就那么恰当。

如果从八股文的出现重新考虑一下对它的评价的话，应该说，它的主要作用还是使科举考试更加规范化。也就是说，八股文是一种格式化的答卷形式。在传统文化考试的情况下，考官需要一种格式化的答卷，使他们能够有相对固定的评卷参照，就像我们今天考大学的试卷一样，以八股取士实际便是由此而形成的。

对于荐举来说，科举是一个进步，就科举考试自身来说，八股文考试比以前的经义考试又是一个进步。所以，如果客观地考察一下八股文的利与弊，就不会得出八股文完全无用的偏激结论了。

“纸糊阁老”和“泥塑尚书”

“阁老”是明代对大学士的尊称。一般说来，入阁的大臣有三位。成化前期的大学士有彭时、李贤、商辂，这些人都称得上是贤臣。但到宪宗末年，许多内阁权臣为明哲保身不做任何有积极性的工作，因此京城开始流传着这样一句俗谚：“纸糊三阁老，泥塑六尚书”，意在讽刺当政的大臣们如同木偶纸人，光占位置不干活。这也反映出成化后期政治的昏庸。

“三阁老”指万安、刘翊、刘吉，“六尚书”指尹旻、殷谦、周洪谟、张鹏、张蓥、刘昭，这九人旋进旋退，毫无建白，所以有此时评。宪宗在成化十一年（1475）命令刘吉、刘翊二人入阁。这两人加上万安，是其后内阁之中的三人。刘吉是北直隶博野县（河北蠡县）人。此人在成化十八年（1482）因丁忧而必须离职，宪宗令他“起复”，他一面再三恳辞，做出一副淡于名利的孝子面孔，一面却暗托万贵妃的娘家人万喜影响宪宗，叫宪宗不准他辞。

刘翊是山东寿光人，在入阁以前做过翰林院编修，侍读学士，讲起书来倒“词气侃侃”。入阁以后，当商辂在朝之时，办过几件好事，曾经一起扳倒了汪直的西厂，不过后来他得罪了万安，被万安用小计把他赶出了朝廷，也没干什么正事。

刘翊被赶走后，内阁补进了一位叫彭华的大臣。他是原大学士彭时的族弟，却一点也没有彭时的骨气。

有了“纸糊阁老”，自然有“泥塑尚书”。明太祖朱元璋设六部，分别是吏、户、礼、兵、刑、工部。各部各有专职：吏部管官员考核、升迁，户部管人口、财政，礼部管祭祀和外交，兵部管打仗出兵，刑部管审案，工部管工程营造。然而在成化后期，这六部尚书大多都成了泥塑的人物，有所作为的极少。

据专家统计：尚书，从成化十三年（1477）九月至成化二十三年（1487）九月宪宗去世，是下列的几人：

吏部：尹旻、耿裕、李裕。

户部：杨鼎、陈钺、翁世资、余子俊、段谦、刘昭、李敏。

礼部：邹榦、张文质、周洪谟。

兵部：余子俊、陈钺、张鹏、马文升。

刑部：林聪、张荣、杜铭。

工部：王复、刘昭、李裕、谢一夔、贾俊。

这些人中，余子俊、马文升、王复、林聪、邹榦是称职的尚书，其余人称为泥塑并不过分。兵部尚书陈钺是汪直的门下，他在辽东当巡抚，只会滥杀邀功，结果闯了大祸，剩下的烂摊子还要马文升去收拾。陈钺仗着汪直的势力反而升了官，做起了兵部尚书。吏部的尹旻位居冲要而尸位素餐，毫无建树，可他当吏部尚书却有十三年多，从成化九年（1473）三月到成化二十二年（1486）四月，屡进屡退，笑骂由人。礼部的周洪谟，依照《明史》的本传，不像是一个坏人，只是好出风头，专作无关宏旨、人云亦云的“建言”而已。这样的人岂是作尚书的材料？实际上，他不学无术，正如明清两朝极大多数所谓进士只不过是背四书的机器，抄八股的工匠，说废话的专家罢了。户部的李敏虽然自身清正，但缺少才干，也没干什么益国利民的大事。工部的李裕干水利还行，不过他依附李孜省，名声很差，也没有做什么事。

统计一下宪宗成化时的尚书无用的比例，居然是惊人的76%，可见泥塑尚书的数量之多。“纸糊阁老”和“泥塑尚书”构成了成化后期政坛的独特景观，也反映了政治的黑暗。

第七章　玩物丧志宠小人

采办需索

明朝宦官的采办，当从郑和下西洋说起。据王士性《广志绎》说，郑和下西洋时，一面向海外各国宣扬明朝的国威，一面搜求价格昂贵的异邦珍奇，去时除中国特有的丝绸、瓷器、铁器、铜器等实物外，还带有七百多万两白银，前后耗费六百万两，买回大量香料、染料、花木、玩物等。据顾起元《客座赘语》记载，到万历时，南京静海寺仍藏有郑和买回来的西域画《水陆罗汉像》，每到夏季则张挂出来，南都士女观者如潮。而随郑和下西洋的回教徒马欢在其名著《瀛涯胜览》中更详细列举了郑和所采办的诸物，如古里的宝石、珍珠、珊瑚，溜山的龙涎香和椰子，祖法儿国的乳香、血竭、芦荟、没药、香苏合、油木，阿丹国的猫睛石、金珀、蔷薇露、金钱豹、驼鸡、白鸠，等等。

朱见深对于异域珍奇的欲望，丝毫不减于成祖、宣宗，于是便有宦官劝他效法祖宗，也派人去南洋、西洋转转，弄些东西回来开开眼界。万表的《灼艾余集》对此作了记载，颇有意趣：

> 成化间，朝廷好宝玩，中贵有迎合上意者，言宣德间尝遣王三保出使西洋等番，所获奇珍异物无算。上然之，命一中贵至兵部查三保至西洋时水程。时项公忠为兵部尚书，刘公大夏为车驾司郎中。项尚书使一都吏于库中检旧案，刘郎中先入检得之，藏匿他处，都吏检之不得。项尚书笞责都吏，令复入检。如是者三日，水程终莫能得。刘郎中亦秘不言。会科道连章谏，其事遂寝。后项尚书呼都吏诘曰："库中案卷，焉得失去？"刘郎中在旁微笑曰："三保太监下西洋时，所费钱粮数十万，军民死者亦以万计，纵得珍宝，于国家何益？以一时弊事，大臣所当切谅

者。旧案虽在，亦应毁之，以拔其根，尚足追究其有无邪？”项尚书悚然降位，对刘公再拜而谢之曰：“公阴德不细，此位不久当属公矣。”后刘公果至兵部尚书。

其实刘大夏倒是多虑了，即使他不销毁这些档案，朱见深也未必能够组织得起一支像郑和那样的远洋船队；如果真能组织，明代中后期乃至中国近五百年的历史也许会有巨大的改观。

既然弄不到海外的，那么海内的总该搜罗。于是，宦官在各地的采办便成了满足朱见深还有他那位万贵妃欲望的经常不断的活动。与此同时，

宪宗行乐图之一

几乎所有去采办的宦官也都公私兼顾，在为主子搜刮的同时，绝对忘不了给自己留下一份。

根据现在能看到的材料，成化时宦官采办的物品主要有陕西、辽东的药材，辽东、朝鲜的海东青、白鹊、文鱼，辽东、山西、陕西的皮货，浙江、南直的花木、红土，四川的生漆、江西、浙江的瓷器，广东、广西的珍珠，湖广的鱼鲊，云南的料丝灯等土产，以及历代的名人字画和金银、青铜器物，雕器、瓷器、骨器、木器、漆器等；同时通过广州、泉州、宁

波等市舶司的朝贡贸易搜罗来自南洋、日本、琉球等国家和地区的舶来宝石、珊瑚、珍珠、香料、珍禽等。为了筹备采办所需的金银、绵帛、瓷器，又派出宦官往浙江、福建、四川、云南、陕西开采银矿，往辽东、湖广等处淘金、采金，往南直、浙江督办织造，往江西景德镇烧造瓷器。

在采办过程中最为卖力，替朱见深弄到的物事最多、耗资最大，自然也捞得最多、影响最大的宦官当推钱能、韦眷、王敬和梁芳。

钱能是女真人，兄弟四人均为宦官，供奉宫中。钱能排行第三，人称“三钱”，为人机敏，善于奉迎，故得万贵妃的欢心，当上了专门造办、管理宫廷用具、玩器、书籍、画册的御用监的太监。

成化四年（1468）二月，镇守云南的黔国公沐琮上疏说，太监罗珪、梅忠二人同镇云南，罗珪已经病死，梅忠明敏不偏，可以独任，请朝廷不必增派镇守中官。兵部同意了沐琮的意见，并得到了朱见深的许可，由内阁写敕给梅忠，让他总镇云南，用心办事。不料四天之后，朱见深又让司礼监传出圣旨，将梅忠召还，命御用监太监钱能往云南镇守。原来在这四天内，钱能说服了万贵妃，由他出京替贵妃采办珠宝玩物。经万贵妃一吹风，朱见深同意了，于是收回四天前的成命。钱能带着采办的使命，前往云南镇守。这一去，就是十二年，云南从此也闹腾了十二年。

钱能刚去一年，朱见深便收到巡抚贵州右副都御史陈宣的奏疏，劾钱能路过贵州时，随行人员怙势横行，百端需索，民吏骇窜。陈宣特别指出，钱能在路上尚且如此，到其管辖区更可想而知了，云南、贵州汉民和瑶、彝等族杂居，索求过度，后果不堪设想。因此，他要求将钱能所带的随从由十人裁减到法定的五人，并让二省巡按御史严加禁约。对于这类奏疏，朱见深几乎每天都要见到，但均是两个字的批答：“从之。”从字面上看应该理解为同意上疏人的建议，而实际上，对采办宦官的所作所为也是“从之。”何况钱能出去一年，已有不少东西进献。令在京士大夫哭笑不得，而朱见深和万贵妃拍手称好的是，贵州巡抚要求巡按御史禁约钱能，巡按云南的监察御史郭瑞却上疏说钱能“刚果有为，政务归一”，要求“永令镇守”。朱见深对这份奏疏非常满意，批发下去，“命所司知之”。看你们还有什么话说！这样一来，旁人就没法吭声了。

钱能搜刮的对象，首先是域内的汉族和其他少数民族百姓，手段则既卑鄙又可笑。有富翁患头皮癣病，钱能打听到富翁的儿子非常孝顺，便命人将他召来，说其父的癣病会传染，对驻军非常不利；况且年纪大了，老不中用，打算派人将其父沉于滇池。这位孝子明知钱能是在敲诈勒索，也只好忍痛献上一大笔银子。又有一王姓商人，卖槟榔致富，当地人称“槟榔王家”。钱能得知，坏水即冒，命人将商人抓来，责问道：“汝庶民也，敢惑众僭号二字王？”人家明明是卖槟榔的王家，却被他说成称“槟榔王”。富人无处申辩，只得尽出所有，以免蹲监下狱。朱见深和万贵妃如果知道这些事情，定然十分开心，夸“三钱”聪明能干。

然后是眼光向外。云南与安南接壤，但安南国王进贡却经广西而不入云南。钱能命指挥使郭景进京，说安南夷兵借捕盗越境劫掠，请下敕警告。安南兵越境或有其事，但钱能却借这件事做文章。兵部不知其诈，便派郭景前往。郭景作为朝使，本来也应从广西贡道去安南，但他却因钱能的授意而取道云南，带去玉带、蟒衣、丝帛、犬马等，与安南国王拉关系，让安南使者入贡时从云南往返，钱能从中得到安南国王的大量馈赠。

就是永镇云南和黔宁王沐府，也逃不脱钱能的敲诈勒索。钱能久在御用监，过手古玩不计其数，也算得上是古玩鉴赏专家了。在十多年里，他用七千多两银子，先后从沐府弄到价值四万多两的文物古玩，一部分孝敬朱见深和万贵妃，剩下的则全入自己的行囊。后来调南京闲住，钱能与另一太监王赐在公堂上向士大夫展示了他们搜刮的文物：

> 中有王右军亲笔字，王维雪景，韩滉题扇，惠崇斗牛，韩干马，黄筌醉锦卷，皆极天下之物。又有小李、大李金碧卷，董、范、巨然等卷，不以为异。苏汉臣、周昉对镜仕女，韩滉班姬题扇，李景高宗瑞应图，壶道文会，黄筌聚禽卷，阎立本锁谏卷，如牛腰书。如顾宠谏松卷、偃松轴，苏、黄、米、蔡各为卷者，不可胜计。挂轴若山水名翰，俱多晋、唐、宋物，元氏不论矣。

朱见深和万贵妃如果得知这个消息，不知有何感想。钱能进献给他们的，是否比钱能自留的更珍贵？

据《万历野获编》中说，钱能在云南收养巡检司李某之子，取名钱宁。钱能老病时让钱宁管家，钱宁利其所有，便毒死了钱能，于是钱能的财产归了钱宁。另据《明宪宗实录》，成化十八年六月，因进奉甚富，朱见深命太监怀恩传升正在闲住的钱能为南京守备太监。是钱宁所得到的财物，只是钱能进奉以后剩下的。但在南京居住的那些是否也进奉了一部分，则未曾细考。

钱能去云南前后，韦眷也谋得了提督广州市舶司的职务。这是明朝宦官中最有油水的美差。

明代仅在浙江宁波、福建泉州及广州三处设市舶司，接待外国贡使。而且规定，宁波市舶司专接待日本贡使，泉州市舶司只接待琉球贡使，而占城、暹罗及所有其他南洋、西洋贡使均由广州市舶司接待。这样一来，韦眷弄钱弄物的门道自然多了。

与韦眷同时在广东的，还有镇守太监顾恒、采珠太监黄福，三人相互勾结，又暗中争斗，竟以采办进奉为能。顾恒曾一次就和广东都、布、按三司为朱见深和他的后妃们准备了蜜煎果品、藤丝雕漆器皿、银箱酒器及药材、布疋、海味等贡品八十多种；黄福在督促珠工植珠、采珠的同时，还派人往江西、浙江及广东沿海各地收购禽鸟，搜罗各色羽毛，以满足宫中后妃们的需要。但他们弄来弄去只是在境内，韦眷则通过外国贡使采办域外异物。由他进奉的有各种宝石、珍玩、香料、苏木、琥珀，还有犀牛角、象牙等。尤其荒唐的是，竟诱使中亚的撒马尔罕使者远航满剌加，买狮入贡。为了办事方便，韦眷又向朱见深提出要求，让广东布政司增加六十户居民给他办置方物，朱见深也同意了，只是因为地方官的反对，才减为30人。

虽然有不少无耻文官如郭瑞等为虎作伥，但也有许多官员对采办宦官进行干涉和制裁。钱能在云南时，曾遭到巡抚都御史王恕的弹劾；韦眷等人在广东，则受到布政使彭韶、陈选和番禺知县高瑶的制裁。

高瑶是位举人出身的官员，在做荆门州学训导时，就曾经上疏请求追加景帝的庙号，这种以卑官建危言的壮举，曾使举朝刮目。后来高瑶升任番禺知县，查得韦眷派人和南洋贡使做生意，没收了他上万两银子，并将当事人投入监狱。高瑶的这一举动，得到了布政使陈选的支持。陈选在为河南提学副使时，曾与前来巡视的西厂太监汪直抗衡。任广东布政使后，又多方对韦眷的需索苛求进行抵制。韦眷提出增60名夫役，被陈选上疏争辩，减掉30；韦眷让撒马尔罕使者往满剌加买狮进贡，又被陈选上疏劝止。如今陈、高二人联合起来，本想将采办的危害限制在最小的范围，却不知韦眷的后台便是皇帝朱见深。韦眷和外国使臣做生意，固然自己可以从中得到好处，但本钱却是皇帝的，陈选、高瑶以为没收了韦眷的钱，却不知实是没收了皇帝的钱。

韦眷抓住这个机会，诬奏陈、高二人朋比贪污，朱见深也怪陈、高多管闲事，令刑部员外郎李行会同巡按广东监察御史徐同爱对陈选进行审查。韦眷还物色到了一个被陈选黜退的吏员张褧，让他指证陈选侵欺贪墨，不料张褧无论怎样拷打都不昧良心。但既然陈选、高瑶得罪了韦眷，也就得罪了皇帝，李行、徐同爱不管有无证据，按韦眷所说的罪名上报。陈选、高瑶被锦衣卫校尉带往京师时，广东百姓有数万人号哭阻留。但在当时的制度下，百姓们的呼声只能加重陈选、高瑶的罪名。陈选是个硬汉，却不谙大丈夫能屈能伸的道理，自以为忠君报国、与邪恶势力作斗争，却不知邪恶势力的根源正在皇宫。一气之下，身染重病。李行受韦眷之嘱，正希望陈选吃苦头，不让延医治疗，结果刚到江西南昌，便病死于石亭寺。高瑶到京后，也被贬到湖广永州充戍军。

陈、高之事刚刚了结，朱见深竟然见到了尚未结案的张褧从刑部大狱中上的奏疏：

> 臣闻口能铄金，毁足销骨。窃见故罪人（陈）选，抱孤忠，孑处群邪之中，独立众憎之地。太监（韦）眷通番败露，知县（高）瑶接法持之。（陈）选移文奖励，以激贪懦，固贤监司事也。都御史宋旻及（徐）同爱怯势养奸，致（韦）眷横行胸臆，秽蔑清流。勘言（李）行颐指锻炼，竟无左证。至本小吏，诖误触法，被（陈）选黜罢，实臣自取。（韦）眷意臣憾选，厚赂啗臣，臣虽胥役，敢昧素心。眷知臣不可诱，唆行等逮臣致理，拷掠弥月。臣忍死吁天，终无异口。行等乃依傍眷语，文致其词，劾选勘灾不实，擅便发仓，曲庇属官，意图报谢。必如所云，是

毁共姜为夏姬，诟伯夷为庄跻也。

顷年岭外地震水溢，漂民庐舍，属郡交牒报灾，老弱引领待哺，而抚、按、藩臬若罔闻知。选独抱隐忧，食不下咽。谓展转行勘，则民命垂绝，听以便宜议赈，志在救民，非有他也。选故刚正，不堪屈辱，愤懑旬日，婴疾而殂。行幸其殒身，阻其医疗。讫命之日，密走报眷，小人佞毒，一至于此！臣摈黜罪人，秉耒田野，百无所图，诚痛忠良衔屈，而为圣朝累也。

这份奏疏字字铿锵，纸中透血，朱见深也许有所触动，也许麻木不仁，既不加罪，也不嘉许，不予答复。韦眷既然害死陈选，挤走高瑶，便更加肆无忌惮了。

与韦眷同时为虐的则是太监王敬。王敬在成化十九年受朱见深的差派，往苏州、常州，“采收药饵，收买书籍”，又给了7000引淮盐约合八千两银子作活动经费。但王敬以这七千引盐和另一太监段英先在苏州、松江、常州三府让官府兑了6000两银子，又让镇江、太平、池州、宁国、安庆、徽州、广德七府给银1500两，回过来用只能值六、七百文钱的四百贯纸钞强索松江府二千两银子。一口气捞了白银上万两。然后再往宁国等府，用15500引盐逼取当地白银32500两，往苏、常，逼取白银36000两，共计九万两。接着，又准备了几百艘盐船，往江北的庐州等府，江南的江西、浙江二省逼卖。

王敬到江南时还带了两个帮手，锦衣卫千户、术士王臣和百户王完，以及随从17人，人人都是刮取奇玩之物的好手。他们各方打听富户巨室的古玩字画及当地漂亮女子，只要被其盯上，人、物皆空。东南数省繁荣富庶地区，尽遭蹂躏。直到嘉靖、万历时，“有故老谈及，迄今犹令人色变。”回京之后，王敬还向朱见深奏了一本，说在苏州时，令生员抄录《子平遗集》，生员哄闹学堂，辱骂朝廷。朱见深不问青红皂白，让巡按御史将领头生员赵汴等行杖赎罪。

由于江南士大夫的反对，巡抚应天都御史王恕的劾奏，尤其是东厂宦官尚铭的揭发，王臣被杀，传首江南示众，以平民愤，但首恶王敬仅发往南京孝陵卫充净军种菜。尽管王恕揭露王敬回京时“舳舻相衔，满载而

明宪宗成化明孝宗弘治

归，以觊宠幸”，并指出“殊不知取之不明其义，得之不以其道，所以失人心者在此，所以损国体者在此，所以伤和气而致灾沴者亦在此。”但王恕却不知王敬不受重罚也在于此，他满载而归的江南珍玩，尽属朱见深，是不会归还的。一百年后，神宗皇帝朱翊钧向江南派遣税使，或许也就是从朱见深派王敬下江南中得到的启示。朱见深效法不了成祖、宣宗派人下番，神宗是可以效法他派人下江南的。

成化时，钱能、韦眷、王敬以及所有的采办宦官能横行全国，肆意苛索，除了有朱见深和万贵妃为后台外，还有梁芳替他们作主。

梁芳是广东新会县人，成比时为御马监太监。御马监在内府十二监中虽然排名第五，却是唯一可与第一署司礼监抗衡的宦官衙门。它负有验发兵符令牌、提督四卫营和勇士营的职责，为内廷戎政府；又管理草场、皇店及库、仓，为内廷的财务管理机关。成化时汪直和梁芳一外一内，闹了个天翻地覆，正是以御马监这两方面的职责为基础的。汪直好斗，所以建西厂，督军务；梁芳贪财，故起用钱能、韦眷，王敬等，又引进李孜省、僧继晓等，日进美珠珍宝，以取悦朱见深和万贵妃。

朱见深有梁芳等人不断进献，自然高兴，但有一天偶然查看内库，才发现历朝积累下来的七窖白银竟荡然无存。他责备梁芳糜费帑藏，梁芳则辩解说：“建显灵宫及诸祠庙，为陛下祈万年福耳。”朱见深也弄不清这笔钱到底是怎么用的，只得悻悻说道：“吾不汝瑕，后之人将与汝计矣。”我自然不和你计较，我死之后，新君将找你算帐，看你怎么办！他倒是实话实说，却差点因此引起废立太子的大祸。

虽说是糜费帑藏，宦官们倒还真是弄出了不少稀世之物。

钱能从云南向朱见深进献了“金灯”，又称料丝灯，是用玛瑙、紫石英及纯磁赭石等六种药物煎熬而成的灯罩，内如屏，外罩丝，上有花卉虫鸟，五彩缤纷，中间点烛，绮丽美观，令人赞叹。这种灯始产于永昌，经钱能不惜血本令人改进技术，制作更加精美。同时又予以垄断，专供进奉，所以产量极少，价值也非常昂贵。钱能离开云南后，料丝灯的烧造技术才得以公开，但由于商人单纯追求利润，滥造者多，质量也就下降了。

派往江西景德镇烧造御用瓷器的宦官，也很有办法。在烧造宦官的督促下，瓷工们将宣德时开始出现的斗彩瓷制造技术加以改进、创新，取得了极为辉煌的成就。他们将用青花勾绘过纹饰的瓷坯罩上透明釉，经高温烧成青花瓷器，再在釉上根据纹饰设色的需要，施以多种色彩，画上人物虫鸟景色，二次用炉火烘烧，釉上彩绘和釉下青花相互辉映，斗艳比奇，故有斗彩之名。“斗彩”之外，又有“填彩”，色泽浓艳，富丽堂皇。

沈德符说：“玩好之物，以古为贵，惟本朝则不然，永乐之剔红、宣德之铜，成化之窑，其价遂与古敌。”一对成化斗彩酒杯，到万历时值银百两，值钱十万文。又说“本朝瓷器，用白地青花，间装五色，为古今之冠。如宣（德）窑品最贵，近日又贵成（化）窑，出宣窑之上。盖两朝天纵，留意曲艺，宜其精工如此。”有传说梁芳等宦官每天都要向万贵妃进献一件珍玩。成化斗彩均是柔美细小的酒杯，如人物故事杯、鸡缸杯、婴戏杯、葡萄杯、三秋杯、鹦鹉啄金杯等，优雅俊美，玲珑奇巧，瓷壁薄如蝉翼，适应闺阁玩赏，似乎可以印证这一传说。但据沈德符所说，朱见深自己也是喜欢这

成化年间的斗彩龙凤纹罐

些制作精巧的细小玩艺的。

如此等等，虽说是耗费了大量的内帑，可朱见深仍然认为是宦官能干，即使要治罪，也得自己拿主意，不让外廷置喙。而外廷一抨击宦官，自然就牵涉到皇帝朱见深。因此往往得罪。成化二十年十月，刑部员外郎林俊劾梁芳招权黩货，贡献淫巧，引用僧人继晓，左道惑上，建永昌寺，倾竭府库，贻毒生灵，请诛之以谢天下。梁芳的这些事朱见深自己清楚，也曾责备梁芳。但经林俊一说，贡献“淫巧”、左道“惑上”，便将皇帝搭上了，不能宽贷。结果林俊被拖到午门前打了30杖，谪为云南姚州判官。后军都督府经历张黻上疏论救，也照此办理，杖30，调往云南师宗州做知州。

请乞强占

宦官既然替皇帝、皇贵妃弄了那么多的玩物，找了那么多有法术、懂长生的术士，自然也得为自己、为家人置些产业。

人们总以为宦官无生殖能力，也就无家业可言，其实是只知其一，不知其二。

以明代宦官而言，主要有五种来源：一是在征服战争中掳掠而来的少数民族幼男，如永乐朝的王瑾、阮安，成化朝的汪直；二是国外进贡的幼童，如洪武朝的金丽渊、成化朝的郑同；三是各地尤其是北直隶府州县民家子弟，如成化朝的梁芳，万历朝的冯保、王安等；四是被抄没的犯罪官民的子弟，如成化朝的怀恩，正德朝刘瑯；五是自宫成年男子，如正统朝王振、正德朝刘瑾、天启朝魏忠贤。

除去一、二类难以与原来的家族、家庭取得联系外，其余三、四、五类大抵都和家人有密切联系。如梁芳得势后，兄弟梁德传升为锦衣卫带俸所镇抚。又向朱见深奏准让梁德往来供给侍养在原籍广东新会县的母亲，船只、脚夫、口粮、车辆均官府供应。再如从景泰时开始提督京营的刘永诚，从子刘聚先荫授千户，后积功至右都督，封宁晋伯，又为刘永诚请谥号、祠额。朱见深赐了“褒忠”的祠额，谥号则因内阁的反对而未及。而且，有身份的宦官还多有养子，如钱能收李巡检子为养子，改名钱宁，李永昌收侄子李泰为养子。养子对养父的财产有继承权，所以钱能死后，家产便归了钱宁。甚至经特许还可以娶妻。成化五年四月，发生一事，御用监太监丞龙闰娶已故南和伯方瑛之妾为妻，朱见深知道后令其离异，并交司礼监治罪："内官给事内廷，以其绝生道无外觊也。"但正统九年，镇守辽东太监王彦死后，英宗命太监喜宁对其家产进行清理，喜宁私取其奴仆、骡马、金银器皿及田园，盐引等物，被王彦的妻子吴氏告发，英宗命喜宁归还田园、盐引，其余入官。可见在娶妻问题上有时也可松动。如果龙闰娶妻不被揭露，朱见深也不会去过问。

既然这样，宦官聚敛积财就不奇怪了。这不仅仅是为自己享受，还可惠及家人和妻子。陆容说天顺、成化以后"京畿民家，羡慕内官富贵，私自阉割幼男，以求录用。"可见，有些宦官本来就是负有使家人富贵的使命而进宫的。宦官殖产，一般有三条途径，一是借为皇家办事的机会，中饱私囊，二是敲诈勒索，收受贿赂，三是直接向皇帝请乞田地、盐引及他物。朱见深对这些似乎也特别能理解，宦官有所乞请，总是"曲意"优惠。

宦官侵占田地草场，以及皇帝赐给田地，从永乐、宣德时就已开始，而且逐渐合法化。但公然向皇帝请乞则主要是在朱见深即位之后，甚至可以说是在皇帝占地的启发下开始的。

天顺八年（1464），朱见深命户部将没收归官的宦官曹吉祥强占的军民田地七十五顷拨为宫中庄田，明朝的皇庄由此而起。成化八年（1471）七月，大学士彭时等听到消息，朱见深又打算将已故太监刘永诚所献的庄田立为皇庄，很不以为然，在上疏言事时进行规谏。彭时等人在疏中说："皇庄之名，自古无有，景泰存藩邸之旧，皇上因东宫之余，庄名曰'皇'，固已非理，然事因其实，犹为有说，近闻故太监刘永诚所献庄田亦欲立为皇庄，深骇人情。居者惧于骚扰不已，耕者惧为征科过旧，而街谈巷议，咸谓四海之内，莫非王土，何独以此谓之皇庄？"彭时建议让户部将刘永诚的庄田入籍，让原来的佃户耕种，征收田税。朱见深这时已做了八年多的皇帝，早学会敷衍搪塞之术。他批复说，"卿等所言，深切民情，"先肯定了彭时等在疏中提出的所有建议，唯独"刘永诚还官地，朕自处分”。不管彭时怎么反复陈说，刘永诚庄田还是做了皇庄。与此同时，周太后的兄弟周寿、周彧，王皇后的兄弟王源、王清、王浚等，也纷纷采用合法或非法的手段侵占民田。皇族外戚如此，宦官自然不甘落后。

成化十二年（1476）八月，定西侯蒋琬给朱见深上了一道奏疏，说到北边大同、宣府肥沃土地有几十万顷，均被豪强占种，租税不供，稍遇兵荒，全仗畿内八府，而这八个府的良田也多被势要之家假称抛荒而奏乞侵占，要求派人清理。蒋琬的意见也代表了户部和地方大员们的看法，朱见深无奈，只得派给事中、御史等官会同户部、巡按御史及当地官府进行清理。

这些被强占的土地，相当部分成了宦官的庄田。对于政府的清理，宦官们并不过于担心，他们各有对付的办法。户部员外郎官廉奉命往景州阜城清田，便有宦官派人向他打招呼：“田如归我，讲读官可得也！”幸亏这官廉为人极是硬气，告诉来人：“以万人之命易一官，吾非为也！”顶了回去。当然，清理归清理，就在清理之后不久，朱见深又答应了宦官陈显的请乞，一口气赐给他定兴县庄田三百九十顷另八十三亩，开了大面积赐田给宦官的先例。

有朱见深的撑腰，宦官不仅敢于侵占民田民地及国家草场，就是宗室的田地也敢占。成化十三年，镇守广西的宦官黄沁就夺占了桂林靖江王府的莲塘草场。靖江王朱规裕向朱见深奏告此事，黄沁便也上疏讦奏靖江王饮酒时用妓乐、收留自宫男子等违禁违法事，并诬告其他罪行。朱见深向来讨厌这些事情烦他。如果黄沁占了北塘草场而靖江王不告状，这便没有事；如果靖江王告了状而黄沁认了错，将所占草场退还，那也没有事。偏偏互不相让，朱见深只得命地方官调查。

在成化时，王府的势力已远远比不上镇守太监，地方官可以得罪王府，却不敢得罪宦官。他们清楚，王府中尽管是些龙子龙孙，但真龙只能是北京的那一条，其他的龙都得被禁锢；而镇守宦官却是代表那条真龙来约束、禁锢这些龙子龙孙的。何况这靖江王不过是被太祖高皇帝治了罪的朱文正的后代。由于靖江王对地方官调查不服，朱见深改派了总镇两广太监顾恒、巡抚广西都御史朱英会同正在广西盘粮的给事中和巡按御史联合调查。

调查的结果对黄沁不利，他不仅占了靖江王府的水塘和草场，而且大量接受贿赂，经常杖杀军士，所告发的靖江王种种不法事也大多没有事实根据。三司法根据这些罪状，要求将黄沁逮至京师，处以重刑。朱见深却让顾恒将他押送南京监候，以逃避审讯，只是将其下属人员押送京师。而那位被占了水塘草场的靖江王，也因做了一些违禁事被朱见深降旨切责。

这件事情的处理，反映了朱见深的一个基本原则，凡是外廷官员乃至宗室，一旦和宦官发生纠纷，他大体上是站在宦官一边的。在他的潜意识中，已经把自己和他的那个政权分离开来，把他自己的眼前利益和祖宗留下来的政权的长远利益分离开来。宦官是他的家奴，为他服务，官员们却是为那个政权服务，似乎与他没有多大关系。

由于有这样一种潜意识，所以当时发生的一系列皇帝庇护宦官的事就不难得到解释。成化元年（1465）九月，宁波知府张瓒对浙江市舶司提督内臣福住的不法行为进行制裁，福住便反咬张瓒，经布政司和按察司调查，罪在福住。但公文一到御前，朱见深却批了两个字“宥之。”刚好九年之后，镇守浙江内官李义命人用杖刑活活将宁波卫指挥马璋打死，朱见深仍是两个字：“宥之”，御用监太监陈善往河南采办，路过河间府，知府藤佐等因忙于赈济灾民，没有很好接待，被劾了一本，朱见深即命人将藤佐逮至北京问罪。怀柔伯施鉴进城，正逢宦官带领锦衣卫校尉护着采办奉献物品用的红细车出城，喝令施鉴让道。施鉴素来看不惯这些狐假虎威的内使、校尉，不但不让道，反而命人拳棒相加，打了锦衣卫校尉三十棍。结果被夺爵，谪贵州立功。

皇帝这般胡乱处理，使宦官气焰越来越高，占田占塘占草场不过是小事一桩。况且，田地及草场只是间接生财之物，而请乞盐引则是直接生财之道。

自成化二年十二月商人吕铭等人奏准运米辽东、中纳两淮存积盐五万五千引之后，明朝食盐的垄断性管理制度便迅速发生变化。商人能奏准中盐，主要是走了宦官的路子。宦官既然可以帮助商人中纳，自己自然也希望中纳，不能老让肥水流入他人田。在中国历史上发生的又一轮官员经商的恶浪，便从成化朝宦官中开始掀起来了。

明宪宗成化明孝宗弘治

成化四年（1468）六月，尚膳监太监潘洪对此做了尝试性的努力。他向朱见深提出，两淮盐运司积有余盐59000引，请皇帝给予关照，批个条子，允许其侄潘贵中纳关支。如果得到批准，便意味着潘洪、潘贵叔侄可用两万两左右的白银一次性净挣四五万两。朱见深对宦官的请求大多不算经济帐，随口便答应了。反正总是纳银中盐，给商人给宦官还不一样，却根本不考虑商人经商和宦官经商的本质区别及其造成的后果。

这时担任户部尚书的是马昂，虽说已经78岁，但还没有老糊涂，虽然没有什么突出的政绩，却也没有干坏事的胆量，不敢造次一口气批给潘洪那么多的存盐。而同时在位的吏部尚书李秉、礼部尚书姚夔，兵部尚书白圭及都御史林聪等又都是些厉害脚色。在他们及内阁彭时、商辂的支持下，户部上了一份态度强硬的报告，说是“先有诏旨，禁防盐弊，凡内外食禄之家，不得占中以侵商利、损边储。今（潘）洪所请，不惟沮坏定制，抑且启在位（者）逐利之心，不宜赐允。”朱见深拿着这个奏疏，左右为难。一方面，司礼监已传下他的旨意，答应让潘洪中盐，另一方面，户

《宪宗行乐图》之一

部以祖宗曾有禁令为理由，顶着不给。但他也有他的办法，将户部的报告发给内阁，让内阁去处理。内阁不含糊，代朱见深拟了一个批答："朝廷存积盐课，以待边用，祖宗明有禁例，食禄之家尚不可中，况内臣乎！内臣给事内廷，凡所以养生送死，皆朝廷为之处理，固不必营利以殖生，况乃损国课以益私家乎。其勿与。"把潘洪眼看已到手的大把银子给堵了回去。至于是否出尔反尔，朱见深是不管的，潘洪自然也不敢计较。

但到成化十五年（1479），朱见深因抹不下万贵妃的面子，给了贵妃二弟万通两淮余盐五千引，宦官们见已有"食禄之家"赐盐的先例，便又纷纷请乞。先是王铀请令家人中河东官盐二万四千引，朱见深虽然采纳户部的意见，说祖宗之制，不许内官私置产业，并再次颁布禁约，不许势家中盐，但却不同意户部将王铀下法司治罪的意见，说"论法本不可轻贷，姑恕之。"

既然违禁也不治罪，所以接着便有赵阳、黄沉，刘关、李澋提出要求，总数是八万引，朱见深答应了。当户部予以抵制并上疏质问时，朱见深竟作了个令人愕然的回答："盐课国家重计，不宜轻费。势家中纳，已有明禁，况可以请乞而得乎。此曹朦胧累奏，偶曲从之，实非朕意。"明明知道盐课关系国计，也记得发过禁令，而别人"朦胧累奏"，他便也朦胧答应，一旦出了问题，却说不是自己本意，推个一干二净。这样做皇帝，不但在明朝，便是在中国历史上，也实在并不多见。其实，朱见深的朦胧倒不是用来对付宦官，而是用来对付户部，如果户部不反对，宦官便将盐支走了；一旦反对，朱见深则出面处理，一面说非是本意，一面又进行担保，不让法司对请乞者进行处理。

在成化一朝，由于户部与其他外廷衙门的共同抵制，堵住了宦官公开请乞盐引的浪潮，也使得朱见深没有在违背祖制的道路上走得太远；但由于有朱见深的保护和纵容，外廷却无法扼止宦官进行的食盐走私活动，因为宦官卖私盐总是和替皇家采办纠缠在一起，谁也理不清。

朱见深让宦官外出采办，就像唐朝开宫市一样，名义上是以钱买货、以银买货或以货易货，实际上却是半买半抢，或干脆就是横征强索。这和郑和下西洋的先议价后交易、公平买卖甚至加倍给钱全然不同。因此宦官带出的只是一点象征性的钱和物，有时钱物均不带，只是带着一纸取盐的批文。只要将批文给商人，这批文就变成了钱。如上文所说的王敬下江南，便是带着批文去的，即使商人不要盐批，那也不要紧，只需让盐场派人将盐送到地方府县衙门，甚至就将盐批直接递进去，地方官敢不给银子？因此，只要是宦官带的盐，无论是船载还是车运，极少有人敢于查问。即使查出来，皇帝批上两个字“宥之”，岂不费力不讨好？而且，盐司官员为巴结宦官，往往是实发数多于批给数，至于亏空部分，他们自有办法去填补。这样一来，即使是户部在朝中竭尽全力左右弥缝，仍然有大量食盐落入宦官之手。有地位、有身份的宦官是不愁没有发财之路的。

成化二十二年（1486），内官熊保奉命往河南办事时，便弄到许多私盐，强迫沿途州县官替他发卖，以这些不用花钱弄来的盐，加上其他办法进行的求索，熊保搞到了白银5300多两，另外还有33匹马，一头骆驼，以及价值五六千两银子的金玉玩器书画。随行人员也跟着他发了财。对于熊保的不法行为，地方官早已司空见惯，竟然无人告发。最后还是因为熊保杖杀了一名皂隶才被东厂缉事官校揭露出来，下了锦衣卫狱。刑部根据熊保的罪状定了绞刑。朱见深也批示说：“熊保擅作威福，沿途暴贪，致死人命，不畏法庭”，提得很高，只是放得很轻：“发南海子充净军种菜，”连北京也没有出。

朱见深对宦官殖财尤其是占地占田开只眼闭只眼，应该还有其他考虑。从郑和、侯显等永乐时的著名宦官，到曹吉祥、刘永诚这样在正统、景泰及天顺成化间最有权势的宦官，只要在生时不将土地财产分割干净，死后一般由朝廷派人予以接管。其中曹吉祥、刘永诚的田地就被朱见深收为皇庄，即使像王彦那样，随成祖起兵，先登有功，又镇守辽东几十年，且经朝廷允许，娶了妻子，死后除田园、盐引由其妻吴氏继承外，其他奴仆、骡马、金银器皿等均没入官府。从这个角度说，宦官们在生时殖财，固然可以享受，且可接济原来的家庭成员，但绝大部分最后还是落入皇帝之手中。因此，他们归根到底是在为皇帝殖财。朱见深伤脑筋的倒不在乎他们弄多少钱、多少物，占了多少土地，而是有时他们搞得太过张扬，让外廷言官和地方官抓住把柄，或太过蛮横，搞出了人命。

西厂废立

在成化一朝的宦官中，给朱见深惹麻烦最多却又最得他欣赏的，倒不是钱能、韦眷、王敬、熊保乃至梁芳，而是那位汪直。与上述弄钱弄物总是等着外廷弹劾的经济型宦官不同，汪直是位主动进攻的政治型宦官。仅仅他的一个西厂，便折腾了五六年，使外廷说厂色变。

成化十二、三年间，京师北京连续出了几桩怪事。

先是十二年（1476）正月十三日，朱见深照例到大祀殿郊祀。大祀殿建在京师九门的南大门正阳门外东侧，朱见深即位后，轻意连皇城也不出，唯有这一年一次的郊祀，虽说是在京城之外，却是太祖太宗定下来的祭祀皇天后土的大典，不得不勉力而为。但这天的郊祀仪式刚刚开始，便天昏地暗，大风骤起，祭坛上的灯烛尽被吹灭，好不吓人。而且寒气倍增，执旗举幡的旗手卫力士及掌管郊祀奏乐的乐官竟有活活冻死者。据说南宋绍熙年间也曾有过这种事情，传闻是因为宋光宗敬天之意不诚，头天晚上在斋宫和皇后李氏共长夜之欢饮、展中情之嬿婉，故而第二天早上郊祀时上天震怒，厉风震荡，不能成礼，宋光宗因此恐怖成疾，以至于崩。朱见深在祭祀南郊的头天晚上是否也有过像宋光宗之类亵渎神灵的行为，不得而知，只是他比宋光宗要镇静些，雍容成礼，对越上帝。但不管怎么说，发生这种事情总是不祥之兆，人们因此议论纷纷。

仅过半年，就在这年七月间，京城传闻说西城一带有黑色怪兽，其状如犬，夜出伤人，致使满城骚动。人们昼眠夜作，持刀追捕，却又无影无踪。有一次，这怪兽竟然窜进皇宫，弄得人心惶惶。朱见深专门派了太常寺少卿刘岌往祭城隍，责备土地神没有尽到却妖护民的责任，又在宫中祭告天地，引躬自咎。经过几个月的折腾，事情才算平息下来。

但接着又发生了李子龙事件。有一个山西籍的莽汉名叫侯得权，自称精通法术，善用符咒，结交了内监韦舍，潜入大内，图谋不轨，虽然经人告发，李子龙、韦舍都被斩首。但这件事的发生，却使朱见深一直深自不安。

过了不久，朱见深上早朝的时候，在东班文官中隐约传出盔甲撞击、刀兵相交的声音，庄严寂静的华盖殿内，顿时乱成一团，朱见深吓得就想离座而去，锦衣卫卫士们连忙持刀护驾。但乱了半天，竟然什么异常事情都没有发现。朱见深在众人面前丢了脸，非常恼怒。让一百多个班次较低的官员，一齐跪倒在午门外，以示惩罚。执法御史奏准追查首先骚动的官员，竟查不出来。后来人们传说，这种无形有声的怪事是因为“鼓妖”在作怪。

事情一件接一件，使朱见深既紧张又烦恼。他认定有人在捣鬼，而且李子龙能串通宦官，那么宫内宫外或许都有隐患，只是没有被查出来而已，由此也对专门从事侦缉活动的锦衣卫和东厂的办事效率产生怀疑。这时，他想起了曾经在万贵妃昭德宫办过事的那个机警能干的小内使汪直。

汪直本是成化初韩雍平灭大藤峡时抓获的瑶族小孩，因聪明伶俐而被阉割，送入宫内办事。明朝的小内使很多是战争中被抓来的少数民族小孩，有些还闯下了极大的名头，如郑和、王彦等均是。汪直在成化十二年已做到了御马监的太监，朱见深让他带一两个助手，布衣小帽矫装出宫，刺探军民隐事。由于是和朱见深单线联系，加上汪直办事也确实隐秘，活动了好几个月，外廷连一点风声都不知道，而且着实刺探出不少鲜为人知的消息，使朱见深大为赞赏。

当时掌东厂太监是尚铭，他是司礼监的秉笔太监。朱见深既然不信东厂而信汪直，按理说将尚铭罢去，换上汪直即可。但这里却既有祖宗的旧制，又有内廷的派系问题。自成祖设东厂后，掌东厂太监逐渐专用司礼监的秉笔太监。这样处理既避免了司礼监掌印太监权力过于集中，又仍然保持了司礼监在内府中的领导地位。由于东厂属司礼监，汪直则是御马监太监，要领东厂，首先得转衔司礼监，而司礼监掌印太监怀恩却是不好惹的人物。虽然也是太监，但怀恩性情鲠直，为人正派，不要说内廷宦官，就是朱见深有时也敬他三分。要汪直去掌东厂，只怕怀恩这一关就不容易过去。或许是因为这种原因，或许也是为了相互牵制，更好控制，朱见深绕过东厂，于成化十三年（1477）正月让汪直带着锦衣卫官校百余人，在灵济宫旁灰厂拘讯人犯。由于灵济宫在皇城之西，于是便称为“西厂”。英宗天顺后期，门达曾在城西置狱，朱见深即位后毁去。汪直所立西厂，很可能便是沿用门达旧址。

西厂建立后，汪直便放手大干了。

福建建宁卫指挥同知杨华，是已故大学士杨荣的曾孙，与其父致仕指挥同知杨泰横行乡里，残害人命，被人告发。刑部请准朱见深，让主事王应奎和锦衣卫百户高崇住建宁查勘，但杨华却悄然潜入京师，藏于姐夫中书舍人董璵家。董璵与锦衣卫百户韦瑛有交情，托韦瑛为杨华父子疏通关节，没想到给了韦瑛向汪直请功的机会。有了韦瑛提供的线索，西厂校卫拘捕了杨华、董璵，并搜出了二人所拟的准备行贿的名单。名单内有大学士商辂和三法司官员以及司礼监太监黄赐、陈祖生等人。这可以说是西厂建立后侦出的第一桩大案。汪直当即将情况报告了朱见深，朱见深对汪直雷厉风行的办事作风感到满意，对杨家准备送人的贿赂尤其关心，让汪直严加追索。

但是，杨华尽管拟了一个行贿的名单，却并没有付诸行动，礼物也还没有筹备好。西厂校尉搜不到财物，便施以酷刑，杨、董二人忍受不了锦衣卫的酷刑，胡乱招出了叔父兵部武选司主事杨仕伟，说行贿财物存放在杨仕伟处。汪直将杨仕伟连同妻、子抓来拷打，杨仕伟既然没有存财物，自然交不出来。结果，杨华因伤势过重，死在狱中，杨泰论斩、杨仕伟、董璵等贬官。朱见深还派钱能的大哥、太监钱喜带着韦瑛往福建抄设杨家的财产，得了一笔意外之财。

几乎在同时，汪直又干了一件令朱见深嘉许的事。南京守备太监覃力朋，到北京进贡后，返回时弄到上百船私盐，一路骚扰。过山东时，武城县一位典史带人查问，覃力朋一掌打断了他几颗牙齿，又射死一名随行人员。此事被西厂校尉侦知，汪直赶忙向朱见深奏告，将覃力朋逮到京城问罪，虽然覃力朋有司礼监的庇护，最后还是逃脱了惩治，但朱见深对汪直则更加信任。

接着，在成化十三年（1477）四五月间，汪直连续办了几件案子。

刑部郎中武清从广西勘查案情还京，到通州时，官校见他行李很多，怀疑夹带私货，将其逮往西厂审讯；礼部郎中乐章、行人张廷纲出使安南后返回，有人告发他们接受了安南王的贿赂，被押送西厂；浙江左布政使刘福起复，到北京等侯吏部的任命，有人检举他家居时的违法之事，也被汪直抓到西厂。另外，还有监察御史王本，太医院掌院左通政方贤、院判蒋宗武等，均因事被西厂校尉逮捕。又有云南晋宁人王凤，被西厂校尉诬为与术士康文秀等在山东临清人于源家谋逆，拜受妖书伪职，知县薛方、致仕通判曹鼎与王凤是同乡，也受到株连。

《宪宗行乐图》之一

西厂这般不问有无事实根据，不经法律程序胡乱抓人，并用酷刑逼供的做法，造成了极大的社会混乱，也引起了官僚集团的不满。成化十三年（1477）五月，内阁大学士商辂及同僚万安、刘珝、刘吉上疏，历数汪直与西厂的十大罪状，认为由于皇帝信任汪直，致使“人心汹汹，各怀疑虑”，文武重臣不安于位，百司庶僚不安于职，商贾不安于市，行旅不安于途，士卒不安于伍，庶民不安于业。他们还特别指出，上年七月以后有妖物伤人，当时人们就认为必有应验。今汪直用事，人心骚动，一如妖物伤人之时，因此，今日的汪直与西厂，便是上年妖物出现的应验。他们要求朱见深革去西厂，废黜汪直，将在西厂用事的韦瑛和王英押赴法司问罪，只有这样，才可安天意、回人心。

朱见深正为汪直不断侦破大案而高兴，见商辂等人的奏疏竟将汪直比作妖物，甚至说不废西厂便不能安天意，不能回人心，自然十分恼怒。他派司礼监太监怀恩、覃昌、黄高到内阁，“厉色传旨”，责问商辂等人：“朝廷用汪直缉访奸弊，有何坏事？”并追问上这份奏疏出自何人的主意。商辂见来势不善，有些担心。因为当时内阁四人中，万安、刘翊、刘吉都是东宫讲官，做过朱见深的老师，尽管今为君臣，但这份情谊还在：唯独他商辂，以景泰朝的旧臣入阁，虽然已是首辅，和朱见深并无个人接触，与这一朝的司礼监太监们也没有什么交情，如今追问上这份奏疏的主谋，明明是怀疑自己。但商辂也是见过大世面的，夺门之变后那样严峻的形势他也应付过去了，何况这一次抨击汪直代表着人心，因此挺直腰杆，也高声回答：“汪直违祖宗法，坏朝廷事，失天下人心，（商）辂等同心一意，为朝廷除害，无有先后。”

怀恩对汪直的作为也不满意，只是奉命而来，不能不例行公事，见商辂这样回答，便透露信息：“圣上疑此奏未必四人同然下笔，必有先之者。”这就证实了商辂的担心。万安、刘翊、刘吉也表现不错，纷纷陈言，表示四人一体，无有先后，贬谪黜罚，在所不避。怀恩这时完全改变了态度，他要求阁臣们，即使皇帝亲自召问，也要坚持这一立场。

经过内阁和司礼监的共同努力，加上得到六部尚书项忠等人的声援，终于迫使朱见深废除西厂，汪直仍回御马监，韦瑛则调边卫差操。但朱见深仍然怀疑商辂是这次行动的主谋，不但因为他是前朝的旧臣，而且因为不久前处理的杨华一案，杨华、董琪所开行贿名单第一个就是商辂，加上又是浙江人，与杨华邻省。汪直也以杨华一案向朱见深陈诉，说司礼监太监黄赐、陈祖生是福建人，受了杨华的嘱托，对他进行报复。朱见深虽然被迫废了西厂，但对汪直仍然是深信不疑，他也认为外廷能够如此强硬，必定有内监的支持，而支持者就是黄赐、陈祖生，因而不容分说，将二人贬往南京司香。司礼监和御马监在这场斗争中可以说是暂时打了个平手。

西厂废除才一个月，一位名叫戴缙的来自南京的监察御史却上了一份令举朝震惊的奏疏。戴缙在疏中为汪直抱打不平：

明宪宗成化明孝宗弘治

近年以来，灾变荐臻，伏蒙皇上谕两京大臣同加修省。夫何训诰彰彰而听之藐藐。未闻大臣进何贤才、退何不肖，以固邦本。亦未闻群臣革何宿弊、进何谋猷，以匡治理。惟太监汪直缉捕杨华、吴荣等之奸恶，高崇、王应奎等之赃贪；又如奏释冯徽等冤抑之军囚、禁里河害人之宿弊，是皆允合公论，足以服人而警众者也。

人们在惊骇之余，得出了一个结论：这戴缙九年考满，不得升用，探得西厂虽革，而汪直仍然受到皇帝的信任，于是孤注一掷，上了这道奏疏来讨好皇帝和汪直。还有人揭露说，戴缙的奏疏先经锦衣卫千户吴绶看过，吴绶与汪直关系密切，将奏疏转给了汪直，在汪直将内容告诉了朱见深并得到首肯之后，戴缙才将奏疏封上。

不管戴缙是出于何种动机，也不管戴缙本人的人品倒底怎样，这份奏疏是帮了汪直大忙的。朱见深废西厂本来就是迫不得已，既然外廷文官也有人称赞汪直干得好，便顺势复立西厂，汪直重又干起了特务勾当。汪直既然复出，就不容反对者继续在位，一个月之内，兵部尚书项忠削籍为民，大学士商辂、户部尚书薛远、刑部尚书董方、都御史李宾及侍郎腾昭、程万里等几十人相继被迫致仕。

不过，复开西厂之后，汪直的兴趣已不满足在京师及内地的小打小闹，而是向望到边疆去和蒙古人大干一场，故长年在外，西厂实际上主要由吴绶和韦瑛办事。

吴绶本是锦衣卫副千户，因通晓文翰、办事历练受汪直垂青，受命为锦衣卫问刑官，掌北镇抚司，负责西厂的审讯，不久便升为锦衣卫指挥佥事，仍掌握镇抚司。但这吴绶也有自己的想法，虽依附汪真而有权有势，总觉得长此以往有昧良心。于是改弦易辙，凡有文官被诬陷下狱者，便设法庇护，不让他们受皮肉之苦。结果有人向汪直告发，吴绶被调往南京，代之以赵璟。

韦瑛本是无籍流民，由缘得为锦衣卫百户，因告发杨华而受汪直的信任，凡到西厂的案件，大多由他而起。所以商辂等人奏罢西厂时说："汪直之失，虽未为甚，而群小之中如韦瑛者，自言亲承密旨，得专予夺，百官进退，尽在掌握，擅作威福，虚张声势。”要求将他问斩，因为有汪直庇护调万全右卫。

汪直行边，吴绶改南，韦瑛调外，故西厂复设之后，虽然引起京师内外的恐慌，但并没有像刚开始那样大肆活动。只是因为汪直用事，气焰逼人，人们一直心有余悸，总以为西厂校尉无处不在。

到成化十八年（1482）三月，科道官察觉到汪直已经失去皇帝的信任，便纷纷上疏，说西厂苛察纷扰，大伤国体，请求废除。朱见深一时还拿不定主意，给了个模棱两可的答复：“朝廷自有处置。”

这时在内阁的是万安及刘翊、刘吉，万安因有万贵妃的门路，也知道汪直已经失势，约刘珊一道上疏，请罢西厂。刘明这些年以来，锐气尽失，已无当年讲官第一的气概，加上对西厂事也不大感兴趣，推辞说：“西厂行事，有何不公道也。”万安见刘翊不合作，便以个人名义上疏，请罢西厂。这是他在阁的十八年中，被士大夫认为所做的唯一一件好事。从万安的奏疏中，可对明朝的厂卫设置有所了解：

> 太宗文皇帝建都北京，防微杜渐，无所不用其极。初令锦衣卫官校暗行缉访谋逆、妖言、大奸大恶等事，犹恐外官徇情，随设东厂，令内廷提督控制之，彼此并行，内外相制。行之五、六十年，事有定规，人易遵守。
>
> 往年京城妖狐夜出，人心惊惶，载劳圣虑，添设西厂官校，特命太监汪直提督缉访，用戒不虞。所以权一时之宜，慰安人心也。自是事情纷扰，臣不赘言。兹者汪直已受敕镇守大同地方，京都大小官员以及军民人等，众口一辞，皆谓朝廷革去西厂为便矣。发望圣明洞察事机，俯顺下情，将西厂特颁敕旨革罢，官校悉回本卫，庶旧制以复，人心以安。缘西厂存革，实于人心治体，关系最大，臣不敢缄默。

万安这份奏疏是很费心思的，他说锦衣卫和东厂“彼此并行，内外相制”，是祖宗旧制，西厂则是一时的权宜，但事出有因，先承认西厂设置的合理性，给朱见深一个台阶；而且，对西厂的是非，万安只用“事情纷扰，臣不赘言”八个字便带了过去，不使朱见深过于难堪；最后又提出汪直既在大同镇守，西厂已无首脑，罢革顺乎自然。

朱见深见了这份奏疏，觉得西厂也实在是可有可无，与其徒具虚名，增加烦扰，不如废除，耳根清静。废除西厂的旨意一经传出，士大夫们弹冠相庆，如释重负。万安本来名声不好，因此而誉声鹊起；刘翊素有直名，这次竟然沉默不语，连朱见深都觉得有些奇怪。谈迁评论万安奏罢西厂事说："万眉州（安）至骩骳也，其罢西厂，亦不亚于商淳安（辂）矣。寸有所长，虽鄙夫，得不令终耶。"

只是西厂虽废，汪直仍在大同监军，只有彻底将其击垮，士大夫们才有安全感。

汪直其人

正统朝王振、正德朝刘瑾、天启朝魏忠贤，是明朝名声最坏的三个宦官，如果要排第四位，那就轮上成化朝的汪直了。

王振在正统时权倾中外，英宗言听计从。后来土木之变，英宗蒙尘，人们归罪于王振，说英宗是被他鼓捣去亲征的；又说回军路线也是他擅自改变的，致有土木之败，但英宗复辟之后，却派人往土木堡故战场为他招魂，并立祠祭奠，祠额名"旌忠"。太监刘恒等说王振"恭勤事上，端谨持身，左右赞襄，终始一德"，英宗也深以为然。可见英宗对于自己被蒙古人俘虏，后又幽禁南宫是有认识的，不把责任推给王振。成化八年（1472），宁晋伯刘聚为其叔父已故御马监太监刘永诚请乞封谥及祠堂匾额，朱见深赐祠额为"褒功"，并让内阁拟封谥，大学士彭时的一段话也令人吃惊："王振辅翼英宗年久，又死国事，英宗复位，非不欲重加褒恤，因无旧例，止赐祠额。今刘永诚得照例赐额，已为过矣，若又加封谥，出于王振之上，则轻重不伦，人心不服。"可见就是在明朝，对王振的评价也并不是那么绝对。

即便是魏忠贤，虽然人人都说该杀，但在李自成、张献忠飚发于内，皇太极、多尔衮逼迫于外，明朝统治眼看就要土崩瓦解之际，竟也引起一些士大夫的怀念，认为国家到了这种地步，主要是没有杀伐果断的人物，如果魏忠贤还在，当不致如此。可见魏忠贤也有一日之长。

朱见深既然对汪直感兴趣，自然也有原因。除建立西厂外，汪直还替朱见深做了两年大事：一是出征辽东、攻打女真，二是出师河套，袭击蒙古。

成化三年（1467），武靖伯赵辅和都御史李秉曾由抚顺出关，征剿建州女真，扼制了女真人向南向西发展的势头。但由于女真各部互不统属，在向明朝进贡的同时，各部和汉民间也常发生经济纠纷，有些部族甚至聚众在叆阳一带抢劫。巡抚辽东右副都御史陈钺不问青红皂白，一面发兵袭击近塞土著女真，向朝廷请功，一面又报称建州及海西女真将大举入寇，请出兵进剿，并鼓动汪直，劝他建立边功，取悦朝廷。

汪直虽然以立西厂为朝野瞩目，其实不过是个二十来岁的小伙子，年轻气盛，喜欢热闹，出于好奇，尤喜打仗。朱见深在做太子时，也喜欢骑射，后来做了皇帝，看到万贵妃身着戎装，腰悬佩刀，仍兴奋异常。汪直想去辽东打女真，朱见深又何尝不想，只是身份不同，加上身体不大好，无法遂愿。经汪直一纠缠，朱见深便让他和抚宁侯朱永及陈钺一起，出征建州。建州女真经过上次打击，元气尚未恢复，又全然没有想到朝廷会发兵，等汪直、朱永、陈钺分五路杀到，想抵抗也来不及，结果青壮年纷纷逃匿，老弱妇孺被汪直杀了七百人，俘虏近五百。虽然外廷认为此役纯属无事生非，但朱见深还是加了汪直岁禄36石，因为汪直做了他想做而不能做的事。朱永由抚宁侯进爵保国公，陈钺由右副都御史进位右都御史，都沾了汪直的光。

汪直对蒙古人的一仗，更使朱见深觉得他能干。事情发生在成化十六年（1480）初，据延绥守将报警，蒙古亦思马因部渡过黄河，入靖虏营（今甘肃靖远县）。兵部尚书兼都御史王越一直和汪直关系很好，他曾经长期在延绥和蒙古人打交道，并袭击红盐池，取得成祖北伐后明朝对蒙古战争的最大胜利，对于防御蒙古人有些办法。特别是刚刚看到朱永、陈钺随汪直打女真升了官，王越很不服气，便劝汪直去延绥转转，和蒙古人真刀真枪干一仗，那才是真正的英雄好汉。根据当时的规定，凡战功以打蒙古人最大，打女真人其次，再次是“西番”、“苗蛮”即西南少数民族，最后是“内地反寇”即汉民的起事者。成化十四年还具体规定，杀一个蒙古人的升赏和杀三个女真人、六个内地闹事者相等，这既说明蒙古人难对付，也激励一些好斗之士去北边立功。

汪直早就想去延绥，同时对王越敢于孤军深入、直捣红盐池很是佩服。朱见深批准了王越和汪直的请求，仍以朱永为总兵官，王越提督军务，汪直监军，发京军及宣、大边军往征亦思马因。朱永在成化朝算是最著名的将领，曾多次为总兵官，讨荆襄流民、征建州女真、御鞑靼蒙古，虽说每次都有功而还，加官晋级，封爵国公，却是因人成事。在荆襄时是白圭谋定而后战，在延绥是王越、余子俊等人布置方略，在辽东则是打全然没有迎战准备且尚未恢复元气的建州女真，并没有真正打过硬仗。由于从永乐，正统以来逐渐形成的制度，总兵官例由勋臣担任，故汪直、王越仍将朱永捎带上了。但王越的本意，是不想与朱永同行的，一是怕他分功，二是朱永征建州女真，那么好的差事竟不关照自己。故一出北京，王越在得到谍报，说潜入河套的蒙古人以威宁海子为老巢后，便说服汪直并奏准朱见深，兵分两路，朱永率大军由南路进军，约好在榆林会师，而自己则和汪直选京营及大同、宣府轻骑二万一千沿着边寨昼伏夜行，向西疾行。

这次出兵的诏旨是成化十六年（1486）正月十六发出的，不到两个月，三月初六日，朱见深就收到了汪直、王越派人送来捷报。他们于二月出大同孤店关，随后到猫儿庄，这里离威宁海子已经不远了。就像上次王越袭击红盐池一样，这次又遇上天气突变，西北大风夹着雨雪，呼啸而来，天昏地暗。王越认定这是老天助他成功，分兵几路，向威宁海子扑去。黎明时分兵临营地，蒙古人尚且不知，被王越和汪直打了个措手不及。明军斩首437级，俘虏171人，获牛羊马驼六千多头，盔甲弓箭皮袄之类上万件。汪直和王越既然已经告捷，榆林也不去了，让朱永兜了一阵西北风。

朱见深即位16年来，大大小小的战事不计其数，还没有哪一次有这样痛快，时间既短，斩首缴获又多，杀了四百多蒙古人，可不容易。当时便赐敕奖励，并分别升了两位报捷人两级官。当然，和当年项忠、李震一样，报捷这种好事照例是不会让别人做的，一位是汪直的养子汪钰，由锦衣卫副千户升为指挥佥事，另一位是王越的儿子王时，由锦衣卫百户升为正千户，王越因此封世袭威宁伯，成为明朝开国以来继王骥之后第二位以军功封爵的文臣。汪直本是太监，已到了宦官的极品，故加禄米48石，后来又翻了十倍，创了明朝开国以来的记录。

这个时期，不仅真汪直威风，连假汪直也可以横行一时。有位名叫杨福的江西人，在南京遇上故旧。这位故旧见过汪直，说杨福与汪直很相像，又说到汪太监如何威风。二人越说越入港，便弄起鬼来，杨福自称汪直，故旧伪装校尉，为先导。两人从芜湖，经常州、苏州、杭州，到浙江

明朝锦衣卫印

绍兴、宁波、台州、温州、处州，再到福建建宁、延平，一路上府、州、县及布政司官承奉恐后，连浙江市舶司的提举内官也给他们唬住了。沿途百姓听说汪太监下江南，纷纷前来告状，有几位倒霉的贪官污吏、土豪劣绅竟被杨福狠狠治了一顿。最后到福州，才因为拿不出符验被镇守太监卢胜识破。一时传为笑谈。

真汪直也毕竟年轻，只知道在外面冲冲杀杀，图个热闹，以此来使朱见深对自己感兴趣，却忘了走裙带关系。不管后来人们揭露了汪直多少罪行，但没有人说汪直到东北时弄了多少珍禽异兽及贵重药材给万贵妃，也没有人发现汪直利用西厂缉事的便利，给皇帝弄过什么名画古字及奇巧玩物。在这方面汪直是远远比不上钱能、韦眷的，更不要说梁芳。又少年气盛，不但不将外廷文官武将放在眼里，而且也欺压内廷有头有脸的同僚，从而惹下了很大的麻烦。加上久在边外，消息闭塞，一旦有事，连解释的机会也没有。

朱见深喜文喜画喜曲艺，有个在钟鼓司供职的小内使名叫阿丑，善于诙谐，又会演戏，找了个机会在朱见深面前装醉汉，见人便骂。

这位名叫阿丑的小内使倒是一个真正的有心人，不仅仅是汪直，朱永也在他的嬉笑怒骂中。朱永做了保国公之后，大兴土木，私役班军，阿丑便在为朱见深演唱之时，杜撰了一支楚歌，歌词说："吾张子房，能一歌而散楚兵六千人。"配角在旁边插话："吾闻之，楚兵八千，何以六千？"阿丑作色答道："其二千在保国府作役耳！"闻者大笑，朱见深也忍俊不禁。朱永听到这件事后，怕朱见深回过味来找他算帐，连忙遣散占役的军士。

不知朱见深是大智若愚，还是不得开窍，每当阿丑这般讥谏，他总是笑笑而已。一次。阿丑在朱见深面前表演新戏，内容是吏部任官。阿丑自己扮堂上官，先选了一人，阿丑问其姓名，那人自称名叫"公论"，阿丑将他喝退："公论如今无用。"又选一人，自称"公道"，阿丑又喝道："公道亦难行。"最后选的一人，自称："糊涂"，阿丑连声称道："糊涂如今尽去得。"众人大笑，朱见深也微微一笑。何良俊在记载了这件事后深表惋惜，认为阿丑的表演，正是司马迁作《滑稽列传》所说的"谈言微中也可解纷”，“惜乎宪庙（指朱见深）但付一哂而已”，“若宪宗因此稍加厘正，则于朝政大有所补。”从这点看，朱永则是多余的担心。

不过，汪直最后还是栽给了司礼监和东厂。东厂太监尚铭本来依附汪直，后见汪直长驻边陲，便放开胆子办了几件案子，汪直怪他没有通气，扬言要报复。尚铭怕汪直回京后找自己的麻烦，便将汪直平日在言谈中所泄漏的的宫中秘事及与王越等人过从甚密向朱见深奏告。所谓宫中秘事，不外是后妃间的丑闻及朱见深本人的毛病，尽是听了令人脸红之事。汪直就此失宠，想回北京，但朱见深不愿见他。到成化十八年西厂废除后，汪直失宠已是尽人皆知，于是科道官们再次发扬了痛打落水狗的精神，将汪直所有不法之事尽行揭露。朱见深于成化十九年（1483）六月将汪直调往南京御马监，接着又贬为奉御。汪直就像一颗横贯天际的彗星，令人胆战心惊一阵之后，从此无声无息。

虽然说几年来缙绅士大夫在汪直面前威风扫地，但细论起来，汪直为人也真有几分可爱处，难怪不但朱见深和万贵妃喜欢他。成化时的一些著名大臣，如吏部尚书尹旻、兵部尚书王越、刑部尚书林聪等也和他有较密切的关系。

汪直爱和士大夫作对，商辂被他挤走，项忠受过他侮辱，还有一位以后在弘治朝大大露脸的马文升也被他下锦衣卫狱，由整饬辽东军务兵部侍郎谪戍重庆卫。但汪直不是小心眼，一旦令他佩服，他可以倾心相交。

在文官中，最令汪直佩服的自然是王越。因为王越敢和蒙古人真刀真枪地打仗，而且两次深入，直捣“套虏”的老巢，从永乐以来只有他干过这种事。所以汪直和王越守边时，全由王越策划。

其次是秦紘。秦紘为右佥都御史巡抚山西时，奏晋府镇国将军奇涧等人之罪，被奇涧父庆成王钟镒诬告下狱，经法司审问，全无根据。宦官尚亨奉命抄秦紘家产，仅抄得绢一匹及几件旧衣服，尚亨很是感动，如实奏告。朱见深听了，也不禁嗟叹许久，觉得秦紘官已不小，竟一贫如洗，立即释放，改巡抚河南，并赐钞万贯，以示表彰。同时革了朱奇涧等三人的爵位，庆成王朱钟镒的岁禄也削减三分之一。秦紘到河南后，正逢汪直带人出巡，一路上送往迎来，招摇过市，唯独秦紘不亢不卑。汪直回京后，朱见深让他评点地方官，汪直竟推秦紘第一。朱见深拿出一份奏疏，汪直一看，却是秦紘劾他多带旗校，骚扰郡县，连忙叩头请罪。朱见深由此更觉汪直可爱。

还有一位兵科给事中孙博，上疏抨击东西二厂，说是缉事旗校，多毛举细故，以中伤大臣，而且说："旗校本厮役之徒，大臣则股肱之臣。岂旗校可信，反有过于大臣。纵使所访皆公，亦非美事，一或失实，所损实多，乞严加禁革。"朱见深看了这份奏疏很不高兴，说孙博不谙事体，所陈均浮泛之辞。汪直听说孙博攻击了西厂，命人将其召来，当面责问，并奏准朱见深，让孙博随他去打蒙古，其实是准备给小鞋穿，人们都为孙博担心。汪直每次出战，便让孙博随行，想吓吓这个书生。谁知孙博却很有胆量，意气峭拔，挽弓拍马，来往于万军之中，又颇富谋略，指画利害，持论侃侃，汪直反倒肃然起敬。

汪直的这种性格，在许多宦官中都有表现。钱能在云南干坏事，就怕巡抚都御史王恕告他的状。等钱能千方百计挤走王恕之后，朝廷派来了新巡抚吴诚。钱能问负责迎接吴诚的都指使吴亮，这位巡抚可比得上王恕。吴亮回答说："这巡抚十分敬重公公，与王某不同。"钱能却笑着说："王某只不合与我作对头，不然，这样巡抚（吴诚）只好与他（王恕）提草鞋。"

看来，士大夫有时被宦官压得抬不起头，不仅是因为皇帝信任宦官，也怪文官中有不少是卑鄙小人，自己不争气，腰杆不硬，做事也没有能耐。朱见深对此是有看法的。所以商辂请罢西厂，说朝廷用汪直坏事，朱见深便派怀恩反问："朝廷用汪直缉访奸弊，有何坏事？"言下之意，事情哪里都是宦官坏了？后来他孙子武宗便直截了当地说："天下事岂尽是宦官坏了？文官十人中仅有三四好人耳，坏事者十常六七。"当然，朱见深和他的子孙们永远也不会明白，想用特务手段清除腐败，结果只能是更加腐败。从一定意义上说，汪直等宦官只是代皇帝受过。事实上，汪直及其支持者得罪后，成化朝的政事也没有多少起色。

一个半世纪后，当谈迁写《国榷》时，倒对汪直有几分同情：

神龙不可脱于渊，猛兽不可脱于林，势使之然也。人主生长深宫，日与宦竖习，盗威福、伺怒喜，因其近幸，外廷毋及闻焉。伏生狎，狎生奸，至于奸而国始蠹矣。汪直年少，矜宠幸功，越在边陲，久离宫掖，彼内臣纷纷者何限。各思乘间而出其右。耳目渐移，颦笑互中，虽有异眷，岂能要其终哉。（汪）直之外镇也，直自失计耳。向使归自辽左，戢影禁中，天门沈沈，畴得而窥之？虽然，直而内也，又不止南谪矣。迟发则祸逾重，直之失计，或直之厚幸也。

第八章　怠朝政崇鬼祀神

君门万里

朱见深在位23年，虽不算太长，却也不算太短。在明朝的十六位皇帝中，他仅次于神宗朱翊钧（在位48年）、世宗朱厚熜（在位45年）及太祖朱元璋（在位31年）而居第四位。但在士大夫们看来，朱见深充其量只是认认真真做了一两年皇帝。事实上，他也只是在即位后的一两年里，才多一些公开的活动，然后便进入了半休眠状态。赵翼《陔余丛考》说："自成化至天启，一百六十七年之间，其间延访大臣，不过弘治之末数年，其余皆帘远堂高，君门万里。"

明朝前期的几位皇帝都是亲自处理朝政的。即使是朱见深之父英宗朱祁镇，虽说是缺乏长进，昧于世事，却也不敢稍有懈怠，用人行事之际有不明之处，正统时是请教司礼监太监王振，天顺时则征询大学士李贤的意见。李贤作为当事人，曾不无自得地说："凡左右荐人，（上）必召贤（李贤自称）问其如何。贤以为可者即用之，不应者即不行。"又说："上躬理政务，凡天下奏章，一一亲决，有难决者，必召贤商议可否。"

如果说朱见深什么事也不做，那倒是冤枉，有几件必须要做的事他还是在内阁和司礼监的督促下按规矩做的。第一件是每年正月往南郊大祀殿祭祀天地。朱见深在位的23年里，这件事是遵循得最好的，没有一年不去。而且，每次祭祀之前，都要在奉天殿戒饬文武群臣，致斋三日，以示诚意。第二件是每年正月初一去奉先殿及仁寿宫向祖先及皇太后行礼，然后出御奉天殿，接受群臣及周边各少数民族贡使的朝贺。除了遇上大的天变，如日食等，这正月初一的朝贺礼，朱见深是坚持下来了的。第三件是批答奏章。凡有群臣上疏，虽然基本上是批给有关部门处理，但毕竟"留中不发"的很少，有时也还亲自动手批出几条意见。不过，到底有多少是朱见深自己批的，有多少是司礼监按朱见深的意思批的，又有多少是朱见深根本不看、直接由司礼监批的，则无从考究。第四件是视朝。如果以为朱见深在位期间很少上朝，那也是误解。恰恰相反，除了极特殊的情况外，他是天天上朝的。只是上朝时并不多说话。其他如遇旱求雨，遇潦求晴等等，也还是勉力为之。

遇上心情好，还偶尔去西苑看练武，因为他自己做太子时就喜欢骑射。不过，每次看了练武，总让他失望，武官们的骑射技术虽然与他比还是拿得出去，但也不见得强多少。

成化九年（1473）四月二十二日，按理是经筵日，但这天是仁祖淳皇帝（太祖朱元璋的长兄朱世珍）的忌日，朱见深从奉先殿行礼出来，但见阳光明媚，初夏的北京，尽扫往日的郁闷之气，不由得精神振奋。与其坐在文华殿呆头呆脑听翰林官讲课，倒不如出去散散心，也驱赶一下自去年春天以来因皇太子祐极去世而带来的阴郁。朱见深的车驾出西华门，来到西苑皇家练武场。40年后，他的孙子武宗朱厚照便在这里建豹房、立西官厅。皇帝看比武应是看高层次的，于是在京师的公、侯、伯诸勋臣以及充任京营坐营、把总等官的都督、都指指使、指挥使等高中级军官当场演习骑马射箭。结果，连中三箭的只有四个人，三箭射中两箭有23人，只射中一箭的有99人，其余的一箭也没射中，还有在马

明武宗朱厚照像

上无法开弓放箭及连弓也拿不住的。

朱见深本来想开开心，结果扫兴而归，指责了提督京营总兵官抚宁侯朱永等人一番：武备此般懈弛，“皆尔等不严训练之过。”“使此辈总统部伍，安能递教军士。”尽管朱永等人因此而将把总李胜等四十六人黜回老营，但朱见深在半年后再往西苑检阅时，仍有把总九人射不中靶。从此以后，他再也懒得去看练武了。

偶尔他也去国子监看看。那是成化元年（1465）三月初十，朱见深在大学士李贤、陈文、彭时以及六部、翰林院官的陪同下，身着皮弁，先在集贤门给先师孔夫子行了四拜礼，然后到国子监正堂彝伦堂，听祭酒司马恂、司业张业讲书。这个地方当年宣宗皇帝曾来过两次，如今“今上”驾临，使师生们大为激动。不过，朱见深也只让他们激动了一次，以后就不再来了。

最使文臣们不满意的是，朱见深对他们苦心安排的经筵讲学不感兴趣，尤其不愿召见大臣。

天顺八年（1464）八月初二，朱见深即位后的第一次经筵在文华殿举行。对这种讲学，他在做太子时就领教过了。现在做了皇帝，还得规规矩矩坐在那里听讲官们的教诲，多少有些厌烦。说实话，他并不是不愿读书，而是对经筵讲学的方式和内容不感兴趣。以初开经筵那天李贤讲的《大学》和陈文讲的《尚书·尧典》来说，朱见深早已滚瓜烂熟，但仍耐着性子听。好容易经筵结束，讲官们在皇帝御赐的筵席上议论着日讲内容，但皇帝却在盘算如何逃避这件苦不堪言的事情。在那次经筵以后，接下来是没完没了的“日讲”。夏日尚可，如果是在冬天，天寒地冻，寅时起床，没法睡懒觉，天刚蒙蒙亮就要上朝，上完朝又去文华殿听侍讲官讲学。如果是和阿丑等人讨论戏曲，与吴伟等人讨论书画，与钱能、梁芳鉴赏古玩，与万妃、邵妃打趣说笑，或者和方士们研究养气练神，那自然是其乐无穷。可这《四书》《五经》枯燥无味，《通鉴》、《史记》前车已远，实在是打不起精神。

但不管皇帝愿不愿意喜不喜欢，内阁和礼部、翰林院及其他有关部门仍是按祖宗规矩办，而且积极性很高，不但要讲先哲曾子的《大学》，还要讲宋儒真德秀的《大学衍义》；不但要讲司马光的《资治通鉴》，还要讲各家的考异考证。对于这些，朱见深有些无可奈何，外有内阁大学士们喋喋不休的上言，内有司礼监太监们卑词正言的讽谏，上面还有皇太后的不断督促，只得勉力而为。

当然，朱见深的性格是外圆内方，顺从中有执拗，宽厚中藏狡黠。既然经筵日讲不好不去，便来个消极抵制，任你讲官说得天花乱堕，他硬是死活不开口。既不表示赞成，也不表示反对，让你讲得自觉无聊，可以早早收场。讲官们对这位不冷不热、不言不语的主子也无可奈何，讲学犹如对牛弹琴。到成化六年（1470），一位来自福建莆田的经筵展书官、翰林院编修陈音忍无可忍，借灾异上疏力言此事，想把皇帝的金口撬开：

> 养德之要，莫先于讲学；讲学之功，莫切于好问。今陛下虽日御经筵，然势分尊严，上下相隔。上虽有所疑而未尝问，下欲有所陈而不得尽。愿陛下退朝之余，择一二儒臣有学行者，引至便殿，从容赐坐，有疑辄问，务使圣心涣然，如天间日皎，则以之正心、正家、正百家、正万民，而亿万载太平之业基于此矣。

这陈音是位饱学之士，为人负气节，后来闯出很大的名气。司礼监太监黄赐的母亲去世，部、院、寺、司诸官都前往悼念，侍讲徐琼也动员翰林院众官前往，陈音当众斥责：“天子侍从臣，相率拜内竖之室，若清议何！”虽然今天看来，陈音不免偏颇，而且也没有意识到宦官地位的法律性变化，但当时的舆论便是如此，众翰林固是肃然起敬，徐琼也自觉惭愧。汪直命韦瑛领西厂校尉夜入兵部郎中杨仕伟家，考掠家属，追查杨华所说的行贿礼物。陈音与杨仕伟比邻而居，听到杨家骚扰，爬上墙头大声呼喊：“尔擅辱朝臣，不畏国法邪！”校尉们见竟然有人敢于干预，反问道：“尔何人，不畏西厂？”陈音却不吃这套，理直气壮地通报姓名：“我翰林陈音也！”这件事传到内廷，宦官们也挑拇指称赞。但那是几年之后的事。而在成化六年，朱见深对陈音却没有什么印象。当然，即使有印象，朱见深也不会因为他的一番言论而改变自己的原则。

不过，朱见深偶尔也会表现出对史鉴的兴趣，这自然是文官们求之不得的。

成化九年（1473）二月，翰林院史官们根据朱见深的要求，对朱熹的《资治通鉴纲目》作了考订。这位皇上的要求也很特别，原来插在纲目之中的后儒的考证、考异统统删去，另外附上宋儒王逢的《集览》和尹起莘的《发明》。这样做是为了看起来轻松方便，又保存了基本参考资料。朱见深对自己的这一主意很是得意。见到翰林院送上的新编纲目，一时兴起，亲自写了一个序言，让付梓印行。这却是翰林官们没有想到过的。校订、印行《资治通鉴纲目》之后，朱见深兴致不减，又命内阁组织人员编纂《宋元续通鉴纲目》。到成化十二年十一月，《续资治通鉴纲目》修成，朱见深又作了一序，这次倒是修书史官们所预料到了的。据《明宪宗实录》和《明史·艺文志》记载，翰林官曾在成化十四年五月，编辑了朱见深的《御制诗集成》四卷，可惜今已失传（或笔者孤陋寡闻，未曾寻得），故这两篇序文倒是难得的资料。

既然是皇帝自己下旨编书，劝人向学，文官们便决不会放弃机会规劝不愿讲学的皇帝。翰林院编修谢铎借古喻今，上了一道奏疏。奏疏递上去，朱见深知道必无好事，不过要见识一下这位史官的文采和学问。谢铎开篇便将了朱见深一军："是书（《通鉴纲目》）师法春秋，实经世之大典、帝王之龟鉴。陛下发自宸衷，重加考定，必将日御经筵，命儒臣讲论陈列，力求善恶兴亡之大者，以为劝惩。以实见于践履设施之际以大起治道。不为文具故事，以备太平之美观也。"接着，谢铎举了两位反面教员的例子："夫宋神宗集是书而不能讲，理宗讲是书而不能用，故不免纷乱削弱而终不能复其祖宗之盛治。"编书而不讲学不行，讲学而不实行也不行，因此，谢铎提出："治道之本，莫先于讲学。"他列举了当时的种种弊端，措词激烈，最后归结为一条，是皇帝没有专心致志读《资治通鉴纲目》这样的好书，尤其没有认真讨论这部书所提倡的治国安民的道理。

看了这份奏疏，朱见深既没有发怒，也没有理睬，仍是那个原则，以不变应万变，发给有关部门了事。至于经筵日讲，仍是一言不发。

如果只是不愿和儒臣讨论经史，那倒罢了。从朱见深即位开始，就根本不单独召见大臣，不管发生什么事情，都是由司礼监太监内外联络，或通过内监口头传达，或让各官用文字陈述。这样一来，不仅是五府、六部各机关长官无法和皇帝一起讨论国是，就连代皇帝起草诏书、批答奏章的内阁大学士及学士们，也只能通过司礼监来获得皇帝对具体事情的意见。外廷整个和皇帝隔绝了。无论从哪个角度说，这都是相当危险的。皇帝不见大臣，意味着不问政事，如果司礼监利用内外隔绝进行专权，那是非常容易的事情。为此，外廷官员进行了坚持不懈的努力，要求不是通过宦官而是直接与皇帝进行对话，当面陈述对国家政策及法令乃至对皇帝家事的看法和建议。

成化七年（1471）十二月初六，令人担忧的彗星又一次出现在天际，这一次没有像成化四年九月至十一月的那次那样，前后达两个多月，但那条尾巴却出奇的大而且长，横贯东西，光芒万丈。开始是北行，犯太微星垣的上将及幸臣、太子、从官诸星；接着尾巴指向正西，横扫太微垣郎应，又犯天枪星垣，扫北斗、三公、太阳筹星，进入代表天子的紫薇垣内。其光芒之亮，正午的时候都可以看得见。帝星、北斗星、魁星、庶子星、后宫星、天皇大帝星以及阁道、文昌、上台诸星，没有不被彗星那条大尾巴扫到的。人们预感，大概这次的大灾难是难以避免的。皇宫内外陷于一片恐慌之中。

每当发生天变，尤其是大天变，宦官、佞倖们便惶惶恐恐，担心外廷文官谴责他们贻误国家大事。外廷一些声誉不好的大臣也战战兢兢，准备接受科道官的新一轮弹劾。朱见深只有到这个时候才会想起自己的所作所为是和国家命运联系在一起的，何况彗星尾巴把整个紫微垣扰得没有安宁。

彗星出现的当天，他就发布了一道由内阁草拟的情词恳切的敕谕，先是自我责备，接着要求文武群臣痛自修省。各官在作了自我检查后，照例又将球踢回给皇帝。大学士彭时、商辂更是痛心疾首，认为祖宗朝凡有庶政，都是皇帝和内阁辅臣议定而后行，唯独本朝，自李贤去世后便没有人能当面为皇帝排忧解难。因此，他们借着天变示警，力请面君言事。他们的言词婉转，却难以推却：“兹者天象垂戒，古今罕见，外人不知皇上忧勤在心，窃谓遇此灾变，视如泛常，未尝降颜一接臣下，询访民情。”请于次日即十二月十七日早朝后在便殿面君，一宽“圣心”，二息群议。司礼监怀恩等人也从中相助，劝皇帝见见大臣，看看他们有何陈说。

朱见深一来畏于天变，二来也有些难抹众人的面子，勉强答应在十二月十七日接见内阁三辅臣。旨意一传出，群情兴奋，认为这是一个好的开端。彭时、商辂及万安自然更觉重担在肩，各自盘算见了皇帝以后，该陈说哪些对利国利民、弭灾消祸最为迫切的事情。一直等着这一天，这一天就要来到了，是惊，是喜，是激动，是惶恐，要说的事情实在太多了，要革除的弊病实在太多了，一时还真不知该从何说起。

十二月十七日退朝后，朱见深来到文华殿，命司礼监内使传彭时、商辂、万安，他要在这里接见内阁三辅臣。但彭时等人会说些什么，他又该怎样答复，心中实在没有定见。但出乎他的意料之外，彭时等人来后，几乎什么也没有说便退了出去。《明史》记载了这次会见的前后情况：

> （成化）七年冬，彗星见天田，犯太微。廷臣多言君臣否隔，宜时召大臣议致。大学士彭时、商辂力请。司礼中官乃约以御殿日召对，且曰："初见，情未洽，勿多言，姑俟他日。"将入，复约如初。比见，（彭）时言天变可畏，帝曰："已知，卿等宜尽心。"（彭）时又言："昨御史有疏，请减京官俸薪，武臣不免觖望，乞如旧便。"帝可之。（万）安遂顿首呼万岁，欲出。（彭）时、（商）辂不得已，皆叩头退。中官戏朝士曰："若辈尝言不召见。及见，止知呼万岁耳。"一时传笑，谓之"万岁阁老。"帝自是不复召见大臣矣。

这段文字是根据彭时的笔记写成的，故将责任推给万安和那位告诫他"勿多言"的司礼监宦官。但彭时见皇帝时所说的两件事，第一件空洞无物，被朱见深一脚给传了回来，第二件则不关痛痒，也难免让人失望。万安后来说到过这件事，不过他却将责任推还给了彭时："往彭公请召对，一语不合，辄叩头呼万岁，以此贻笑。"并以此告诫其他同僚："今吾辈每事尽言，太监择而闻之，上无不允者，胜面对多矣。"

其实，就这件事本身来看，谁也不能怪。司礼监内官反复叮咛，也许像谈迁在《国榷》中所说，是怕彭时等人揭露他们为非作歹的劣迹，但也不能排除是出于好心，皇帝即位以来还是第一次召见大臣，怕彭时等人言辞过激，弄得皇帝下不了台，以后就没有这种机会了。如果这第一次会见使皇帝开心，可能还会有第二次、第三次。彭时经内官提醒，加上也是第一次应召面对，不知深浅，惟恐有失礼处，自己倒不要紧，以后就难再有机会了，所以先说一些较为务虚或不甚敏感的事情，以免刺激皇帝。万安在三辅臣中排列最后，彭时、商辂不说完，是轮不上他开口的。而他在三人中又最善于察颜观色，见彭时说的两事，一在天上，一在地下，空的过空，实的又过实，也怕他一时难以控制，第三事便得罪皇帝，于是开口称"万岁"，提醒彭时注意分寸。但既呼"万岁"，就是告辞的礼节，稀里糊涂便一起出来了，徒留笑柄。

朱见深本来就不愿单独召见大臣，只因这次天变，实在吓人，不得不顺从舆情，见上一见。不料彭时说的两件事，都是三两句话甚至一两个字就可以解决的，上个疏，朱笔一批不就好了，哪里用得上郑重其事地讨论商量?

但像这样即位七八年才和大臣单独见上一面，三言两语便算了结，而且从此以后再也不召见大臣的皇帝，实在是难得一见。因此，如果要说责任，这责任只能由朱见深一人承担。当然，朱见深也有他的难处，这难处还说不出口，人们自然也无法谅解。

第一个难处是朱见深得了一种类似于心理障碍的疾病，坐久了或见生人心里便发慌，便不自在，得让万贵妃陪伴他、替他按摩，才觉舒服。这个难处他曾直言不讳地告诉母亲周太后，却不能对外廷宣布，也不能有所表示，否则，岂不贻笑天下？尚铭通过揭露汪直向外界泄露宫廷隐事而打倒汪直，在这些宫廷隐事中，恐怕也包括朱见深的这个毛病。

第二个难处是朱见深还犯有口吃。他生来有些舌短，谈吐便不太顺当。《万历野获编》说："宪宗皇帝玉音微吃，而临朝宣旨，则琅琅如贯珠。"临朝宣旨，犹如背诵课文，诵读已熟，所以能琅琅上口，恰似有些医师通过教唱歌来纠正口吃病人。但召见大臣、商议朝政却不是这样，得随时问答，这口吃就很讨厌了，既让人暗笑，又使自己丧失信心。

《菽园杂记》记载了一件很有意思的事。每当上常朝时，诸司奏事，如果准许实行，朱见深一般只说一个字："是"。以避免多发音。他本来就舌短，偏偏后来又烂舌头，连这个“是”字说起来都很困难。鸿胪寺卿施纯很体谅皇帝的难处，悄悄向近侍人员说：“‘是’字不便，请以‘照例’二字易之。”近侍将这个主意告诉朱见深。朱见深一说“照例”两个字，觉得很流畅，问是谁出的好主意，近侍将实情告诉他。于是施纯得升礼部侍郎，掌鸿胪寺事，不久又升为礼部尚书，加太子少保。当时有人作了两句打油诗讥讽说：“两字得尚书，何用万言书！”虽是笑话，也可想象朱见深的苦处。

想当年英宗打算换太子，所谓知子莫如父，朱见深的这些毛病，恐怕也是导致英宗想换太子的重要因素。李贤从稳定局势考虑，劝阻英宗。此举固然得到舆论的称赞，却由此造就了一个不愿亲政、不见大臣的皇帝，也开了明朝皇帝不见大臣的先例。于是“帘远堂高，君门万里”，成了明朝中后期的一大政治特征。

成化七年（1471）十二月以后，朱见深再也不召见大臣，内阁也不再提出要面君，处理国事，全靠常朝面决及各衙门提出方案，内阁票拟批

成化瓷器

答。皇帝为“垂拱天子”，宰相为“万岁阁老”。后来彭时去世、商辂去任，万安、刘翊、刘吉组成新的三人内阁，遇事不争，从而得了“纸糊三阁老”的混号，六部尚书也被科道戏称为“泥塑六尚书”，最高统治机器很大程度上靠着固有的惯性运转。法记松弛、官风懒散自然也就不可避免。

成化十二年（1476）九月十五日，负责朝议的鸿胪寺官因发现上朝的官员明显不足数额，请按各门预定数查究。经锦衣卫和鸿胪寺核查，少了一百八十多人。朱见深每次上朝，不是在奉天殿便是在华盖殿大殿内，有时在奉天门或西角门，能够见到的不过是有资格进殿或排在丹阶之上的高级官员，而那些只能站在从奉天门到奉天殿御道两边乃至奉天门外的中下级官员，‘连“御容”也看不到，天长日久，懒得起四更，待五更的自然不少。朱见深对此早有耳闻，但没想到竟有近二百人不上朝，故严旨切责：“人臣懒惰违礼，当正于法，以惩（往）后。”但他自己也从内心讨厌这繁琐而没有实质意义的朝议。每天天不亮起床，匆匆忙忙上朝，听众官高呼几声万岁，然后就散朝，各官回衙门办事，自己去文华殿听翰林官日讲，好不烦人。因此，他倒颇能理解众官的心情，说是要“正于法”，却又留一道门缝：“姑宥之。”缺朝者每人停发三个月的俸粮。

如果是在洪武时，官员们都靠俸禄养家活口，三个月的俸粮可不是小数目。但到成化，经过几番俸粮折色，已拿不到实际数目。加上商品经济开始活跃，官场作风渐趋腐败，官员们弄钱的门道多了，中下级官员中有不少人已看不上那点微不足道的俸禄。而敢于不上朝的，又多半是那些平日视法纪为蔑如、能够弄到钱的官员，对于他们来说，三个月的俸粮能值几何？

因此，朱见深这个停三月俸粮的惩罚，不仅没有起到警示来者的作用，反而助长了官员们藐视法规的风气。成化十六年（1480）五月二十日上早朝时，连朱见深自己也发现人员稀稀拉拉，不齐不整，让鸿胪寺和锦衣卫清点，不朝参者竟然达到636员。按理说朱见深这次该发怒了，但他比上一次还宽容，仍是那句话：“此曹不谨，懒惰朝参，法本难容，姑宥之，再犯必罪。”连俸粮也不停了。一年以后的六月初二，朝参时又少了

593员，朱见深仍说："姑宥之，再犯不宥。"

如此一而再，再而三，人们终于明白，皇帝有时清点缺朝官员，并不是为了整肃法犯，而是为了抓朝臣的小辫子，并故意卖人情。你们违纪，朕不追究，朕有所好，你们也别多管闲事。君父臣子，彼此彼此，大家各行其是，祖宗法度，且莫提起。

崇僧佞道

皇帝不接见大臣，不亲自向政府各部门发号施令，其实也是很难为情的事。对于这一点，朱见深并非全然没有感触，他也试图克服心理上的障碍和生理上的缺憾。但是，他的毛病又不单是御医和药物可以治理的，到后来，又增加了对死的畏惧和对长寿的渴望，于是便自然而然地向儒家正统学说所排斥的迷信与科学的结合物——宗教与方术寻求帮助和解脱。

在人类进入文明社会的几千年中，一方面不断与各种愚昧和迷信进行斗争；另一方面，又从来未曾真正摆脱过愚昧与迷信。况且，愚昧与智识、迷信与科学又往往是紧密交织在一起的。很多时候，人们在摒弃迷信、抨击愚昧的同时，总是连同迷信表象下的科学、愚昧包容着的智识一道摒弃、一道抨击；而在寻求科学、挖掘智识的同时，又总将附着于科学之中的迷信、充斥于智识之中的愚昧一起收藏。朱见深和他的佞倖以及外廷的正直官员们，正是分别在这两个方面进行努力。

朱见深首先需要的是精神上的力量，于是他找到了宗教。其实也用不着去找，僧、道两家从来就向包括帝王在内的所有人众敞开大门。

明太祖是位精明的君主，虽然他自己就是靠投身明教而发迹，却深知僧道既可借以成事，也可败人家国，因而对僧、道二教进行整顿，并严加控制。僧教划定为三等，一是"禅"；二是"讲"，亦称"讲法"；三是"教"，亦称"瑜珈"。道教划归为二，一是全真，二是正一。其他在民间流行的如明教、袄教等，尽行禁止。正一教本为天师教，明太祖召见第42代天师张正常时认为："天岂有师哉？"改名正一嗣教。僧寺道观，每一个府、州、县，只能各留一个，僧、道人数，每府不能超过40人，州30

人，县20人。男子四十岁以下，女子五十岁以下，不得出家。又令天下僧道赴京考试，通经典者给与度牒，不通者还俗为民。但对“番僧”即来自乌斯藏的僧人则较为优待，主要是考虑通过笼络上层僧侣来加强对青藏地区的控制。

但是，在没有产生新的宗教及精神信仰之前，僧、道两教是限制不了的。明太祖自己就曾为诸子挑选高僧，既为僧师，又为已故马皇后诵经荐福。明成祖更以僧道衍为谋主，起兵靖难，入主南京，后又大修太和武当山宫观，寻找张三丰踪迹，大封乌斯藏僧，使得天下纷纷扬扬。从宣德九年（1434）大慈法王释迦也失留住京师及正统四年（1439）王振修大隆恩寺起，朝野上下更掀起了一股崇僧佞道的浪潮。

马皇后画像

查继佐《罪惟录》认为，在明朝16位帝王中，溺于僧、道两教最深的，是宪宗朱见深和世宗朱厚熜。沈德符《万历野获编》则指出了两朝的区别，嘉靖朝是重道不重僧，成化朝却是僧道俱重。

待遇最高的自然是“番僧”。成化时受封的“番僧”主要来自乌斯藏，另外还有朵甘。封号字数最多的是劄巴坚参，叫“万行庄严功德最胜智慧圆明能仁感应显国光教弘妙大悟法王西天至善金刚普济大智慧佛”。除“法王”和“佛”为法名，封号达35个字，比元世祖赐给八思巴的封号还多两个字，比太祖、太宗、仁宗、宣宗、英宗的尊号两倍还多。当然，这也不是朱见深的创举，当年成祖赐昆泽思巴、宣宗赐释迦也失也是35个字。但朱见深所封的其他五花八门的封号却令先人黯然失色。与劄巴坚参同时受封的是他的三位弟子。劄实巴封“清修正觉妙普兹护国衍教灌顶弘善西天佛子大国师”，锁南坚参封“静修弘善国师”，端竹也失封“净慈普济国师”。此后，劄实巴等六位“西天佛子”进位“法王”，其中领占竹封为“万行清修真如自在广善普慧弘度妙应掌教翊国正觉大修法王西天圆智大慈悲佛”。其他诸如西天佛子、“灌顶国师”、“灌顶大国师”、“禅师”，等等，不计其数。

道士中封号最尊的仍是正一嗣教张真人。天顺八年（1464）六月，朱见深将张元吉的封号由“冲虚守素昭祖宗法安恬乐静玄同大真人”改为“体玄悟法渊默静虚阐道弘化妙应大真人”，虽然都是14个字，但规格却不可同日而语。另一位道士王文彬的封号则是“静一冲元守道清修履和养默崇教抱朴安恬真人”，虽然不像张元吉那样为“大真人”，而且“掌天下道教事”，但封号却达18个字。大学士刘健曾对真人封号提出异议，认为宗庙谥号也不过16字，真人竟达18字。实际上，18字还不到头，嘉靖时陶仲文达20字，那才是最高纪录。

相比之下，由于被番僧压着，汉族和尚的地位便低得多，僧继晓在一段时间内很受朱见深的信任，也不过为国师，封号只有六个字，叫“通元翊教广善国师”。

不但自己受封，父母家人也跟着沾光。番僧为无根水，故无父母受封之说。汉人讲究孝道，即使出家为僧道，也得有孝行。所以张元吉改封号时，也为其母高氏求得了“慈和端惠贞淑太玄君”的封号；僧继晓受宠信，也念念不忘请皇帝表彰他母亲朱氏的孝行，虽然因朱氏曾做过娼妓而使此事受到一定阻力，但朱见深仍然体谅人情而答应了继晓的要求，并制止有关部对其母“孝行”进行核实。其他如真人喻道纯、王文彬的父亲赠太常寺丞，母亲赠安人等，不一而足。

番僧倍受礼遇姑且不论，即使是真人，所享受的待遇也超过了先圣孔夫子的后人。这使得读书士子大为不满。陆容曾以一事为例，表达了这种不满。

孔府嫡传在明朝袭封衍圣公，每年衍圣公赴京朝贺，沿途水陆驿站例行迎送接待，但待遇只给中等的马匹及车船、食宿，回山东曲阜时更得自行解决车船运输。而江西龙虎山的张真人却风光得多，来回都是上等的马匹、车船接送、上等的食宿款待。明代驿传由兵部管理。陆容当时是兵部职方郎中，主管此事，对这种重道而轻儒的规矩很不以为然，便于成化十六年三月向兵部尚书余子俊提出提高衍圣公朝贺待遇的意见，余子俊很是赞同。经报请皇帝批准，才使衍圣公也得到和张真人相同的待遇。陆容对自己干的这件事颇为得意，自称：“于吾道实有光云。”

僧道犯罪，朱见深也是百方庇护。

张正常虽然封为“大真人”，却是手段残忍、灭绝人性的恶棍。他利用宗教地位和民众的愚昧无知，横行乡里，强夺良家子女，诈取平民财物。稍有不顺其意者，则诬陷为伪造符象，命徒弟棍棒相加，往死里打。真人府还私设监狱，备有各种酷刑，有不服者，或用绳索绞死，或用沙袋压死，或者捆缚起来，投入深潭之中。前后有40多人死于非命，甚至有一家三口均被害死。可人们畏于真人府的权势，不敢告官，即便告官，官府也不敢受理，徒取其祸。贵溪县有位名叫蔡让的生员忍无可忍，乘巡按江西监察御史赵敔行文征询民间疾苦时，上书条陈张元吉的罪行。赵敔巡按江西时惩土豪、治劣绅，平反冤狱，也算是响当当的人物，但对于这桩案子，却不敢过问。最后还是张氏族人张留渙，因事得罪了张元吉，自忖必死其手，与其坐以待毙，不如铤而走险。于是潜入北京，买通关系告御状，将事情直接捅到了朱见深那里。

由于牵涉到四十多条人命，朱见深也感到张元吉太过分，便命都察院和刑部派员往江西，会同巡按御史及地方法司联合调查。调查结果，张留渙所奏全部属实，张元吉被械送至京。经三法司会审及九卿廷鞫，张元吉对所犯罪行供认不讳。

外廷文官们对朱见深的崇僧佞道早已不满，既然张元吉犯有如此大罪，便打算致之于死地，并乘势对僧道进行一次毁灭性打击。于是，刑部尚书陆瑜等人结合张元吉的罪行对正一嗣教进行了全面抨击：

> 张氏远祖道陵，自以修炼为术、清虚为宗，主张玄教，其言无稽，天岂有师，谬崇其号，子孙相传，遂为故实。至援引汉张良，以为所出。自前代间有官封，然亦不常，至宋以来，加以真静先生等号，而犹未有品级。胡元入主中国，始有封爵，令视三品。我朝革去天师之号，止称真人，延至于今。子孙不肖，往往争袭，致成衅隙。今（张）元吉所犯，律当凌迟处死，其妻子当流，其党有当斩绞者。且其先世无功于国、无补于世，宜绝其荫封，以扶植正教。仍笈其族而徭役之，无令印行符录以诬惑斯世。并毁其府第、革其所设管勾都目诸人。

但朱见深却不想将张元吉处死，倒不是怕得罪真人府，而是怕得罪真人后面无处不在法力无边的天神上帝。因此，朱见深用他的小聪明钻了陆瑜等人的空子。陆瑜等人奏上廷鞫的意见时，要求将张元吉“凌迟处死”，却忽略了加上“决不待时”几个字。按明朝法律，死刑有两种处理办法，一是立决，二是监候。立决是立即执行，监候则要等秋审时重作处理。而且“凡刑狱重犯，大逆、大盗决不待时外，余俱监候处死。”张元吉既没有谋大逆想杀皇帝，也没有杀官劫府做大盗，监候处决是说得过去的。对于外廷绝其荫封、笈其徭役、毁其府第、禁其符录的要求，朱见深则以“祖宗旧制”为由，驳了回去。

但这一“监候”，实际上是将张元吉及其子张玄庆保护起来了。经过外廷的一再催促，朱见深才对这桩案子进行冷处理，令外廷深感失望，但也在意料之中。真人府在这前后一年多的时间里，大可找门路说项通融，何况朱见深本来就不想杀张元吉。当时刑部再次上疏，说张元吉“法当凌迟处死，决不待时”，朱见深继续拖延，命仍旧固禁。刑科将这道旨意驳了回去，认为时过霜降，宜从论决。如此反复三次。朱见深看看不能再拖了，牙一咬，下诏将张元吉免死，仗一百，发肃州卫充军，家属随往。

明知皇帝要保住张元吉的性命，那位使朱见深头痛的刑科都给事中毛弘仍然上了一道义正辞严、无可责难的奏疏，以示护争：

刑法者，所以持纪纲。驾驭天下，防奸宄、息寇盗、平民情，皆系于此。不以贱而加增，不以贵而加损。在人臣则执之，在天子则行之，罚曰“天罚”讨曰“天讨”，所以深明，虽天子亦不得任意出入于其间也。今罪人张元吉，夺人货财、奸人妻女，僭朝廷之制，擅生杀之权，杀无罪四十一人，有一家被杀三人者，具列十恶之条，不载八议之内……若以袭其祖之谬号天师，不欲加戮，《记》曰：“执左道以乱政音，杀不以听。”元吉正系左道之流。况又罪重恶报，岂直曲加宽者。且连年秋后处决斩绞人犯，多系止偿一人之命者。夫元吉以杀四十余人而获生，余皆一人之命而抵死，犯绞斩者则论决，犯凌迟者得不死。人心不平，天理安在？自此以后，万一罪恶再有如元吉者，又当何以处之？将欲尽法，彼得笈口；将欲宽贷，则法寝废。奈何惜一异端末流而屈天下大法，何以扶纲纪、何以驭天下，又何以抑奸宄、息寇盗而平人情乎？窃为朝廷惜之。伏望断以至公，处以大法，仍将元吉戮之于市，庶使国法昭彰、神人息怒，而死者之冤可雪，灾沴之气可消。

对于这一套，朱见深早已修炼有素，他也不作解释，只批下几个字：“事既施行，已之。”既然已经这样做了，也就用不着再行争执，得饶人处且饶人，算了吧！至于是非曲直，没有必要进行讨论。如果李贤不死，或许对朱见深的这种做法会有所规劝。但当时在内阁的彭时、商辂、万安三人，连和皇帝单独见面的机会也没有，对这些事便只有开只眼闭只眼。毛弘孤掌难鸣，也久闻年轻的皇帝笃信僧道，要他下旨杀掌教张真人，那也真是勉为其难，只好不了了之。

再过两年，到成化九年（1473）正月，已经袭封为真人的张元吉的儿子张玄庆上了一道奏疏，说张元吉母老子幼，乞求放免原籍。既然死罪都可以免，何况充军，朱见深当即批示准奏。科道官员照例上疏抗争，将张元吉的罪行重新历数一遍，特别指出："若以元吉母老子幼可悯，则元吉所杀四十余人，其中又岂无母老子幼者乎！"朱见深收到这个抗议疏后，又作了批示："元吉事既处置，待其母终，仍令戍边。"科道们见到这个批示，面面相觑，竟是笑哭不得，等他母亲死了以后再让他戍边，岂不是蒙骗小孩？

有道是"上有好者，下必甚焉"，又说上行而下效。既然做宦官有好处，便有人不顾断子绝孙，私自阉割；做僧道则只须领张度牒，全无皮肉之苦，也无绝后之虞，何乐而不为，于是要求出家为僧道者日众。据监察御史陈鼎的一个奏疏，从成化二年到十二年的十年之中，其共度僧道14.5万余人，这还是由官府发给度牒的。至于私造度牒的，则无法统计。兵部尚书马文升作了一番推算，僧、道原来定额为每府不超过40人，州30人，县20人，成化时全国有147府、277州，1145县，按员额应为37050余人。而成化二年到十二年已度僧道10多万人，十二年到二十二年又度20万人，加上成化以前所度的20万人，共有50多万人。这些人不耕不织，不仅没有田税徭役，光吃饭一年就耗米260万石。

僧道既多，寺观自然也就遍于天下。而这股大建寺观的热浪，也是从京师，由朱见深掀起的。

嘉靖时王廷相有《西山行》的长诗，内称："西山三百七十寺，正德年中内官作。"实际上，成化时新修、重修的僧寺道观并不比正德时少，其最为著名的有僧寺大能仁寺、大慈恩寺、大永昌寺等，各有番僧住持。如大慈恩寺有法王劄失藏卜、劄失坚劄、乳奴班丹，大能仁寺有法王锁南坚参、结干领占，大隆善护国寺有西天大佛子著肌领占、朵儿只巴等。道观则有朝天宫、显灵宫、灵济宫等，各有大真人、真人、高士、正一、演法等。

比起番僧主要是提供精神寄托，道士则在精神力量之外加上了实用的法术，因而更使朱见深沉溺，道宫也就修得更为气派。成化十六年（1480）修朝天宫，征调了军士12000人，由后军都督府都督同知冯升督役，三清、通明、普济、景德、总制、宝藏、祐圣、靖应、崇真、文昌、玄应十一殿均装饰一新。第二年修显灵宫的规格更高，由内官监太监陈贵、泰宁侯陈桓、工部右侍郎张颐督工。最为显赫的是灵济宫，从成化十六年（1480年）开始动工重修，到二十二年九月修成，历时六年。

这灵济宫本来是在福州，全称“洪恩灵济宫”，祭祀的是五代时吴丞相徐温的两个儿子徐知证、徐知谔，称二徐真君。永乐十五年（1417），明成祖得了一场重病，有人说洪恩灵济宫的神灵有效，于是派人赴福州致祭。致祭的那天晚上，朱棣梦见二徐真君来授灵药，第二天病竟然就好了。朱棣既感谢真君救命，又希望长久得到保佑，便封二徐为金阙、玉阙真人，并在北京建宫，也叫“洪恩灵济宫”。

徐温像

既是祖宗封的神，而且如此灵验，朱见深自然虔诚信奉。灵济宫尚未修缮完毕，朱见深便派大学士万安前往致祭，加封金阙真人徐知证为“九天金阙总督魁神洪恩灵济慈惠高明上帝”、玉阙真人徐知谔为“九天玉阙总督罡神洪恩灵济仁惠宏净上帝”，并加天冠明黄罗纻衣。二真君既为“上帝”，又加封其父徐温为“高上神王慈悲圣帝”。同时，每年还要遣内官往福州致祭。

为了修缮寺观、讨好神灵，以求健康长寿，朱见深是不恤人力财力的。当朝天宫兴工时，京营总兵官张懋等人曾通过兵部上疏，说在京备操的官军除听调西征以及正在役用修理郊坛、都城等工程之外，只剩39000多人，外卫轮班的班军尚未至京如果修朝天宫又调12000军士，则军少役繁，不足调遣。希望朝廷安不忘危，练养兵力。张懋等人所说，全是实情。但朱见深认为其他的事情再大，也大不过修朝天宫、大不过祭祀天帝。他批示兵部说，朝天宫已择日兴工，不可耽搁，军力不足可从修理天坛及城墙等处抽调，另拨三大营老家及锦衣卫官军力士补役，定要并力刻期完工。至于灵济宫，耗费更不计其数朱见深偶然视查内库帑藏，见历朝积累下来的七窖银子荡然无存，责备主管库仓的御马监太监梁芳、韦兴，梁芳一句话就挡了回去，说是用去修祠庙，“为陛下祈万年福耳。”而且特别提到灵济宫，朱见深竟无话可对。

梁芳是为朱见深办事，朱见深自然不好多说，但外廷却有人无法容忍。成化二十年（1484）十月，刑部员外部林俊以灾荒连年，僧继晓却请建大永昌寺于西市，逼迁居民数百家、费银数十万两而上疏：

> 今年以来，灾异迭臻，京师地震，陵寝动摇，日月继蚀，监戒之昭，莫此为甚！陕西、山西、河南，频年饥馑，人民流离，道殣相望，振济无从，可为流涕。而僧继晓，以妖言荧惑圣听，遂竭有用之财，供无益之费，工役不息，人怨日兴，臣谓当斩继晓以谢天下。然纵继晓之恶者梁芳也，芳倾复阴狠，引用邪佞，排斥忠良，数年之间，假名干没，祖宗百余年之府藏殆尽。家赀山积，尚铭不足多；所在骚扰，汪直莫能过。今内而朝臣，外而市井之徒，皆痛心饥民之死，莫不欲食（梁）芳与继晓之肉，而卒不敢以此进言者，所惜者官，所畏者死耳。臣何忍畏罪不言，以误陛下！

这时的朱见深，虽然仍旧大度，却不能容忍有人对神灵的亵渎、对修建寺观的异议，立即下林俊于锦衣卫狱拷讯，上疏论救的都督府经历张黻也下狱。朱见深怒气不减，准备开开杀戒，置二人于死地。幸亏这时司礼监的掌印太监是忠心耿耿又敢于犯颜直谏的怀恩，他反复陈说：“杀（林）俊将失百官心，将失天下心。”并声称不敢传诏杀林俊。朱见深怒极而说了实话：“汝与（林）俊合谋讪我，不然安知宫中事？”他认为只要是批评了敬神灵、修寺宫便是嘲弄他。怀恩仍是伏在地上不传旨。朱见深抓起御案上的砚台砸了过去，怀恩横下心，准备以死相谏，用脑袋去迎接飞来的砚台。幸而朱见深也不是真要砸死他，砚台砸在了地上，又抬脚踢翻了一只茶几。怀恩当然不能总是来硬的，便脱下官帽，仗地痛哭：“奴不能复事爷爷矣！”朱见深虽然发怒，却见不得别人哭。当年初罢西厂，汪直一哭，朱见深便将司礼监太监黄赐、陈祖生驱往南京。如今怀恩一哭，他又心软了，喝令怀恩滚出去，也不再传旨杀林俊、张黻。怀恩出宫，奔往东华门，警告镇抚司掌刑官：你等迎合梁芳，想致死林俊，林俊如果死了，你们也别想活。校尉们自然知道这位司礼监“公公”的权势和来头，林俊这才幸免于一死。

那时是“纸糊三阁老，泥塑六尚书”在朝，科道官也对朱见深失去信心，无人对修庙建观提批评。林俊一道奏疏，重新激励人心，而怀恩舍命救林俊，更令人刮目相看。京师一时流传着两句民谣：“御史在刑曹，黄门出后府。”讥讽科道的失职。

据当时南京兵部尚书王恕说，北京修的寺庙宫观有一千多处，他挖苦道：“京师祀天地仅一坛，祖宗暨先圣仅一庙，而佛乃至千余寺者，舛也。”疏是到了御前，朱见深懒得答理他，留中不报。

朱见深的崇僧佞道，对外说是“上为母后祝釐，下为万民祈福。但梁芳却说了实话，“为陛下祈万年福，”是为自己求长生。欲求长生，便需两个方面努力，一是修庙建宫，祈求神佛保佑，二是练气养性，以求身强体健。于是，形形色色的江湖法术，也就皇而堂之地北上京师，进入皇宫。

沉溺方术

朱见深崇信僧道，沉溺方术，既是为了强身健体，以求长寿，同时，也是追求一种生活上的刺激。而中国古代的道家养生术及各种江湖法术也确实源远流长，令人神往。

说到道家养生术，人们都要追溯到老子的《道德经》，北宋道士张伯端的《悟真篇》，认为老子摄生养生术有三个要点：一，入手立基虚极静笃的养静术，虚灵要到极，守静要至笃；二，由静极进于绵绵若存的养神术，绵绵若存，才能长久不灭，与天地同根往来；三，辅助养静养神的养气术，养静、养神得靠气来维系，神与魄得由气来沟通。简言之，就是要养静、养神、养气。

东晋葛洪既是道士又是药物学家，他也认为：“服药虽为长生之本，若能兼行气者，其益甚速，若不能得药，但行气而尽其理者，亦得数百岁。”讲究的是内练气，外服药。宋代官修《圣济总录纂要》附有“神仙

导引”、“神仙炼丹”、“神仙服气”，专论气功理论及具体操作办法。以张安道的“养生诀”为例，就详细叙述了练气的方法：“每夜子时后，披衣起，面东或南，盘足坐，叩齿三十六通。据固，闭息，内视五脏，待腹满气枢，则徐徐出气。候出入息匀调，即以舌搅唇齿，内外嗽练，津液满口，即低头咽下，以气通入丹田中。”

朱见深身为天子，守着皇家书库，这些练气练功法自然有人推荐给他。

弄清了这一层，对于朱见深不愿见大臣、不愿与经筵、不愿亲政当有进一步的认识。他不只是偷懒，也不只是有心理障碍和生理缺陷，还因为他要养生、要长寿，动与静实在难以统一起来。如果真按张安道的说法去做，子时即起练功，然后从天亮起又要早朝、日讲、午朝、议政，哪有那么多精力？二者总得有所取舍，而长生又实在更能吸引人。远的不说，即使在明代，通过修炼而长生的传说便有不少，而且都是道士。

头一位是张三丰。这位一纳一蓑遍游天下的道家传奇人物，据说元初曾与忽必烈的宰相刘秉忠同师学艺，后学道于三清宫，到明初该有一百多岁了。太祖、成祖曾多次派人寻访，却无缘得见。又有道士冷谦，因逢异人授以中黄大丹，故年纪与张三丰相仿，都是颜如孩童，洪武初做过协律郎，后游武夷山中，人莫知其存亡。这些都年代久远，可望而不可及。而成化时的王士能，则不但实有其人，朱见深还召见了他，听他讲述了自己的经历。

王士能说他是海州人（今江苏灌云县），生于元顺帝至正二十四年（1364），到朱见深即位时正好一百岁。王士能从小向慕养生术，辞家出游，四方求师，均无所遇。后到四川，听人说某雪山有异人，便往寻访。在一深洞中，他发现一位老人披着毡子躺在石床上。老人身长只有三尺多，看上去颜如婴儿。王士能知是异人，纳头便拜，老人并不言语。王士能从此便在山洞中住了下来，给老人提水采食，三年不懈。老人这才被感动，授以摄形练气之法。学成之后，王士能辞别老人下山，自行修炼。平日从不举火，每天只吃几枚枣子，或几根青菜，喝少量的水。后到山东济宁居住，这时的王士能已六十多岁了，鹤发童颜，邻居只知他是海州人，却不知他的来历。到成化时，有位名叫王宣的济宁卫指挥使也是海州人，听说济宁有位海州籍的百岁翁，前去拜访，一问姓名，大吃一惊，说上世有叔祖，也叫王士能，少年时好道出家，不知所终。二人一说往事，王士能便是他的叔祖。

王宣有位同僚，求王士能传授长生术，王士能说他“声妓满前，日事妄作，非吾徒也”。这人认为受了羞辱，便上疏朝廷，想告王士能妖术惑众。不料，朱见深正在寻求长生术，听说有王士能这样一位异人，于成化十九年（1483）命山东地方官将“王士宁”安车载入北京，这时的王士能已经120岁了。朱见深错将“王士能”写成“王士宁”，竟也给了他很大的荣誉，算是“赐”了名字。

朱见深找来王士能，自然是想让王士能传授长生的秘诀，但王士能的长生术，朱见深却难以学到。

礼部主事吴县人杨循吉因为身体多病，在成化二十二年经济宁私访王士能，但见他身着白禅衣，坐在木榻上，问起长寿之诀，王士能回答说：“无他术也，但平生不茹荤，不娶妻，不识数，不争气耳。”他对朱见深所说的大概也是这番话。练气练功是可以的，但王士能的这“四不”如何做得到？所以朱见深赐给了他一些银子，遣回济宁。但杨循吉大概从王士能的“四不，诀中得到了某些启示，第二年便辞官而归，虽然并没有真正做到四不，尤其做不到“不争气”，却也活到了89岁。

朱见深固然也练气、养静，但更希望得到的，则和历代帝王如秦始皇、唐太宗等人一样，主要是既不用亏了自己的享受，又能强身健体的长生术。这样，就自然由学长生术而接触到各种奇异之士及江湖法术。

修建寺观，吃苦的是老百姓，出钱的则是户部；而各种江湖法术，则既有趣，又不惊动百姓和户部，还往往立竿见影。

中国古代的江湖法术千奇百怪，又包罗万象。其中流行最广的有占卜术，包括龟卜、蓍占、星占、梦占等；有相术，包括相面、相首、相手、相八字等；还有堪舆术、遁甲术、炼丹术、练气术、房中术、巫医术，以及其他五花八门的异术。《汉书·艺术志》仅有关预测吉凶的数术就分了天文、历谱、五行、蓍龟、杂占、形法六种。《明史·方伎传》有一序，这个序一方面对《左传》、《史记》的张扬方术颇有微词，一方面又认为："夫艺人术士，匪能登乎道德之途。然前民利用，亦先圣之绪余，其精者至通神明、参造化，讵曰小道可观已乎。"实际上是承认方术的通神入化。这个序还特别提到明初的几位术士如周颠、张三丰等，认为他们踪迹秘幻，莫可测识，"要非妄诞取宠者所可儿。"又提到张中、袁珙的占验奇中。因而非常谨慎地作了个结论："夫事有非常理所能拘者，浅见鲜闻不足道也。"即对于这些江湖术士，不能以通常的眼光去看待，有许多事情是用常理无法解释的。

到朱见深即位时，不但张三丰、张中仙风远飏，便是精通相术的袁珙、袁忠彻父子也早已物故，最享盛名的，是一位名叫尹继先的蓬头道士。

张三丰像

尹继先是陕西临洮府人（今属甘肃），自称生于南宋高宗绍兴年间（1131~1162），到明成化间来到南京，已三百多岁。人们只见他颜如孩童，又蓬头垢面，揣着元世祖时的一张天庆观道士的度牒，来去不定，但到底有多大岁数，谁也弄不清楚。从行迹看，这尹道士有点像明初的周颠、张中和张三丰，也是可以多则一个月少则五六日不吃不喝，一旦开怀畅瞰，不管多少，没有留余。有人曾见他一次吃掉40多碗面，又一次吃掉一担西瓜。并精通医道、内功。有一少年得了重病，家人遍请名医，均束手无策，最后请来尹道士。尹继先看了看少年的病情，告诉他家人：这个病不是药物可以治好的，须用特殊疗法，得耗费我十年的功力。说话间，让人搬来两张床，两床相联，自己和少年抵足而卧，用绳索将两双脚捆绑结实，然后开始运功。尹继先鼓气运转，喉头呼呼有声，将气逼入脚底涌泉穴，再传入少年体内。少年在尹继先真气的激荡下，遍体流汗，臭秽毕泄。整整弄了一天，尹继先自己虽然累得精疲力尽，而少年的脸上也逐渐有了血色。尹继先又命人将绳索解开，然后开了一剂刀圭药，少年服后，立时全愈。

有传闻说，这位尹道士不仅活过了成化，还活过了弘治，一直活到正德。最后因刘瑾迫害，骑铁鹤仙去。王守仁第一次参加会试失利后，在南京国子监读书，知有尹道士其人，前往拜谒，和他同住了上百天。尹继先对王守仁很是器重，却不收他为徒，告诉他："尔大聪明，第本贵介公子，筋骨脆，难学我。我所以入道者，危苦坚耐，世人总不堪也。尔无长生分，其竟以勋业显哉。"王守仁听了，既怅然，又振奋。后来虽然只活了57岁，却在功业和学术上成为明代士大夫的第一人。

陆粲在记叙了有关尹继先的传闻后，特别感叹：。养生善调摄，上可千余岁，次得数百年"，"神仙由异禀，受之自然，非积学可企。"可遇而不可求。从明朝开国到正德、嘉靖，仅出了张三丰、冷谦、尹继先区区数人。同时也说明他只记叙尹继先的原因："张、冷迹无可稽，而南都人能历历道尹遗事，故论著焉。"当然，这些"遗事"自是真伪相揉。

以尹继先在南京的名头，北京紫禁城中的朱见深自然不会不知道。但真正身怀绝技者总是独往独来，受不得约束。便是张中、周颠、冷谦，明太祖也只是在打天下时才用得上他们，坐天下后便容不得了。所以张三丰不管太祖、成祖如何派人寻访，宁愿去四川和蜀王谈神仙，也不去南京、北京和皇帝打交道。朱见深寻找方士，靠的是梁芳、韦兴，自然找不到尹继先，只找到了李孜省、僧继晓及王敬等人。当然，这些人也自有一技乃至数技之长，虽说都是旁门左道，但有时也令人不能不信。

李孜省的特长是会五雷正法及扶鸾术。这是中国流传已久的古代巫术，用符录祈雨驱鬼，并预卜吉凶。但也是相当危险的伎俩，稍有不慎，即招杀身之祸。永乐时袁珙、袁忠彻父子以相术测吉凶，名满天下。明成祖分别命他们为太子高炽相面。袁珙相后说了三个字："人主也。"袁忠彻相后说了两个字："薄福。"高炽后来继承了皇位，成了"人主"，袁珙的预测是对的；但继位后不到一年就去世，真应了"薄福"，袁忠彻的预测也是对的。只是父亲狡猾，说了好的一面，儿子逞能，补充了坏的一面。仁宗即位后，想起袁忠彻的恶言，命人将他从南京押赴北京处死。袁忠彻说服使者，故意拖延时间，磨蹭到临清时，终于等到了仁宗去世的遗诏，才免了一死。

李孜省从成化十五年（1479）由梁芳、钱义引荐，直到朱见深去世、明孝宗即位后才罢斥，八年间多次因科道官的弹劾而降职，但每次又重新复职、升官。既然李孜省靠的只是法术，那么他的法术应该是应验的时候多，不验的时候少。成化十三年，朱见深曾因宫中闹黑眚，殿中有兵甲声而设西厂侦缉隐情。成化十五年，李孜省得宠以后，宫中则不再发生类似情状。按理说，这也本不奇怪，因为在成化十一年之前也没有发生过那类怪事。但就朱见深来说，或许就认为应归功于李孜省的法术。

由于李孜省在被引荐之前没有表演过他的法术，罢黜以后不久就死去，所以他到底施展过哪些法术，外间士大夫却不得而知。只听说他有一次在宫中当着皇帝的面表演扶鸾术，竟在平整的沙盘中变出了"江西人赤心报国"几个字。不管用什么办法弄出来，这众目睽睽之下也得要有真本事。而僧继晓及王臣等的法术外间却广为流传。

继晓、王臣及邓常恩因对房中术有研究而得宠于朱见深。本来房中术也从属于长生术。《周礼》有"房中乐"，《汉书·礼乐志》说高帝时有"房中祠乐"，武帝时有"房中歌"。又说："房中者，情性之极，至道之际，是以圣王制外乐以禁内情，而为之节文。乐而有节，则和平寿考，及迷者弗顾，以生疾而陨性命。"1973年从长沙马王堆西汉古墓出土的帛书竹简中有《天下至道谈》，即有关于"七损八益"房中养生术的介绍。后世名医从葛洪、孙思邈到万全、李时珍，无一不对房中术作全面介绍。而后世的许多江湖术士，只将房中术的"乐"发挥到极致，却全然不去管它的"节"，从而使人对房中术产生误解，以为尽是"淫邪"之术。

邓常恩劣迹不显，大概属于引导朱见深"乐而有节"的一类。而王臣和继晓则以自己的行为，向外人宣示了他们向皇帝上的房中术是什么货色。王臣往江南采药时，便多取民间女子，肆意蹂躏；继晓因以淫术欺诳楚王府，事败之后逃往京师，又得朱见深宠信，尊为法王，可以出入宫门，虽是僧人，朱见深却赐给他十多个美貌女子。他们的房中术献给皇帝，怎叫外廷官员不担心？但这种事情又不好多说，多说了便触犯忌讳。

朱见深对他们当然是宠信的，或许就是采用了他们提供的房中术，才能在成化十四年以后平均每年得一位皇子。

王臣除房中术外，又自称擅长黄白术，而所用药物，则出自江南。所以成化十九年太监王敬和王臣下江南，名义上是买书买药，实际上却是察访房中术书，采买炼丹成金银的药。此外，王臣还会变戏法。有人见他常在怀中揣一对木偶，各一尺长，能互相抵触角斗，进退行止，听其指挥。别人手中的物事，他总可以设法取来。有时明明见他将物事投于水中，随即又可从袖中取出，令人既惊讶又觉有趣。如果不是下江南时招摇过甚，激起公愤，又泄露了宫中隐秘，朱见深是万万舍不得将他处死的。

《明宪宗元宵行乐图》

除李孜省等人之外，真人张元吉父子也善于发符驱鬼，祭天祈雨，当然，也是时验时不验。朱见深还听说江西省有一术士，会驱纸刀杀人。有位按察副使不相信，让术士当众表演。术士请副使端坐，自己用纸剪了两把刀，然后作起戏法，只见两张纸刀上下翻腾，渐渐飞近副使，副使两眼微闭，纹丝不动。等纸刀扑到面门，副使才以袖拂去。术士也不多言，收起两张纸刀，扬长而去。众人一看副使，眉毛已被纸刀剃掉。副使既惊且怒，命人搜捕，却已不知去向。当然，这种术士朱见深是不能请的，一旦没有控制好，那纸刀没剃去须眉，却在颈项划上一刀，抑或把捏不准，纸刀插入双眼，岂不酿成大祸？

自然，术士中也有运气不太好的。有位来自南直泰州的术士李文昌，自称遇过异人，授以铅汞炼银之术。朱见深听了介绍，自然很高兴，命梁芳等人监试。李文昌连续试了五个月，却没有一次成功。既然炼不出银子，朱见深便斥责李文昌是“不务安分，妄为欺罔”。但也没有过重的处罚，仅命锦衣卫打了五十杖，发回原籍。处理这些事他还是有分寸的，既是方术，就很难要求人人应验，如不应验便重治，那谁还敢再来？

长生无门

虽然建造了大量的僧寺道观，虽然实验了多种长生术，朱见深却没有能够长寿。灵济宫修好不到一年，他就于成化二十三年（1487）八月二十二日去世了，做了23年的皇帝。不过，虽然当时才41岁，享年却长于他的祖父宣宗（38岁）、父亲英宗（38岁）及儿子明孝宗（36岁）、孙子武宗（31岁）。

他倒没有病多久。这年的正月初一，他还像往年一样，去南郊祭祀天地。直到八月上旬，他仍在视朝，没有人看出有何反常之处。

八月十三日，朱见深没有上朝，给文武群臣发了一道敕谕：“朕偶患泄泻，虽止，气体尚弱，欲调理数日，暂免视朝。其日行政务，并谢恩见辞者，皆具奏以闻。”大臣们并未感到事情的严重。到十七日，朱见深仍未视朝，却又发了一道敕谕，说是“朕疾渐平复，欲再调理数日，命皇太子暂视朝于文华殿。”这道敕谕下来，实际已经告诉人们，皇帝的病是难以“平复”了。如果真是“渐平复”，也用不着急于让太子视朝。

虽然如此，外廷官员们却仍然非常平静。这些年来，皇帝宠幸僧道，沉湎方术，需要规谏的话已不知说过多少遍了。为此，科道官们付出了沉重的代价，被贬被黜被杖责的不下百人。稍微敢于发表意见的大臣或者已被罢免，如大学士商辂、兵部尚书项忠、马文升；或者已箝口不言，如兵部尚书余子俊、礼部尚书周洪谟、户部尚书李敏；或者干脆和术士们抱成一团，如大学士万安、尹直。现在皇帝眼看一病不起，还有什么话可说？是劝皇帝改弦易辙、不再宠信方术，还是劝皇帝继续练气练功、以虔诚创造奇迹？恐怕只有像洪武、永乐朝太祖、成祖那样，等着周颠及二徐真君托人托神送灵药。

因此，在朱见深病间只有内阁大学士万安、刘吉、尹直上了一道礼节性的奏疏："伏惟皇上临御二十四年，未尝一日不视朝，忧勤万几，过古帝王远矣。偶婴微恙，今已浃旬，虽渐平复，尤宜加谨调摄。昨日百官钦奉明命，暂朝皇太子于文华殿，中外人心，靡不宁妥。皇上正宜少宽宸虑，颐养精神，勉进药食，早致全愈。"朱见深仍旧是那句话："朕已服药，疾已渐减。"

两天之后，宫中传出消息，皇帝已经"大渐"，无论是御医还是法师均无回天之力。朱见深这时神志还是清楚的，召来太子祐樘，命他早即帝位，并告诫要"敬天、法祖、勤政、爱民"。这八字遗命传出后，为朱见深赢得了极大的声誉。到二十二日，朱见深撒下了祖宗留下的基业，撒下了他的生母周太后及后妃子女、也撒下了文武群臣侍宦近倖及天下子民，溘然而去。从得病不视朝到去世，前后仅十天。

但朱见深自己对此却早有预感。也就是在这年的正月初九日，朱见深去正阳门外大祀殿祭祀天地。一路之上，漫天大雾，咫尺之内，人不相辨。随行文武及官校乐工尽皆惊讶。朱见深坐在御辇之内，也隐隐有些不安，预计将发生什么不祥之事。但到大祀殿行礼时，大雾却渐渐散了，朱见深一直绷紧的神经也稍稍放松了。

第二天即正月初十日是庆成宴。这也是祖宗传下的规矩，属祭祀南郊的最后一个程序。祭祀南郊之前，皇帝和随行大臣都要斋戒三天，不吃荤腥，不近女色。郊祀回来后，皇帝要还宫拜谒皇太后，再御奉天殿接受文武群臣行庆成礼。郊祀的第二天则是庆成日，皇帝要御奉天殿，大宴文武群臣及天下朝觐官和四夷贡使。这既是庆贺祭祀天地成功，可保当年风调雨顺，万民安康，也是皇帝一年一度对天下臣工的犒劳和酬谢。所有这些，朱见深都按规矩做了。但刚刚做完这些事情，精神上的巨大打击便降临了。

庆成宴结束后，朱见深回到乾清官，尚未落座，便有安喜宫内侍前来报丧，说是贵妃万氏薨逝。朱见深乍听恶噩，竟似木刻泥塑，好半天才长叹一声："万侍长去了，我亦将去矣。"命从即日起辍朝七天，赐谥"恭肃端慎荣靖皇贵妃"，葬天寿山。除了不能附葬外，待遇几乎超过历朝皇后。朱见深从此悒悒无聊，六神无主，连万贵妃的死因也懒于追究。

有记载说，万贵妃因责打一个宫婢，怒极痰涌，一口气竟上不来，抢救不及而去世。也有传闻，说万贵妃眼见太子日渐长成，而对自己则持戒备之心，故疑惧自杀；又有传闻，说是随侍宦官为讨好太子而将其缢杀。但对朱见深来说，不管万贵妃因何而死，都不重要，重要的是毕竟总是死了。由于他七天后照常视朝，视朝又只说一个字"是"，或两个字"照例"，大臣们既听不出他的声音有何变异，也看不出他的容貌有何变化，自然不知他的灵魂正追随"万侍长"而去。

宋元时期，讲究修炼仙术的中国道家丹道学派，有南宗北派之分，南宗张伯端的丹法既有单修性命的口诀，又有性命双修乃至男女夫妇合籍双修的法门。朱见深和万氏是否夫妻双修，无可靠资料以供说明，但万贵妃的去世使朱见深失去了感情依托却是事实。

由于预感自己将不久于人世，朱见深在万贵妃死后曾不动声色地对一些后事作了安排。

最主要的自然是太子，这是"国本"。太子朱祐樘这年17岁，和朱见深23年前即位时同岁，立为太子也有12年。接受自己在守制期间行大婚礼的教训，朱见深在万妃去世后的一个月为太子举行了婚礼，册鸿胪寺卿张峦之女为太子妃。

有记载说，宸妃邵氏读书知理，颇有见识，容颜娇美，善解人意，很得朱见深的欢心。邵氏子佑杭（即世宗朱厚熜之父）又聪明机敏，朱见深遂有易储之意。梁芳耗尽内库积蓄，朱见深说"后之人将与汝计"，因与万贵妃合计，欲另立太子。幸亏司礼监太监怀恩极力劝阻，又适逢泰山连续发生地震，钦天监官认为是东宫不安之象，朱见深历来畏天变，梁芳等人也怕遭天谴，朱祐樘故此得以无恙。

即便这段插曲属实，朱见深也没有将易储的念头公开，而在万妃去世之后，朱见深对太子问题却是不再含糊。因而在皇位继承上没有发生任何障碍。

其次是诸皇子。国本既固，而且册封了太子妃，这便断绝了其他皇子对皇储的觊觎。七月十一日，朱见深封皇子祐杬为兴王、祐枪岐王、祜槟益王、祐梓衡王、祐枟雍王。这既是进一步确立名分，也表示父亲对儿子们的一片情意。另外几位皇子祐橓、祐梈、祐橓、祐枢、祐楷年龄尚幼，留给新君即位后再行册封。

再就是母亲周太后。这位争强好胜一辈子的女人，当初曾因儿子为皇太子而被立为皇贵妃，却并不得宠于丈夫。34岁时因儿子做了皇帝而升格为太后，却也开始了寡妇的生涯。朱见深与这位生母不但一直有隔阂，而且见了她总觉得抬不起头，总有几分怯意。但眼看母亲又要为儿子送丧，毕竟有一些内疚。四月十七日，朱见深为母亲上了“圣慈仁寿”的四字尊号，以感谢她对自己的养育之恩。

最后，还有晚年侍奉池的妃子们。七月二十七日，朱见深除了进宸妃邵氏为贵妃外，一口气又封张氏为德妃、郭氏惠妃、章氏丽妃、姚氏安妃、王氏敬妃、唐氏荣妃、杨氏恭妃、潘氏端妃、岳氏静妃，共十人，而且每人册文中的评语都可以荣耀家族。贵妃邵氏的评语是：“禀性柔嘉，因心和顺。点契宫闱之教，明徵图史之言。”德妃张氏的评语是“毓秀名门，称贤椒壶。尧全四德，动循图史之规；恪秉一诚，式赞轩龙之政。”

惟一被遗漏的是皇后王氏。这位可怜的女人，虽说母仪天下，主持六宫，却从来没有讨得过丈夫的喜欢，自然也就体会不到做皇后的乐趣。如今丈夫就要仙逝，竟然无一语相慰。这份情债，得留给储君即位后再行补报。

家事全部安排妥贴，国事则自有新君和文武群臣安排，朱见深便无牵无挂地追随万侍长而去了。

恭俭有制
勤政爱民

第一章　九死一生脱颖出

明孝宗朱祐樘（1470~1505）是明朝历史上第九位皇帝，是宪宗的第三个儿子。他18岁时即皇帝位，36岁时去世，共在位18年，年号“弘治”。明孝宗的童年生活非常不幸，出生于冷宫，立为太子之后又一直受到父皇宠妃万氏的威胁。尽管如此，明孝宗是明朝中叶以后少有的明君，他励精图治，斥逐了宪宗时的佞臣和外戚，重用贤臣；为于谦建旌功祠；减贡停役，及时赈济水旱灾害，兴修水利，开创了明朝历史上“弘治中兴”的大好局面。纵观弘治一朝，政治最为贤明，社会生活最为稳定，人民生活也大为改观。后世史家曾给予朱祐樘很高的评价，认为他“力挽危局，清宁朝序，勤政爱民，为中兴明主，其功绩不亚于太祖、成祖，在个人品德方面，更胜于太祖，成祖”。

不幸的童年

朱祐樘之所以后来能成为一位贤明的君主，应该说与他幼年时期备受磨难，坎坷不幸的宫廷生活经历分不开。朱祐樘生于成化六年（1470）七月初三，他的生母纪氏是广西纪姓土司的女儿，纪姓叛乱平息后，少女纪氏被俘入宫中，被派充到内廷书室看护藏书。一次宪宗朱见深偶尔经过，见纪氏美貌聪敏，就留宿了一夜。事后，纪氏怀孕。

当万贵妃宠冠后宫，听说纪氏之事十分恼怒，命令一宫女为纪氏堕胎。该宫女不忍下毒手，便谎报说纪氏是得了怪病，并未怀孕。后来纪氏偷偷生下了朱祐樘，万贵妃得知后又派门监张敏去溺死小皇子，但张敏却冒着性命危险，帮助纪氏将婴儿秘密藏起来，精心哺养。被万贵妃排挤废掉的吴皇后也帮助哺养婴儿。就这样朱祐樘一直被偷偷地养到六岁。朱见深知道事情的原委后，喜出望外，立刻派人去接儿子。纪氏搂抱着亲生骨肉，泣不成声，嘱咐朱祐樘道：“我儿一走，我就活不成了。你看见穿着黄袍子，长着胡须的人，那就是你父亲。"然后给儿子换上小红袍，长久目送他坐上小轿子，去认自己的生父。

当天朱见深就召集众臣，说明真相，次日颁诏天下，立朱祐樘为太子，并封纪氏为淑妃。万贵妃得知此事，又气又恨。随之纪氏就在宫中暴亡，门监张敏也吞金自杀。这显然都是万贵妃下的毒手。朱见深的母亲周太后担心万贵妃会对朱祐樘下毒手，就亲自将孙子抱养在自己的仁寿宫内，这才使太子安全地生活在宫中。

明孝宗朱祐樘像

此后，万贵妃一改对朱见深后宫生活的控制，让他去临幸后宫的妃子，妃嫔们有孕也能顺利出生，许多妃子都生下了皇子，皇子渐渐多起来。于是，万氏就天天在朱见深耳边说太子如何不好，让他改立其他皇子。朱见深对万贵妃一向言听计从，便有了更换太子之意。正当宫中为改易太子的事忙得不可开交的时候，泰山地区发生地震，当时的泰山是皇太子的象征，奇异的天象一出，群臣立刻上奏。上天已经示警了，如果改立太子，必将引起动乱"。笃信佛教的朱见深这次服软了，心中很是恐惧，于是下令不准再议废太子之事，朱祐樘的地位这才得以稳定下来。

正是多难的童年生活增加了朱祐樘对社会和人生的认识，增长了他的才干，锻炼了他的意志，与其他同龄人相比，他显得早熟。

深厚的学识

朱祐樘被立为太子后，朱见深非常注重对他的培养教育。九岁时，他开始“出阁讲学”，接受比较严格的教育。讲读在文华后殿进行，对他进行教育的老师都是当时的学养深厚之士。从出阁讲学到18岁即位，朱祐樘整整接受了非常正规的九年教育。

皇太子出阁讲学，是接受正规教育的开始。担任教育职责的讲读宫中，有彭华、刘健、程敏政等人。彭华是江西安福人，依附万安，虽品行不是很好，但毕竟是景泰五年（1454）的状元；刘健是河南洛阳人，与明初的理学大师薛瑄的弟子阎禹锡，白良辅一起学习，据说是“得河东薛瑄之传”的，程敏政是南直隶的徽州府休宁县人，10岁被人称作神童，荐入翰林院里读书。据说，当时辅导东宫太子读书的人中，学问最渊博的就算程敏政。

皇太子一旦出阁讲学，除了大风雨雪天气以及酷热与严寒，每天都必须举行讲读。讲读的内容是四书（即（论语》、《大学》、《中庸》和《孟子》）以及经、史。一般的形式是上午先读，下午再讲。除了读书之外，太子还必须练字，由专门的侍书来辅导，春、夏、秋三季每天写一百字，冬天每日写五十字。实是集天下之英才来对皇太子进行教育。

据说，丧母时的朱祐樘虽然只有6岁，却会“哀慕如成人”。幼年失母，对于明孝宗影响深远，也许明孝宗后来的善良，温和、宽容，除了儒家的教育之外，还源于幼年时弱者的心态。明孝宗在处理万贵妃一事上，最能体现他的宽容，对当初迫害其生母的万贵妃家人，他表现了极大的宽容；对万贵妃本人，他也没有听从臣下的建议对她削谥议罪。而这一切都出于一个孝字，他死后被定庙号为明孝宗，也正因为此。

除了儒家的伦理，明孝宗还有对于艺术的爱好。《明史》中曾收录过他的诗集五卷，明末清初的著名学者钱谦益在自己编写的《列朝诗集》中也曾收录了他的一首《静中吟》：“习静调元养此身，此身无恙即天真。周家八百延光祚，社稷安危在得人。”钱谦益说：“大哉王言，众理兼有，惟德与功，为三不朽。”中国古代有“三不朽”的说法，指立德、立功、立言。明孝宗另有诗集，真能合三不朽的美誉了。除了在诗歌方面的兴趣，明孝宗对于绘画、弹琴也很喜爱。清人姜绍书所著的《无声诗史》中就提到明孝宗爱好绘画与琴道的事情。书中说，明孝宗“万几之暇，间亦好琴”。一些专门负责纠察朝政的言官们还曾经纷纷上疏，劝说明孝宗不要耽于声乐，而要把更多的精力放在修养身心之上。明孝宗表面上接受，私下里却认为弹琴与政务没有冲突。虽对言官的劝谏不以为然，但却也不以为忤，这正表现了他宽容的一面。明孝宗擅长绘画，宫中也有许多画师。有一次，他赐给画师吴伟几匹彩缎，害怕大臣们知道后没完地议论，对吴伟说：“急持去，毋使酸子知道！”意思是说，赶紧拿去，别让那些酸腐的书生们知道。

第二章　勤政爱民弘治兴

除弊政，用贤臣

朱见深留给儿子朱祐樘的，不仅是一个紊乱的朝政，而且是一个千疮百孔的国家。宪宗在位时，怠于政事，沉湎方术，不少无才无德之人，僧道杂流，当上国师、禅师、侍郎、政使、太仆卿、尚宝卿等官职的不可胜计。一时，北京城里，身披黑袍的真人、道士招摇过市，把朝政搞得乌烟瘴气。

明孝宗即位之初，便着手改革弊政，大刀阔斧地整肃朝纲。起初，他的精力主要放在了朝廷要员的人事安排上。成化年间，许多佞幸小人混入朝中，侍郎李孜省、太监梁芳、万贵妃的弟弟万喜等人狼狈为奸、祸乱朝政。他们同以巴结万贵妃得升阁臣的奸邪之徒万安结成朋党，压制打击忠臣，培养亲信，搜刮民脂民膏，是当时朝廷中的第一大害。明孝宗即位的第六天便把太监梁芳下狱，随后又将李孜省流放边陲。宪宗朝以外戚万安为首的内阁溜须拍马，不务正业，整日看万贵妃的脸色行事，并受太监梁芳的控制，都是一些无能之辈。

当时有“纸糊三阁老”、“泥塑六尚书”之称。明孝宗对这样的内阁十分不满。内阁首辅万安乃是万贵妃心腹，为人奸佞，劣迹斑斑，曾经勾结万贵妃试图废掉明孝宗的太子之位。明孝宗便将万安罢官逐出朝廷，那些通过贿赂、溜须拍马发迹的官员一律罢免撤换，裁汰传奉官，罢免右通政任杰、侍郎蒯钢等千余人，论罪戍斥。当年十月，明孝宗又做出了一项重要决策，将宪宗朝所封的法王，国师、真人，国子等封号一律革除，处死妖僧继晓，诏令朝中不可崇佛信道，一改前朝因崇信佛道而荒误朝政的混乱局面。明孝宗处置奸佞之徒，天下正直人士无不拍手称快。

放斥了先朝的妖佞之臣后，明孝宗着手选拔贤能委以重任。他制定了严格的官吏考核制度，诏谕吏部官员：提拔选调官员要以政绩为主要标准。他还令内官将两京文武大臣和内外抚臣守备的名字抄下来，贴在宫内的墙上，以便自己熟悉选用。明孝宗注意任用贤能，使得弘治一朝名臣辈出，朝中的许多重臣都是正直贤能之士。他起用徐溥、刘健、李东阳等几位素负声望的名臣进入内阁，参与机务。南京兵部尚书王恕为人刚直方正，这时本已辞官，明孝宗以朝廷急需贤士为由，重新召见入朝，擢升为吏部尚书，位列九卿之首。

明孝宗当太子时就听说马文升有气节，即位后立即将他由南京兵部尚书擢升为左都御史。礼部右侍郎丘进献《大学衍义补》，论述治国平天下之道，明孝宗看后大加赞许，将他升为礼部侍郎。明孝宗为彰显正义，褒扬忠烈，为在英宗朝冤死的忠烈于谦建造旌功祠，平反昭雪。明孝宗还十分重视礼贤下士，终明孝宗一朝，从未鞭打过一个大臣。明孝宗对深孚众望的大臣刘健、谢迁格外器重，总是称呼他们为“先生”。一时，正直贤能的官员都受到重用，“弘治朝中多君子”，朝廷风气为之一新。

勤政事，爱子民

明孝宗在即位之初，对自己也严格要求。他下令恢复正统年间被停的午朝，每天坚持上朝听政。据说有一天晚上，仁寿宫突然失火，明孝宗皇帝一夜没有睡好，第二天早晨神情恍惚，不想去上早朝，但又不想违背了自己所定的制度，只好让自己的贴身太监前往朝堂知会众大臣，才感觉有点心安。明朝中期以来，皇帝荒淫，常常身居后宫，不问政事，大臣们的奏折自己不看，直接让司礼监的太监代批，这是造成明朝中后期宦官专权的一个主要原因。明孝宗即位以后，勤于朝政，天下臣工的奏折往往由自己来批阅，在一定程度上节制了太监专权带来的诸多弊政。明孝宗还十分注重太监的遴选，任用正直有才的人来执掌司礼监。如大太监怀恩，为人正直，敢于直谏，是弘治朝不可多得的忠臣。

弘治元年（1488），他采纳大臣的建议，开设大小经筵。这一制度是在正统初年制定的，大经筵，每月逢二、十二、廿二日举行，主要是一种礼仪，小经筵又称日讲，君臣之间不拘礼节，从容问答，是重要的辅政方式。大小经筵制度，在宪宗朝时一度废置。明孝宗还开辟了文华殿议政，在早朝与午朝之余的时间与内阁大臣共同切磋治国之道，商议政事。在诸位得力大臣的辅佐下，弘治帝革除了众多陋习，采取了许多解救民困的建议，使得阶级矛盾得以缓和，百姓能够休养生息。

朱祐樘还注意更正律制，加强法制建设。明朝的法律是明太祖朱元璋、明成祖朱棣时代制定的，以后又增补了繁多的条例。朱祐樘即位后就对条例进行整顿，选择了290多条与律并行。他所任用的执法官吏比较贤明、公正，一扫朱见深时代特务横行的恶劣风气。据历史记载，于谦的女婿朱骥是当时的锦衣卫使，在审理大案时，十分谨慎，从不轻易定人死罪。朱骥的后任牟斌，也保持了这种宽仁的作风，挽救了许多被诬陷入狱的人的生命。

于谦像

在这些问题基本解决之后，他便开始注重于对内忧外患的治理，减轻赋税，停征徭役，大力兴修水利，发展农业，繁荣经济，对于发生水旱灾害的地区及时赈济。弘治二年（1489），开封黄河决口，明孝宗命户部左侍郎白昂领五万人前去治理黄河，并派朝中重臣前往督察。弘治五年（1492），苏松河道淤塞，泛滥成灾。明孝宗命工部侍郎徐贯主持治理，历时近三年方告完成。经过明孝宗一朝的精心治理，苏松地区消除了水患，再度成为鱼米之乡。

由于明孝宗锐意求治，朝廷上下，文武百官纷纷上言，或痛陈时弊，或广进方略。马文升上时政15事，包括选贤能、禁贪污、正刑狱，广储

明宪宗成化明孝宗弘治

积、恤士人、节费用、抚四裔，整武备等诸多方面，明孝宗无不大为赞赏，一一付诸实施，这对弘治朝兴利除弊起了积极的作用。

鉴于前朝宦官专权乱政的教训，明孝宗对宦官严加管束，东厂、锦衣卫再不敢任意行事，只能奉守本职，因而几任锦衣指挥大致都能持法公允，用刑宽松。这是明中后期其他朝代所罕见的现象。明孝宗力求节俭，诏减皇宫的开支与供奉，不大兴土木，主张节约费用，缓解人民负担。他屡次下诏，禁止宗室、勋戚侵占民田，鱼肉百姓；还多次下诏减免一些地方的夏税、秋税。这些都十分有利于缓和社会矛盾和社会危机。正统、成化年间，农民起义不断，有几次声势还相当大，而弘治一朝却几乎没有大规模的农民起义。

明孝宗“恭俭有制，勤政爱民”，史家称为“弘治中兴”。其中可能有溢美之词，不过，与前后几朝比起来，弘治时期的朝政的确算是比较清明的。

第三章　弘治朝宦海风云

三朝重臣王恕

王恕（1415~1508），字宗贯，号介庵，陕西三原人，8岁开始入塾读书，正统十三年（1448）。24岁的他位列三甲，被授予翰林院庶吉士。由于王恕比较务实，虽然在翰林院呆了几年，也没有被点为翰林，而是被授予大理寺左评事，前往办理评议审查的事务。王恕在大理寺任上敢言敢做，为人刚硬正直，不与人同流合污，帮助寺丞处理了好几桩别人不敢问津的案子，就连皇亲国戚也有点怕他。王恕还敢于直言进谏。

景泰五年（1454），景帝将王恕调往扬州做知府。王恕就任扬州知府以后，采取了一系列措施打击豪强之家，扶持贫弱，惩办恶吏刁民和强盗窃贼。王恕断案不畏权势，公正无私，清理了许多积压多年的冤案疑案，使扬州的政治清明了很多，社会风气也大有好转。王恕还十分重视发展地方教育，在扬州创办了资政书院，有时还亲自去讲学，教导学生要立志齐家治国。

天顺四年（1460），皇帝派人考察外官，王恕治理扬州，功绩斐然，被提升为江西右布政使，四年后又被调往河南任左布政使。

宪宗继位以后，河南爆发了以刘千斤和石和尚为首的流民起义。朝廷得到地方官的急报，立即派白圭带大军前往镇压，同时提升王恕为副都御史，参与兵事。朝廷的许多官员都认为流民造反，大逆不道，应该予以彻底剿杀。由于长时间在地方做官，王恕深知民间疾苦，认为流民造反主要是因为难以维持生计，可抚不可剿，用兵立威即可，不可大开杀戒。如果一味剿杀，流民被逼得无路可走，一定会带来更大的祸患，所以应该更重视对流民的抚治。白圭采纳了他的建议，一方面陈兵以待；一方面贴出榜文昭告流民，告诉他们只要放下武器愿意归乡复业的，一律由国家分配土地钱粮。王恕的这一措施安抚了流民的反抗情绪，也解决了流民的生计问题。当地人感激王恕的恩德，视之为恩人，在家中挂起了王恕的画像，以示尊敬。

王恕像

成化十二年（1476），王恕被派往云南作巡抚。云南镇守太监钱能专横强暴、贪赃枉法，当地的地方官敢怒不敢言。王恕到任之后，得知钱能、郭景贪赃枉法的事情，觉得不可小视，急忙写了一份参劾他们的奏折，令侍卫火速送往京城，同时派人监视郭景。郭景得知王恕参劾自己后，知道自己难逃一劫，畏罪自杀。钱能见王恕逼死了自己的亲信，收买刺客想刺杀他，没有得逞。不久，钱能买通朝中权贵，在宪宗面前参劾王恕。王恕被调离云南，到南京管理都察院。南京虽然名义上也是明朝的首都，但是在南京做官实际上没有什么实权。王恕在都察院任上恪尽职守，严格对官员进行考察和参劾，拒绝纳贿，声誉渐隆，随后就被提升为南京兵部尚书。

明孝宗即位以后，很赏识王恕，任命他任吏都尚书，加太子太保衔。王恕事事以身作则，他还亲自写了一副对联悬挂于吏部的大堂之中："仕于朝者，以馈遗及门为耻；仕于外者，以苞苴入都为羞。""馈遗"、

“苞苴”，都是指贿赂的意思。王恕把这副对联挂在这儿，一方面是告诫官员不可收受贿赂，贪赃枉法；另一方面是告诉官员自己清正廉明，不会收受任何贿赂。王恕又举荐彭韶为吏部左侍郎，他们两人都不惧怕权贵皇亲，一时间吏治大为改观。王恕在吏部任上还选用了一大批忠正廉明的大臣，例如户部尚书李敏，礼部尚书耿裕、倪岳、兵部尚书马文升等，为明孝宗朝中兴局面的出现奠定了人才基础。

但王恕脾气倔强，对明孝宗重用太监，以及赐给宣微王朱见讳庄田的事情不满，上疏规谏。明孝宗渐渐不能忍受。弘治六年（1493），太医院的通判刘文泰因贪赃枉法被王恕参劾。刘文泰对王恕怀恨在心，他利用王恕同丘浚的矛盾，挑拨丘浚说：“王恕以前曾经让人给他写传，自己沽名钓誉，却要毁谤先皇宪宗皇帝。”丘浚听了便上书弹劾王恕。明孝宗命人查核，结果未出，明孝宗便斥责王恕沽名钓誉。王恕被迫再次致仕回乡，从此结束了他的官宦生涯。正德三年（1508）四月，王恕去世，享年94岁，赠左柱国，太师，谥号“端毅”。

文武全才马文升

马文升（1426~1510）字负图，号三峰居士，河南禹县人。他从小相貌奇特，体格健壮，对兵事感兴趣。22岁那年，马文升被举荐参加乡试，中解元。三年后他到京城参加会试，考中了进士，被派为御史巡按山西。马文升在御史任上，不畏豪强，敢于说话，那些作奸犯科的人都怕他。成化元年（1465）被升任为南京大理寺卿。南京的官职虽为闲职，马文升仍然下决心要干一番大事业，在任上兢兢业业，丝毫不敢懈怠。

成化四年（1468），西北地区的少数民族在满四的带领下起兵反明，响应的人号称十万，他们攻衙署，杀官兵，掠民财。消息传到京城，宪宗大为震动，急忙派大将带兵十万前往镇压。由于用人不当，官兵初战大败。宪宗再调马文升以右副都御史巡抚陕西，协助作战。马文升到达军营之后，不顾鞍马劳顿，带了几个校尉去查看敌情。他经过周密细致的观察，终于发现并破坏了满四的布营的致命弱点，大败满四军。马文升从此

在陕西当了七年的巡抚，后又因功擢升为左副都御史兼兵部右侍郎。马文升制边不仅重视守备，还十分重视边民贸易。他认为：只有允许边民相互贸易，边民的生计得以维持，他们才不会犯上作乱，正所谓民生可抵百万精兵。

马文升制边几年中屡建奇功。有一次孛罗忽、满都鲁等人带军进犯明朝边境。马文升积极迎战，采取诱敌深入的策略，大败敌军于黑水口，杀敌二百余人，擒获敌人的大将一名。又乘胜追击，在汤羊岭截住敌军，明军在马文升的带领下奋勇杀敌，斩杀敌人无数，敌人只余下数十名骑兵落荒而逃。这次大捷使马文升被调回京城，授以兵部右侍郎之职。

马文升进入兵部以后，严格考察各地边防情况。他得知辽东巡抚陈钺暴戾严苛，十分贪婪，经常打骂士兵，以各种借口罚没士兵的马匹，弄得将士们不堪重负，怨声载道。第二年，马文升被派出查办此事，整饬辽东地区的边备。他到任以后，首先具表参劾陈钺，请求皇上予以严惩，同时加强边备，编制阵法，加强对士兵的训练。但是，陈钺的后台是权倾朝野的大太监汪直，在汪直的袒护下，宪宗没有查办此事。后来，马文升被汪直陷害后逮入诏狱，后被贬官重庆卫，成了一名小卒。直到汪直事发，马文升才再次被起用，被任命为左副都御史巡抚辽东。马文升巡抚辽东，治军有方，一时间边患偃然。成化二十一年（1485），马文升因功被升为兵部尚书。

明孝宗即位以后，马文升被调任左都御史。弘治二年（1489）又升任兵部尚书。弘治元年（1488），吐鲁番部在阿黑麻的带领下聚众造反，阿黑麻自称可汗，试图分裂国家。急报传到朝廷，大臣们议论纷纷，有的主张同阿黑麻议和，还有人主张放弃哈密。主持兵部的马文升坚决反对，他主张马上出兵收复哈密。明孝宗采纳了马文升的建议，任命他为元帅，带兵前往哈密。马文升到达嘉峪关以后，用计分裂吐鲁番部署，使吐鲁番军大败，顺利收复了哈密。

后来，云南的思叠反叛朝廷，许多官员都建议发兵讨伐，马文升认为：如今国家军困民乏，财政短缺，没有力量出兵讨伐。如果出兵，可能会激发更大的祸乱，应该先派一名朝臣前去宣喻安抚，然后再派兵立威。

朝廷选拔了参议郭绪和按察副使曹玉二人前往抚喻，终于平息了这场叛乱，避免了一场战争。

马文升在兵部尚书任上采取了一系列的措施，力图扭转前朝以来军备废弛的状况，加强对将校的考核，罢黜了30多名不合格的军将，得罪了许多人，有人甚至想持弓箭乘他下朝的时候行刺他。明孝宗皇帝支持马文升的整顿，特意加派了大内侍卫十几人来保护马文升。

后来，马文升曾一度调任吏部尚书。马文升上书明孝宗说，“减一官，朝廷省一官之费，加一官，则要费数省之资。”后来，明孝宗采纳了马文升的建议，裁去传奉官几百人，为朝廷节省了大量财富。

正德五年（1510），马文升去世，终年85岁，赠特进光禄大夫、太傅，谥“端肃”。马文升一生任官五十余年，担任多种重要职务。后人评说，在朝中做官，文的能够做到吏部尚书，武的能够担任兵部尚书，二者任担当一职都无憾，而马文升能够历任两职，真是文武全才。

经济思想家丘浚

丘浚（1421~1495），字仲深，琼山府城镇下田村（今海南省）人，明朝中叶的著名理学家、经济思想家，与同乡海瑞被并称为“海南双璧”。

丘浚从小父亲早亡，与母亲相依为命。幸运的是，丘浚的母亲李氏知书达理，粗通文墨，她知道只有让孩子好好读书，将来才能出人头地，便教丘浚读书识字。丘浚从小便聪明过人，七八岁便能做诗，敏捷惊人。他的祖父丘普说他今后一定能够“拓吾祖业，达而为良相，以济天下”。丘浚也从小便立志将来要做大官光宗耀祖，经世济国。为了不辜负母亲和祖父的期望，他每天发奋读书，从经史子集，诗文歌赋，到医卜星象、释道农桑之书，都细心研读。由于家境贫寒没钱购书，他总是想方设法借书研读。几年的精心苦读使丘浚积累了丰富的知识。

正统九年（1444），丘浚在广东乡试中一举夺魁。正统十二年（1447），丘浚告别母亲，到北京去参加会试，不料没有考中，只好进入太学继续学习。国子监祭酒萧镃十分看重丘浚的文才，认为他将来必成大器，时常接济辅导丘浚，使丘浚重新树立了对仕途的信心。景泰五年（1454），丘浚再次参加会试，考中进士，在廷试中列为一甲及第，入翰林院被选为庶吉士。丘浚在翰林院依然嗜书如命，每当看到没有读过的书，就不分昼夜地去研读。后来，丘浚被授以翰林编修。在翰林任上，他潜心研读历朝历代的典章，对本朝典章制度作了细致入微的研究和观察。十几年的知识积累，使他逐步具备了经国济世的才能。

弘治瓷器

成化元年（1465），两广瑶族人民起义，官府屡次派兵未能平叛。丘浚上奏称："瑶族人造反应该首先在广东进行驱逐，然后派兵到广西围困叛贼，屯兵于瑶族人的后方大藤峡，捣毁他们的农田物资，再切断他们的粮食来源，再困一二年，便可不攻自破。"宪宗把丘浚的计策拿到朝中让大臣们讨论，大臣们都认为这个计策很好，可以实行。宪宗依计实行后，果真奏效。

成化元年（1465），丘浚奉命开始编纂《英宗实录》。他秉笔直书，对于英宗朝于谦冤死也毫不避讳，还说："于少保为民冤死，被与他有仇的人加上谋反的罪名，现在事情既然明了，就应该直书此事。而不能屈笔隐晦。"三年后，《英宗实录》编完，丘浚又被提升为侍讲学士。丘浚每次到宫中讲课，都要精心准备一番，把那些古圣先王的事迹作以衍发，旁征博引，教导皇上爱民勤政。宪宗皇上往往被丘浚广博的学识和流利的言词所吸引，对丘浚敬服不已，后来又提升丘浚为翰林学士。稍后，再晋升为国子监祭酒加礼部侍郎，执掌国子监的事务。在国子监任上丘浚撰写了《大学衍义补》一书，仿照真德秀《大学衍义》的体例，将全书分为“固邦本”、“制国用”两部23卷，书中论及政治、经济、军事，礼乐等许多方面的内容，阐述了作者衍发的治国方略，尤其在古人忽略的财政、赋税、货币和生产等经济理论方面提出了许多独到见解。其中某些理论对当今社会还有实际的指导意义。

丘浚十分重视理财，认为国家理财，是为民而理，理民之财，要注重发展生产，使黎民富有，反对将国家财政专门用在皇帝一人身上。在这本书中，丘浚把财政问题视为治国之本。提出了”理财为天下之要道，财用为立国之本”的思想。他认为财政问题，直接关系到国富民强，兵之强弱，世之治乱，是人君治世、大臣经国必须重视的重要问题。他还提出了其他的许多经济思想，如富民思想，认为上天生下众民，天生就有贫富差别，不能够夺富济贫。富民的存在是社会存在和发展的需要，贫民要依靠他们举贷度难，国家也要靠他们应付艰难。此外他还提出“配丁田法”，认为每人可以拥有田一顷，超过一顷的，维持现状，允许再买。徭役按拥有田地人口来征发。

明孝宗继位以后，丘浚将这本书进献给皇上。明孝宗读了之后，深以为然，下诏命有关部门将此书交由福建布政使司付书坊印刷发行。弘治元年（1488），丘浚奉诏编修《宪宗实录》，历时四年编成后，明孝宗很满意，加授丘浚为太子太保，兼文渊阁大学士，入阁参与机务。明代以尚书衔入阁参与机务就是从丘浚开始的。

弘治五年（1492），丘浚上疏明孝宗，强调经籍图书的重要性。他认为图书中保存了古今帝王丰富的统治经验和臣民必须遵从的道德规范以及国家的山川，人物、风俗、物产，还有朝廷礼乐刑政的演变发展，具有重要的价值。朝廷应该对经籍图书给予充分注意和爱护。明孝宗立即下诏命全国官员访求遗书，加强对宫廷所藏图书和档案的管理和保藏。明孝宗还从《永乐大典》中抄出世人所未见的医学秘方，赐给太医院的御医王圣济以及其他大臣。

弘治七年（1494），丘浚的右眼因病失明，但他依然读书不倦。丘浚做官四十年，官居阁老，但他为官清正廉洁，依然过着十分清贫的生活。弘治八年（1495），丘浚因病去世，享年74岁，被追赠太傅，谥“文庄”。

冒死直谏的彭程

彭程，字万里，江西鄱阳人，从小聪敏勤奋。成化末年，他到京城参加会试，考中进士。明孝宗即位以后，因为他敢于直言，被授以御史之职，巡视京城，观察官声民情，遇事直接上奏，以正世风。当时的京畿地区人员混杂，治安甚为混乱，京城有许多大户人家被盗。当地的官员派人缉查，但屡次捉拿不着。彭程听说后，密授京官机密计策。让他派人到街头炫耀一个富商的富有，然后带领几个得力的衙役趁黑埋伏在那个富商家中，守株待兔。后来果真捉到了盗贼，审出线索，将他们一网打尽。

弘治二年（1489），彭程巡盐两浙，后又被升任为光禄寺大夫。彭程在光禄寺做事兢兢业业，又敢于直言不讳，很受明孝宗赏识。弘治五年（1492），彭程见光禄寺建造祭祀神坛，上疏明孝宗说：”臣刚才看见光禄寺正在建造祭祀神坛。神坛曾经是先帝宪宗用来斋谯做法事的地方。陛下即位以后，励精图治，已经把这些东西给废除掉了，怎么能再建造神坛预备法器呢？光禄寺修建这些东西所用的银两，都是百姓的血汗钱。用在正当的地方，还怕百姓非议，更何况用在这些没用的事情上呢？”谁知这是明孝宗觉得没有神坛和祭祀用的器具，特意命光禄寺准备的。听到彭程这么说，勃然大怒，认为他这是诽谤先帝的过失，命锦衣卫将他投入大狱，严刑查问。

明孝宗接着又把这件事情归罪在光禄寺身上，削夺光禄寺卿胡恭的官职，罚俸三年。至于彭程，他认为诽谤之罪不可轻恕，令锦衣卫交刑部定罪处置。刑部尚书彭韶有感于彭程敢于直言进谏的精神，试图保全。可是明孝宗皇帝正在气头上，想要置彭程于死地。彭韶等人一再上书营救，明孝宗都竟然不允。后来彭程的儿子上书明孝宗，说愿意代父受死，明孝宗还是不听。碰巧，巡按陕西的御史李兴也因为犯罪被送进大狱，受尽酷刑。明孝宗想要亲审此案，连同彭程案一同审理。第二天，明孝宗及诸大臣齐集大殿之上。明孝宗亲自朝审，历数李兴所犯诸罪，下诏判斩立决。到了审彭程时，满朝官员一起请求明孝宗，明孝宗见彭程乃众心所向，不可轻犯，就改斩刑为谪戍之罪，把彭程和其家属谪戍隆庆。大臣们不服判决，文武大臣一同上疏说："李兴所犯的罪不是很多，还不够死罪。彭程是为了规劝皇上您，也落个戍边之罪，那么那些作奸枉法，罪大恶极的人应该怎么处置啊？"尚书王恕也一再上疏营救。最后，明孝宗下令减免李兴的死罪，改为杖责一百，谪戍宾州。

不久，大臣毛珵上奏明孝宗说，彭程的老母亲李氏已经有80多岁了，就彭程这么一个儿子，在家孤苦伶仃，没有人养老，希望陛下仁孝圣德，成全他们母子吧。明孝宗本不同意，可考虑到这么做会影响到自己以孝治天下的理念，这才把彭程放还。

为官清廉的李东阳

李东阳（1447~1516），字宾之，湖南茶陵人，是我国古代著名的文学家，被称为明朝"前七子"之首。

在家庭文化氛围的熏陶下，李东阳幼年就显现出非凡的才华。四岁随父亲在北京时，他就会写直径一尺的大字，被京城中人视为神童。顺天府官员把他推荐给景帝，他当着景帝的面写了"龙、凤、龟、麟"等十多个大字，景帝看了非常高兴，赐给他一些珍奇水果和金银元宝。之后，景帝又两次召见李东阳，并要他试讲《尚书大义》，景帝很满意，准予他进顺天府学读书。成年后，李东阳又刻苦师法颜真卿，得其精髓而又自成一家，人们称赞道："长沙公大草，中古绝技也！玲珑飞动，不可按抑，而纯雅之色，如精金美玉，毫无怒张蹈厉之态，盖天资清澈，全不带渣滓以出。"

李东阳生活的年代正好是明孝宗励精图治的时期。弘治七年

（1494），李东阳参加陕西乡试，当他赶到的时候，考场的门都已经关了。李东阳没有办法，只好在门外大声叫道："李东阳不参加考试，谁来做本科的第一？"成绩出来之后果然是第一。第二年，李东阳到京城参加会试，考中进士，被授予户部主事的官职，可谓是少年得志。李东阳历任户部主事，江西提学副使等职。他嫉恶如仇，对于人世间的不平事，喜欢大发议论。

弘治十八年（1505），李东阳上书明孝宗，品评朝政，指出现在朝政上有"二病"、"三害"、"六渐"，他认为现在的官场风气很不正当，官员们之间相互张拱深揖，相互庇护包容，对皇上也不肯说出实情。他还攻击后宫的宦官专权，对于国家的边防，锦衣卫，东西厂等掌握在宦官的手中极为不满，对于社会稳定和社稷安全是一个极大的威胁。他还上书弹劾寿宁侯张鹤龄的不法行为，惹怒了处处护着张皇后的明孝宗，被囚于锦衣卫狱中，虽经大学士刘健，谢迁等人一再请求，从狱中放了出来并官复原职，还是被明孝宗罚俸三日。

从弘治四年（1491）开始，李东阳参与编修（宪宗实录），因编修有功被提为侍讲学士兼太常寺少卿，主管翰林院的事情。李东阳深信在其位，谋其职，尽心竭力为朝廷做事，敢于直谏，对明孝宗皇帝提出了不少有用的建议，深受明孝宗皇帝赏识。弘治七年（1494），李东阳升为礼部右侍郎兼侍读学士，因为李东阳的文才书法都是当朝官员中执牛耳者，朝廷的许多诏书、行文，多出自李东阳之手。李东阳为人和气，善于结交各个层面的人，即使持不同政见者，他也坚持以礼相待，因而他同朝中大部分大臣的关系都很好，就连宫中的太监有的也与他有些交情。

李东阳仕途可谓一帆风顺，弘治十一年（1498），他又被提升为礼部尚书兼文渊阁大学士。第二年，奉明孝宗之命，就任会试主考官，当时同他一块担任主考的还有同朝为官的程敏政。考试结束以后，突然有人参劾主考程敏政向江南才子唐伯虎透露试题，有作弊之嫌。明孝宗命李东阳会同大理寺查办此事。李东阳知道有人要蓄意陷害，不想事态扩大，采取了息事宁人的办法，将被人怀疑的唐伯虎排除在三甲之外，避免了一场官场争斗的发生。

李东阳画像

李东阳还是一位著名的诗人，在成化，弘治年间他主持诗坛，奖励后学，颇具声望和影响，形成了以他为首的茶陵诗派。李东阳主张写诗要反映民间真实生活，注意用诗来表达民间疾苦。这些诗作奠定了茶陵诗派的基本风格，为明朝的诗歌发展史注入了一股清新自然的气息。

李东阳为官清廉，虽身居高位，却从不敛财，过着清贫的书生生活。到了武宗年间，因为太监弄权，武宗荒淫无度，李东阳多次上疏进谏，武宗都不予理会，于是便以年老多病为由，辞去内阁首辅的职位告老还乡。正德十一年（1516），李东阳病逝，享年70岁，赠太师，谥号“文正”。

为官务实的刘大夏

刘大夏（1436~1516），字时雍，号东山，湖广华容（今属湖南）人。他自幼聪敏好学，天顺三年（1459）考中湖广乡试的解元，四年后入京赶考，名列三甲，被选为翰林院庶吉士。宪宗成化元年（1465）被授兵部职方司主事，后升为兵部车驾司郎中，改职方司郎中。明孝宗弘治二年（1489），刘大夏被升为广东右布政使。

刘大夏做官不求清虚之名，比较注重务实，他为官正直，不避权贵，名声渐著。弘治五年（1492），刘大夏被转调为浙江右布政使。第二年春天，黄河在张秋镇、黄陵岗等处决口，夺汶河入海，漕运也被阻断。明代漕运一直为南粮北运的重要通道，朝廷对此事极为重视，派工部侍郎陈政调集民夫十五万前往修治，但工程未完陈政便病死任上，这使明孝宗深感忧虑。朝廷下诏命令百官推荐可以担起治水大任的官员。吏部尚书王恕素闻刘大夏之才，便推荐了他。这位年近花甲的老臣被升任为右副都御史，前往治理黄河。

明朝历来的治黄策略与元朝相似。为了维持大运河的漕运，尽力避免黄河向北溃决。刘大夏治理黄河，也是采取的遏制北流，分流入淮的策略。刘大夏为了尽快完成治河任务，尽早使灾民回归家园，并打通漕运，每天都亲自到河堤上与河工们一起工作。刘大夏还听取水利专家的建议，首先在决口的地方开挖了一条月河，打通漕运，解决南粮北运的危机，又经两年时间，集中人力围堵张秋决口，疏通河道。刘大夏不顾年高体弱，每天都要亲临河工，明孝宗皇帝十分感动，特地派官员送羊送酒到治河工地上犒劳刘大夏和河工人员。为了保证黄河不再夺河入海，刘大夏又调集河工从昨城，经东明，长垣到徐州，筑了一道长约360里的大堤，防止了黄河堵塞漕运。

此后，刘大夏更加得到明孝宗皇帝的信任和倚重。弘治十年（1497）秋，刘大夏推说有病，曾三次上疏请求回家养老。弘治十五年（1502），刘大夏被拜为兵部尚书，代替原任兵部尚书马文升。刘大夏多次告退，明孝宗都没有答允，催促他尽快入见。明孝宗弄不明白刘大夏究竟为何不肯受职，询问他，刘大夏回答说，他年老多病，而天下已经到了民穷财尽的地步，而他估量自己的能力不足以解决问题。皇上听了，深深感叹于刘大夏对形势的判断。

不久，明孝宗又与刘大夏进行了一次深入的君臣谈话。而后，明孝宗采纳刘大夏的建议，下诏在全国反贪倡廉，裁革传奉官，削减捐纳。这一年冬天，明孝宗又采纳刘大夏的建议，将驻扎在保定卫军万人发回原地的卫所进行操练。

明孝宗对刘大夏的信任使他声名鹊起，名声甚至超过了内阁大臣谢迁等人，时人称为“弘治三君子”之一。这种宠任也引起了一些大臣们的非议。有些大臣不满刘大夏受宠，私下里说明孝宗“偏听生奸，独任成乱”。明孝宗为了保护刘大夏，在一次单独召见刘大夏时说，告诉他不必在朝堂上亲自陈奏，可以写个折子密封上奏。刘大夏却认为用密折之法，时间长了会出弊端。明孝宗更为叹服。

武宗正德元年（1506），刘大夏已是年逾古稀的老人。他看到太监刘瑾秉朝乱政，多次上疏弹劾，引起刘瑾的怀恨。正德三年（1508）九月，刘瑾假借刘大夏以前在两广任内处理田州土司岑猛案件不当，派锦衣卫逮捕刘大夏，关入北镇抚狱。刘瑾索取贿赂未得，又想给刘大夏加上“激变”罪名，置之于死地。左都御史屠滽和宰相李东阳等人极力解救，才免一死，改为充军肃州。当时刘大夏已经73岁，夹道送行的百姓见了无不叹息流泪。

正德五年（1510）八月，刘瑾因罪被处死，刘大夏遇赦，并开复原官。正德十一年（1516）五月病逝，享年81岁，赐谥“忠宣”。

正直贤良的怀恩

怀恩，山东高密人，一说苏州府人，是宣宗朝兵部侍郎戴纶的族弟。戴纶因为向宣宗上疏请求停止游猎，被坐以”怨望”之罪，戴氏一族也都要连坐治罪。戴纶有个叔叔叫戴希文，当时任官太仆寺卿，被罢官没籍，独生的幼子被“净身”为小太监，送入宫中当了小黄门，赐名怀恩。明朝中后期由于时常有太监专政，因而在人们眼中的形象极为恶劣。但怀恩却十分正直贤良。时人有诗曰：“中官独能直谏，尚书卓有政声”，中官指的就是太监怀恩。

怀恩为人忠厚，耿直敢言。当时宪宗宠信佞臣梁芳，妖僧继晓等人，继晓在宪宗面前夸耀自己精通房中术，用这些下流的东西来引诱宪宗。宪宗年岁已高，精力衰竭，不足应付后宫的众多妃嫔，常常暗自叹息，继晓所荐正合他心意。宪宗在这伙佞臣的引导下，食用春药，果然效力大增，一晚上可以临幸数人，宪宗十分高兴，立即封继晓为国师。从那之后，宪宗对继晓总是言听计从。刑部员外郎林俊听说后具疏参奏，请求宪宗斩杀妖僧继晓及太监梁芳，以平民愤。宪宗看了林俊的奏折后大怒，立刻派锦衣卫将其逮捕入狱，问他是受谁主使。都督府经历张黻上疏替林俊辩解，也被逮入狱中。怀恩知道这件事以后，感于林俊的忠义，急忙面奏宪宗，说他们都是忠臣，请求宪宗释放两人。宪宗大怒，声称连怀恩一块杀。怀恩并没有退，而是马上跪在地上，大哭不止。宪宗不予理会，自己走了。怀恩回来后，派人到镇抚司告诫主事官说：“你们奉承梁芳，陷害林俊，如果林俊死了，你们也没有什么好结果。“镇抚司的官员害怕获罪，也上书替林俊说话。宪宗这时气也渐渐消了，终于把他们两个放了出来，贬林俊为云南姚州判官。

当时，汪直督理西厂，梁芳、韦兴等人当权，但是怀恩因执掌司礼监，职位排在他们前面，而且怀恩性情忠厚耿直，无所屈从，这些宦官都怕他，在他的面前不敢做坏事。怀恩在皇帝面前敢于直言，曾经从佞臣的手中保护了不少朝中的正直之臣。

万贵妃专宠后宫时，怀恩知道纪氏的事情后，常常送些蜂蜜饴糖过去。后来，太监张敏把这件事告诉了宪宗。皇上十分震惊，当时也在皇上身边的怀恩急忙应道：“此事千真万确，小皇子秘密养在西内，为女官纪氏所生，现在已经六岁了。”在张敏、怀恩等人的保全之下，才有了后来

泰陵（局部）

的明孝宗皇帝。

万贵妃知道这件事以后，十分气愤，想陷害怀恩，可怀恩在宫中素有名节，没有把柄可抓。不久万贵妃和太监梁芳又劝说宪宗易储，宪宗召来怀恩拟旨，不料怀恩以头碰地，誓死不从。宪宗没有办法，罢了怀恩的司礼监掌印，贬往凤阳守灵，并继续谋划易储。后来东岳泰山发生地震，钦天监奏报说地震与太子有关，宪宗迷信，怕惹得天怒人怨，总算搁下了易储的念头。

明孝宗即位后，感恩于怀恩的力保，将他从凤阳召回，委以重职，掌管司礼监。怀恩极力劝明孝宗斥逐万安，惩治作恶多端的太监，免除众传奉官，任用忠臣、御马监的太监王敏请求保留马房的传奉官，去拜见怀恩。怀恩大骂说：“星象异常，就是因为我们这些宦官败坏国政！现在刚纠正过来，又被你破坏，天雷要轰你了！”王敏十分羞愧。章瑾向怀恩行贿谋取官职，怀恩将其一顿怒斥。吏部尚书王恕因直言敢谏使明孝宗难以接受，怀恩规劝道：“王恕是真忠臣，天下的忠义敢言之士，也只有这个人了。”明孝宗任用了许多正直的人士，这里面也有怀恩努力的结果。

怀恩临死前，还劝明孝宗应该励精图治，多用正臣。明孝宗听了深受感动。怀恩死后，得赐祠庙匾额，题为“显忠”。

第四章　制度清明称典范

践行一夫一妻制

中国古代的成年皇帝，基本上都三宫六院，嫔妃成群，明代的皇帝尤其如此。只有一个明代皇帝例外，那便是明孝宗朱祐樘。他终其一世，身边只有张皇后一人，再无一个其他的嫔妃。他可能是中国皇帝中唯一实行一夫一妻制的帝王。

明孝宗的皇后张氏，河北兴济人（今河北沧州市北），出身于诗书世家。张氏的父亲张峦是宪宗年间的秀才，后来进入国子监成为监生。张氏自幼便受到了比较好的家庭教育，养成了她活泼可爱，又知书达理的独特性格。成化二十三年（1487）二月，张氏被选为淑女，送入宫中与当时身为皇太子的朱祐樘成婚，婚后立为太子妃。同年九月，宪宗去世，朱祐樘继位，是为明孝宗，张氏也被正式册封为皇后。

明孝宗幼年不幸，6岁以前一直跟母亲和被宪宗废掉的吴皇后秘密地在冷宫之中生活。虽然后来被立为太子，但依然生活在万贵妃的淫威之下。这使得明孝宗从小就懂得，嫔妃之间的争宠吃醋是后宫争斗的根源，有争斗总会有牺牲。而明孝宗从小便被立为太子，接受了严格的儒家教育，深受儒家节欲修身思想的熏陶，对男女之事的兴趣也并不强烈。再张皇后本人也性格开朗，活泼可爱，琴棋书画无所不通。每天在明孝宗繁忙政务之余，陪他读诗作画，听琴观舞，谈古论今，这一对天字第一号的夫妻如同一对民间伉俪，感情甚笃。明孝宗一朝，主上勤政，善于纳谏，规改过失，与皇后的贤惠是分不开的。

弘治四年（1491）的九月，张皇后为明孝宗生下了第一个皇子朱厚照。明孝宗对这个儿子非常疼爱，对于张皇后自然更是宠爱。但是，在那个年代，讲究的是多子多孙，皇帝之家更是如此。皇帝的子孙多少，是关系到国家承嗣的大事。当年宪宗无子，大臣们就曾上疏请求宪宗，多纳妃嫔，广播雨露，以多得子嗣。弘治初年，张皇后尚未生子的时候，就有御马监左少监郭镛上疏奏请明孝宗预选淑女，等为宪宗服丧期满三年后从其中选两名女子为妃。但这份上疏立刻遭到了当时为左春坊左庶子兼翰林院侍读的谢迁的反对，他认为明孝宗守孝未满，不宜纳妃。

明孝宗对张皇后的宠爱之情，在中国古代所有的皇帝之中可以说是独一无二。张皇后受宠于皇上，她的两个弟弟恃权放纵，鱼肉乡里。大臣们因为张氏兄弟的事情曾多次上疏，请求明孝宗予以规治。明孝宗怕会伤害到皇后的感情，一直没有同意大臣们的上奏。张氏兄弟更为嚣张，对那些参奏他们的大臣说：“我们是皇上唯一的小舅子，是国舅爷，皇上不会拿我们怎么样的，你们尽管参奏吧。”但是，明孝宗正致力于整治朝纲，对于外戚的放纵也是有限度的。他派人去查实张氏兄弟的事情，为了不损伤他和皇后的感情，又能警告张氏兄弟，在一次宴会上，明孝宗趁着皇后不在的时候，狠狠地把张氏兄弟数落了一番，警告他们今后不可再做违法之事，否则定会严惩。打这以后，张氏兄弟的行径才收敛一些。

张皇后同明孝宗一生恩爱，共生有两子三女，皇长子朱厚照是后来的武宗，皇二子朱厚炜与皇长女太康公主先后夭折。明孝宗从小受苦，身体孱弱，弘治十八年（1505）五月病死，终年36岁，葬于泰陵。明孝宗临死的时候曾经感叹道：再过几年太子就可以单独办事了。只可惜这位单脉相传的武宗昏庸无道，不但葬送了父亲十几年励精图治的成果，还断绝了明孝宗一支的血脉。明孝宗一生贤明有道，被人称为“中兴之令主”，到头来却弄个血脉断绝，不能不为人所叹息。

张皇后一生受明孝宗的宠爱，明孝宗死后，儿子朱厚照登基，册封她为皇太后，一生荣耀。但是人生变幻无常，由于武宗死后没有子嗣，只好由堂弟朱厚熜继承皇位，是为世宗。朱厚熜登基以后，借口张氏的弟弟张延龄试图谋逆，将其捕入狱中，张皇后的另一个弟弟张鹤龄又被人揭发谋反，也被逮捕。张皇后为弟弟求情，遭到拒绝，没过多久就忧死宫中。

改革盐法

明朝自创建以来，在食盐的管理和贸易方面实行的是开中盐法，就是召纳商人贩运粮食、马匹、铁器、布帛等军队和官府需要的东西来换食盐，然后运到全国各地贩卖。明朝边患严重，戍边的军队每年都需要大量的粮食，仅仅靠朝廷运输和边军屯田远远不够供应。只要边地缺粮，就由户部贴出榜文，召纳商人，运粮支边，然后发给这些商人全国盐务机关通用的凭据。等这些商人纳粮之后，可以凭借收据到各地的盐务机关换取食盐，再到不同的地方销售。开中盐法实行初期，许多大商人招募大量的流民到边境开荒屯田，用田中收获的粮食换取食盐，然后再转运各省，获利颇丰。永乐年间之后，由于各个部门从中克扣，商人逐渐没有什么利润可图，开中盐法逐步废弛。

明代钱币弘治通宝

到了明朝中期，官宦富人纷纷利用职权，把持盐场的专卖权，然后再贱买贵卖，使商人无利可图，从而影响了商人运粮支边的整个流程，造成盐法破坏。因为本来开中盐法规定：商人贩卖食盐，必须首先运送粮食到边界卫所，才能够领取换盐凭据，再到各地盐场换取食盐，运销各地。这样一来，形势更加严峻。正统年间，曾经创制了存积盐法，就是让商人依次支盐，存积在盐场，等着价格升高。如果边境有急事，可急召商人支边，并随时支盐。存积与常股盐一般维持三七或者二八的比例，后来存积盐的比例稍微有些提高。但这个办法并没有解决开中盐法的危机，反而导致了一些新的问题，使存积盐利大都被权宦、太监们霸占，普通商人不愿贱售，报中无人，存积盐滞销，致使边地粮食储备没有着落。即使有些商人运粮支边换取销盐凭证后，也支不到盐，这样恶性循环，使商人们逐步陷入尴尬的境地。

明孝宗即位以后，决定对盐法进行一番整治。他任用叶淇担任户部尚书。叶淇对盐法中的弊端早有所闻，上书明孝宗说："商人们到边境送粮，价格本来就低，还要长途跋涉，十分辛苦，到头来还得不到盐，赚不到钱，渐渐没有人再愿意做这件事情。如果不让他们运粮食，而是让他们交银子到盐法司换取食盐，由国家自己买粮充边。商人们获利多而且容易办，一定会很积极，对国家和商人都有好处。臣认为改用银子来代替粮食作为食盐的中介是大势所趋，也是利国利民的大事。希望皇上能够及时下诏改革旧制，实行新法。"明孝宗深以为然，下决心改革旧盐法。弘治五年（1492），明孝宗正式下诏，改革盐法。规定由商人交纳银两给国库，由国库分拨到各边作为军饷，然后由国家给商人凭据换盐运销。这次变革盐法是因为叶淇所上的奏疏引起的，历史上一般也称之为"叶淇变法"。

这次改革盐法，大大促进了山西一带商人的兴起。山西南部有巨大的盐池，在夏季可以捞采到天然结晶盐，这种盐比晒制河盐、海盐、井盐和熬制土盐都要容易得多。这些商人就近输银换盐，然后再运往全国各地，逐步成为历史上一个十分有影响力的地方商人集团。

但这次盐法改革，危害到了以贩盐渔利的一大批权贵宦官们的利益，因此一些保守官僚诬蔑叶淇，说叶淇是盐商们的亲信，收受了很多盐商的贿赂，是为了保护盐商的利益才这么做的。叶淇担任户部尚书六年，正直廉洁，一切都为国家着想。可在那个时代，叶淇寡不敌众，在强大的舆论压力下不得不辞官归乡，从此退出政治舞台。但是明孝宗采用了他建议的盐法改革，给明朝带来了巨大的实利，弘治中兴局面的出现和明朝中后期商品经济的发展也与此不无关联。

第五章　弘治朝三大毒瘤

弘治年间，有一批颇负时望也颇有才干的士大夫，布列在内阁、六部和其他一些部门的重要岗位上。他们为巩固明王朝的统治，提出过不少好的建议，也做过一些富有成效的实事，真可谓尽心尽力。就朱祐樘而言，虽非圣君，但也并不庸劣。君臣之间，一般说来，关系基本上还算正常。按理说，弘治的统治应该大大改观，国势应该蒸蒸日上才是。然而，实际情况并非如此。政治、军事、经济等多方面表现出来的，都是在原有的基础上继续下滑，都是颇为明显的衰败景象。这是为什么？一言以蔽之，明代社会的三大毒瘤——宗室、外戚和宦官，在弘治朝恶化了，因而对社会机体产生了致命的侵蚀。

宗室、外戚、宦官和藩镇，是长期困扰封建统治稳定的强有力的社会因素。一方面，最高的封建统治者要依靠上述几个社会集团势力来维持和巩固自己的统治，因而不能不赋予他们政治、军事、经济等方面相当大的权益；另一方面，他们和最高统治者以及他们相互之间，又不可避免地在财产和权力再分配问题上，也就是在剥夺劳动人民劳动成果的份额以及统治劳动人民权力的大小问题上，发生尖锐激烈的、你死我活的斗争。而其结果，往往导致某一王朝的严重削弱，甚至崩溃。

明太祖朱元璋吸取了汉、唐统治的经验教训，采取若干措施防止外戚、宦官、藩镇危害明王朝的统治。然而，除了藩镇没有重演割据的历史悲剧以外，外戚、宦官问题并没有真正的解决，也不可能解决。再加上宗室问题，便构成了明代社会的三大毒瘤。

宗室、外戚、宦官之为害，从建文朝到崇祯朝，可以说从未间断。不过，有时是一害发作，有时是二害并作，有时则三害同至。如弘治朝就是属于后者。此时虽然没有发生宗藩叛乱，也没有象汪直、刘瑾那样权势熏灼的大宦官，而外戚也没有干预政事。可是，他们求田问舍，追逐声色狗马，贪得无厌，残酷地压榨人民，对明朝的统治，对整个社会，带来了极其深重的灾难。不少官僚提出的有益的建议和采取的有利于统治的措施，凡是有碍于宗室、外戚和宦官权益的，通通难以实行。他们将一批颇负时望的官僚的积极作用，完全抵销了。既然如此，弘治的统治怎能会有起色？怎么不继续走下坡路？

吸吮民脂民膏的宗室

一、从王室屏藩到困处一城

封建诸侯以屏藩王室，这是自古就有之的。不过，像朱元璋那样给自己儿子很大权力，很高地位的君主，却是在他之前好几百年没有过的。关于朱元璋为什么要把已经送进历史陈列馆的“封建屏藩”制度重新搬出来，作为维持和巩固朱明王朝统治的重要法宝？不少人对此问题进行过探讨，在这里不打算多说，只想说一句：朱元璋这种倒行逆施，主要是出于不相信文武大臣，而又要维护极端君主专制，维护朱家的万世一统的自私自利之心。

1368年，朱元璋建立了大明帝国。元朝虽然灭亡了，但其残余势力却还相当强大。这对新建立的明王朝，是一个严重的威胁。为了巩固自己的统治，朱元璋除了在边防上部署重兵以外，还多次派遣大将军率兵出征。当时，都城在南京，朱元璋不可能经常亲临前线指挥。但诸将久握兵柄又是朱元璋所切忌的。因而只好派他的儿子们前去坐镇了。此外，疾风骤雨式的农民起义虽然停止了，但小规模的起义仍然此起彼伏，从未停止。这是朱元璋的心腹之患，自然也需要自己的骨肉前去坐镇。于是，朱元璋便先后分封自己的20来个儿子为王。使他们星罗棋布地驻守在全国各地的军事重镇上。这样，既削弱了诸将的兵权，又加强了对全国人民的统治。遗憾的是，朱元璋这种作法却为自己的帝国留下了一个严重的隐患。

明朝初年，藩王的政治地位是很高的。他们的服饰、仪仗以及王府规模，只比天子低一级。所有的公侯大臣，见了藩王都要行跪拜礼。特别是藩王还拥有军权。每个藩王的护卫甲士，少者3000人，多者至1.9万人。塞上诸王的护卫甲士不在此限，他们的军权更重。可以将兵出塞，也可以节制大将军。此外，诸王还有一个特权，就是如果发现朝中有“奸臣”，便可训兵待命，“以清君侧”。这无异是给了诸王反叛朝廷、夺取皇位的堂而皇之的借口。

尽管明朝的封藩与以往不尽相同，藩王没有封地，也无权干预政事。在军权方面，诸王要受都司的制约。但是，皇位的诱惑力实在太大了。被朱元璋寄予重任的诸王，特别是少数强悍的藩王，无论如何也无法阻遏其觊觎帝位的野心。

朱元璋一死，围绕着皇位而展开的斗争立即激化，并终于爆发了“靖难之役”。

其实，这种自相残杀的必然来临，不少人早就看到，而且还苦口婆心地提请朱元璋要注意这种局面的出现。例如，洪武九年（1376），山西平遥训导叶伯巨在应诏陈言时，就力陈分封太侈之害。他指出：“现在分封，不像古时那样，而是使诸王各有封地。大概是吸取了宋元时期，宋室不振，致使君主孤立于上的教训。秦、晋、燕、齐、梁、楚、吴、蜀诸国，无不连邑数十，城郭宫室，只比天子的都城差一点，他们还拥有众多的甲兵卫士。臣恐数世之后，会形成尾大不掉之势。到那时才削其地、夺其权，势必引起他们的不满，甚至借故起兵，要防备已来不及了。有人认为，诸王都是天子的骨肉，分地虽然广大，给他们的权力也多，但岂有以此抗衡之理！”伯巨援引汉代吴楚“七国之乱”和西晋“八王之乱”，说明“分封逾制，祸患立生”是古今一样，十分清楚的。他希望朱元璋早为预防，趁诸王还未前往其封国的时候，削弱其藩封之力。以“割舍一时之恩，换取万世之利”。疏上，朱元璋大怒，说：“小子离间我的骨肉，赶快把他逮来，我要亲自将他射杀。”后来，叶伯巨死在刑部狱中，从此再没有人敢谈这方面的问题了。尽管朱元璋当时并没有裂土分封诸王，叶伯巨的奏章有一点疏漏，但总的说来还是正确的。骨肉相残，不是在数世之后，而是在朱元璋身没之后。

“靖难之役”以后，建文帝没有完成的削藩的历史使命，终于由明成祖朱棣来完成了。以削藩而起兵的朱棣，当他一旦把皇位抢到手以后，便

明宪宗成化明孝宗弘治

明成祖朱棣像

陆续采取徙封、罪废、削夺护卫军士，重申“祖训”、严格限制诸王行动等措施，大大削弱了诸王的势力，使之再也不能成为威胁皇权的力量。后来虽然发生过汉王高煦、安化王寘鐇和宁王宸濠的反叛，但都旋起旋灭，没有也不可能造成兵连祸结、甚至皇位转移的结局。诸王“拥重兵，据要地，以为国家屏藩”的情况，已成为历史的陈迹；他们过去那种尊崇的地位也已一落千丈，一去不复返了。正统十三年（1448）九月，英宗给礼部尚书胡等说：“近来听说有的内外官员因事去王府，往往多方需索，以致窘迫。自今以后，使臣去王府的，只许待以酒馔，其余的东西一点也不能给”。景泰六年（1455）三月，南京吏部验封司郎中孟钊言：“近年以来，有的亲王畏惧势要，下堂与朝廷使臣握手相见。上下都不符合礼仪，很是违背祖制。请明令王与百官通通遵守祖训”。其所以出现上述情况，主要是诸王畏惧朝廷，唯恐得罪。而永乐以后的藩王也的确是很容易得罪的。弘治十三年（1500）修订的《问刑条例》，就保留了王府的十分严厉的禁例六条，其中包括随意出城网鱼，游玩、选择坟地、送丧、扫墓等等，都将以有违“祖训”而受到不同程度的责罚。要出城必须办理报批手续。至于封藩以后再要回到京城，那简直比登天还难。这种事例自洪熙、宣德到弘治时期，只有过一次。那就是英宗复辟之后，两次召见其叔父襄王瞻墡。这是因为，英宗被俘以后，在诸王当中，瞻墡年长并且贤明，得到官僚们的好评，而太后也有意立他为君。可是，瞻墡却上书请立英宗的皇长子为帝，而由郕王祁钰监国。等他的书信送到京师时，郕王祁钰已经即位数日了。英宗还京，当了太上皇。瞻墡又上书景帝祁钰，叫他早晚前去英宗住处问安，初一、十五应率领群臣去朝拜，不要忘掉应有的恭顺。英宗复辟以后，石亨等诬蔑于谦、王文曾说过要拥立外藩的话，英宗怀疑所谓的外藩是指瞻墡。过了一段时间，在宫中发现瞻墡前后所上的两封书信，而襄王的金符仍在太后处。这就说明于谦等人并没有迎立瞻墡的意图，而瞻墡也无觊觎帝位的野心。因此，英宗的确从内心深处感激其叔瞻墡。这才打破常规，召瞻墡至京。等待瞻墡到了京师，英宗在便殿设宴款待，并命百官到襄王的住处朝见。过了四年，瞻墡又一次入朝。英宗叫他去昌平谒陵，同时允许他在回去以后，可以与诸子出城游猎。这是特殊情况下的特殊待遇，不是一般的亲王能够享受的。所以，弘治年间太皇太后周氏以年纪大了，想援例召见崇王见泽，就以亲王入朝不是常例而被阻。

根据文献记载，弘治八年（1495）七月，朱祐樘已批准了召见崇王见泽，但考虑到此事关系重大，必须和内阁大学士及有关的官员商议一下，至少应打个招呼才是。谁想问题一经提出，便遭到大家的反对。大学士徐溥等说："分藩建国，自来就有一套规矩，亲王奉旨入朝，并不是常例。加以目前国库的支出太多，国库和仓廪都不充实，天灾又不断发生，民力已疲惫到了极点。亲王来朝往返的费用惊人，此例一开，其他诸王援例争相请求，是很难同意这个而拒绝那个的。"礼部尚书倪岳等府、部、科道官也上疏说："崇王来朝，坐船有风波之险，坐车又可能遇上盗贼；往返花费很大，会使社会经济更加凋敝。再说，目前公私都相当穷困，民不聊生的情况较为普遍。"朱祐樘的决心动摇了，但是却说："卿等说的是，但朕承圣祖母意，已有旨取王来了。"于是科道又纷纷上章论辩，坚持阻止崇王来朝。过了四日，朱祐樘才决心不召崇王来京。据说，朱祐樘这一决定与倪岳疏末的话有关。他说："现在崇王奉命来朝，虽然少可满足太皇太后想见其子的愿望，但到分别之时，却难免眷恋不舍之情。崇王既去之后，又必然倍增忧思不忘之念。太皇太后这种精神上的创伤，陛下如何去帮她解脱？这样，陛下难道不因此而忧虑？到了这个时候，再来悔恨不该召崇王来朝，已经来不及了。”这种动之以情的话深深打动了朱祐樘，因而他不得不下决心打消召见崇王的念头。

看来，包括崇王在内的诸王，根本不能改变他们的命运，而只能象囚犯一样，困处一城，受到严密的监视。不过，他们在生活上，如果有条件的话，不管怎样奢侈糜烂，到是不受任何限制的。他们“世世皆食岁禄”，完全变成了靠人民血汗养活的腐朽的寄生的社会集团。

二、腐朽的寄生集团

按照规定，诸王虽然地位尊崇，但不得干预地方行政事务，也不准参加科举，猎取一官半职，更不许别营生理，只许坐吃俸禄，以显示“圣子神孙”异于常人的特殊地位。殊不知，这种做法，只会使朱元璋的子孙们变成名副其实的腐朽的寄生虫，既害了他的儿孙们，又害了朱元璋的王朝，更害了老百姓。

洪武二十八年（1395）规定：皇太子及亲王，授予金册金宝（印）。皇太子的嫡长子为皇太孙，其余诸子到15岁都封为郡王，授以镀金银册、银印。亲王的嫡长子年十岁封为王世子，授以金册金宝。其余诸子年十岁都封为郡王，授以镀金银册、银印。王世子必须是嫡长子，如果以庶夺嫡，轻则降为庶人，重则放逐远方。亲王年30岁时，正妃尚未有子，庶子止封郡王，要等到王与王妃50岁时都还未有儿子，这才封庶长子为王世子。郡王的次子授镇国将军，三品；次孙授辅国将军，四品；次曾孙授奉国将军，五品；次玄孙授镇国中尉，六品；次五世孙授辅国中尉，七品；次六世孙以下授奉国中尉，八品。亲王的女儿叫郡主。郡王的女儿叫县主，孙女叫郡君，曾孙女叫县君，玄孙女叫乡君。

与此同时，又更定各王禄米：亲王岁给禄米1万石，郡王2000石，镇国将军1000石，辅国将军800石，奉国将军600石，镇国中尉400石，辅国中尉300石，奉国中尉200石。公主及附马2000石，郡主及仪宾800石，县主及仪宾600石，郡君及仪宾400石，县君及仪宾300石，乡君及仪宾200石。

永乐年间，将镇国将军提高为一品，辅国将军为从二品，奉国将军为从三品，镇国中尉为从四品，辅国中尉为从五品，奉国中尉为从六品，但俸禄并未增加。

起初，皇族的事诸如给初生子女命名、请封、请禄、婚嫁、丧葬、请谥等等，都由宗人府掌管，后来都移给了礼部。为了“防止假冒，对上报新生子女，有着严格的规定。例如，弘治十年（1497）令：凡王府宗支，只要有新生子女，三日后即报本支郡王，转启亲王审查核实。年终类奏，长史造册二本送部，一送宗人府比对，一留礼部查考；其各城另住郡王，照例径奏，教授造册缴部。如果不依期奏报，或者未经保结明白而朦胧妄报的，长史、教授等官将根据情节轻重受到惩罚，而所报之子女日后也不许请名、请封。

由于宗室特殊的政治地位以及不劳而获的养尊处优生活，因而促使了这个社会阶层的迅速繁衍。明朝初年，亲王、郡王、将军才49位，女的才九位。可是过了将近160年，即嘉靖初期，宗室便发展到8200多位；到了嘉靖中叶，则已接近3万位了。弘治时期的宗室究竟有多少，一时查不出具体数字，但可以肯定，其人数一定很多。以河南而言，宗室之家已十倍于国初。弘治五年（1492）八月，巡抚山西都御史杨澄以晋府庆成王子女已达94人，觉得不合常情，担心其中有收养异姓之弊。所以上疏请命礼部查处，并请限制郡王以下妾媵之数。礼部奉命查勘以后奏称：“庆成王子女，俱系王妃、夫人并宫人、室女所生，没有假冒。”朱祐樘说：“既然如此，就不必过问了。至于郡王以下妾媵以多少为宜，再会官议定，然后奏闻。”议论的结果，认为“郡王自正妃外，妾媵不得过四人，各将军不得过三人，中尉不得过二人。”朱祐樘批准了这一意见，并作为命令下达执行。可见当时已经感到宗室人数太多的压力，因而不得不适当采取限制生育的措施。其实是一纸空文，无济于事。

本来，朱元璋并未禁止其子孙进入仕途，当时曾规定，亲王子孙，只要有才干能够作官的，宗人府的宗人令便具名上报，然后授任。可是，这个规定在宣德初年镇压了汉王高煦的反叛以后便废除了。后来有些人因为宗室没有出路，请求解除禁令，都没有结果。直到万历十八年（1590）修改《宗藩事例》，才允许“无爵者得自便”。二十三年（1595）又准许宗室可以儒服参加科举，但不能作京官。在此之前，不要说作官，就是国家有急难，宗室也不得救援。有人认为，明代的封藩，既伤于恩，又伤于义。所谓伤于恩，就是说朱氏的族属，封到奉国将军就可以了，不必再封什么镇国、辅国、奉国中尉，而且是世世不绝。所谓伤于义，就是说无论亲疏，都是朱元璋的子孙后代，他们没有犯罪，但都使之困处一城，不准应试作官，也不准从事农商之业。这种作法是十分荒谬的，在历史上也是没有先例的。

于是，愈来愈多的宗室，或者说愈来愈多的“寄生虫”全靠俸禄、实际是人民的血汗养活。这就不可避免地出现两种情况，一是国库无法负担，一是贫宗生计艰难。嘉靖年间，御史林润就指出：“天下每年运往京师的税粮是400万石，而各王府禄米则需853万石。以山西而言，存留于本地的税粮为152万石，而宗藩的禄米却要212万石。以河南而言，存留的税粮为84.3万石，而宗禄却要192万石。”无论是全国还是各省，税粮只供给宗室都不够，其它的官吏俸禄和军饷又出在哪里？国家负担虽然很重，但并不是所有的宗室都能过上优裕的生活。总的说来，亲王、郡王由于其俸禄多，还有各种赏赐，所以“养尊处优”不成问题，但是不少宗支却因领不到俸禄而极端贫困，有的头发已经白了尚不能婚娶，有的死去多年了还未命名，因为他们没有钱向礼部打点，而礼部也就拖着不办。

由于宗支繁衍，给国家造成的沉重负担以及给贫宗带来的困难，在弘治之前就开始了。于是，清理宗室、减少宗藩开支以及俸禄折色等措施，已经纷纷出笼。虽然直到弘治时期，宗藩在经济方面的问题还不十分严重，但某些有识之士却预见到了这方面存在的危机。如弘治六年（1493）五月，礼部尚书耿裕等就曾以宗室之费日益增多，而赋税有定额，人民负担也有极限，长此以往，宗室之费将难以为继，提请文武大臣会议，务必拟就一个妥善的长远计划。由于神圣的“祖制”无法突破，所以大臣会议也无能为力。

宗室之费，除岁禄之外，按规定还有册封、婚娶、丧葬、府第、就藩等支出，而这些花费都是很大的。如果再加上各种赏赐，费用更是十分惊人。

三、肆意侵夺

宗室不仅按规定享受优厚的俸禄，还利用自己特殊的地位，肆意侵夺朘削。

诸王在最初分封的时候，只是享受岁禄而没有赐给他们土地。后来除岁禄外又赐予土地，而且愈来愈多。开始，王庄的租税由官府代收，然后王府派人去官府领用。后来在皇帝的纵容、袒护下，不少王府庄田改为自行管理，自行征租。

从表面上看，赐予诸王、勋戚、宦官的土地，很多是“荒闲土地”、牧马草场以及退滩地等。实际上从明王朝建国到弘治时期，已经历了一百多年，社会经济在发展，人口在增多，在京师附近以及各王府所在的中心城市，哪里有什么“荒闲土地”？即使原来有，已早开垦为民业了。至于草场，那是专为牧马而设的。即使其中有可耕之地，也是放牧之家作为补贴生活之用的，如果没有了它，马政就会大受影响。再说退滩地，是很不稳定的，所谓“三十年河东，四十年河西”，目前是退滩地，不久又会被水冲毁；即使已经稳定，但却早已是农民佃种输税之地了。所以，无论赐予的是什么土地，基本上都是侵夺的。像弘治二年（1489）江西巡抚李昂奏劾宁王府

泰陵（局部）

的内官、仪宾人等纵容家人置立庄田，抢夺民产，而税粮仍令百姓输纳。弘治十三年（1500），户部尚书周经指出，崇王见泽请乞河南归德州等处的黄河退滩地20余里，都是军民佃种输税之地，如果给了王府，这些人将怎样为生？另外，赐给兴王佑杬湖广赤马、野猪二湖近湖淤地1352顷，乃是1750余户的世业。

终明之世，土地兼并都很激烈，而为害最大的莫如皇庄以及诸王、勋戚、中官庄田。以京师附近而言，弘治六年（1493）闰五月，太常寺少卿李东阳上奏说："奸民恶党竞相指民产业为空闲田地，以投献为名，献给藩王势家。藩王势家则据此陈乞，而朝廷总是有求必应，慷慨赐予，动辄几百顷。藩王势家得请之后，标立界牌，界内包罗的村落、坟墓，毁的毁，发掘的发掘。于是诉讼经年累月，冤号之声震动远近。"他说："人口愈来愈多，哪里有闲地？凡是以空闲之名请乞的，都是假的。朝廷虽不断颁布禁令，但一有请乞又立即允许；投献之人虽然受到惩罚，但陈请的人终于得地。这样年复一年的，何时才能煞住这股'投献'、'请乞'的歪风！"他建议以后凡是请乞"空闲"田地的，一律不给。使请乞者得不到田地，则投献者自然也就不再投献了。主意虽好，无奈朱祐樘不予采纳。

王府侵夺的土地，究竟是由王府管业、自行收租，还是由官府统一管理并代收租税，然后再给王府？这并不是简单的形式问题，而其实质是限制抑是任其朘削的问题。弘治六年五月，户部尚书叶淇在应治陈言时曾经指出，王府庄田的管庄之人，"收租时往往在正额之外横取数倍，中饱私囊"。此外又有王府提高租率以增加剥削量的情况。如弘治十二年八月，朱祐樘允许岐王府自行管业，自行收租，"命下之日，物议纷然"。户科都给事中卢亨等上奏说："管理庄田的人掠夺民财，简直如狼似虎。王府收租，刚定下则例，可是实行不久，往往就改变了。"假如所有王府都允许其自行收租，不免要失掉民心。再有就是不论有无收成，王府照常征收租税，从而保证其剥削收入。弘治十三年二月，户部尚书周经在反对将湖广赤马、野猪二湖近湖淤地赐予兴王的奏疏中曾经指出："如果把这些游地尽数给了兴王，并令其自行营业，则必照亩收租，而这些九潦一收之地，如何能完纳租税？如狼似虎的军校，恣意诛求，怒其不能供纳，就想另佃，于是必将原来住种之人赶走，并夺其产业。果真如此，他们又将何以为生？”凡是提出这个问题的官员，无一例外地既反对宗藩势要请乞土地，更反对他们自行管业，自行收租。不过，尽管他们从维护整个地主阶级长远的利益出发，提请朱祐樘必须限制宗藩势要局部的、眼前的利益，否则会加深人民的灾难，激化矛盾，迫使人民铤而走险，危及明王朝的统治。可是，陶醉于升平景象的朱祐樘，恪守尊尊亲亲之谊的古训，一心要维护其宗亲的利益，因而对官员们的忠告总是充耳不闻，或者加以搪塞。所以，这个问题便只好旷日持久地争论不休，同时必然日趋恶化而不能遏止。

亲王前往封国，按照规定应给车船人夫，另外还有赏赐，花费往往达二三十万。如果加上额外勒索，其费用就无法估算了。吏部尚书倪岳曾经指出，前往封国的亲王，一过通州，便作威作福，酷害夫役，凌虐官府，恣意劫夺，甚至地方大员，也痛遭其鞭笞侮辱。弘治十一年（1498）十二月，朱祐樘的弟弟寿王将要前往封国四川保宁府（今阆中），有关衙门奉令按照益王祐槟之国时的规格办理，给船700艘，车400辆，宫人不给俸粮；军校四个人一辆车，每辆给银二两四钱，自己去雇用。寿王嫌少，要求按兴王祐杬、岐王祐棆之国时的规格办理，给船900多艘，军校二人用车一辆。兵部反对，说“兴、岐二王出京之后，官校横暴，甚于虎狼，即使是方面大官，也不免受其凌虐。他们把多余的船用来装载私盐，多余的车则多索银两而辞退。经过的地方，不胜烦扰，坏乱了盐法，加重了老百姓的负担。因此，绝对不能以兴、岐二府为例”。又说：“目前亲王之国所用的车船，已经比宣德、成化时期增加了几倍，应该是很满足的了”。建议“以后亲王之国，给船请照宪宗之弟见浚之例，最多不得超过700艘。官员、军校都照益王例。拽船人夫，亲王、王妃的坐船，每船下水50名，上水80名。其余装载物件，每船上水25名，下水15名。本府官员坐船，上水20名，军校船上水10名，下水都是5名。如有投托王府，乘势装载私货者，治以重罪。”朱祐樘下令：“今后俱照此例行。王府官敢有拨置奏请者，治罪不宥”。这一命令是具有法律效力的，然而，王府和王府的官校们仗恃其烜赫的权势，地方官员奈何不得自己，所以往往藐视朝廷的法令，照样我行我素。如寿王之国时，王府的承奉（宦官）宋祥、赵凤，典膳时俊等，所过之处，捆绑并拷掠官吏，要他们奉献茶果钱。州县官吏不胜其荼毒，只好向富户借钱来满足他们的贪欲。到了临清，州吏探听到德州贿赂的银子将近300两，告诉了兵备按察司副使陈璧，而陈璧却拒绝送贿，以致宋祥、赵凤都对其衔恨在心。恰好璧随镇、巡官一道朝王，宋祥便指挥一些内官借故殴打陈璧，直打得他血流满面，护送寿王的太监梁义才上前制止。与此同时，各船的军校也手执木挺登岸，捣毁居民房舍，抢掠货物，以致临请城中为之罢市。事后临清的官民纷纷向朝廷奏报此事，并且查获宋祥所贩私盐6.3万余引。但朱祐樘并不以为这是什么大不了的事，必须严惩，必须采取有效措施制止此类事件再度发生。事过之后，一切照常。

陈璧像

亲王到了所封之地以后，又贪心大起。夺民土地，占民房屋，整修王府，甚至开设店铺，强取税钱。至于每个王府每年陈乞的一千引食盐，加上夹带私盐，越境发卖，更是侵夺商利，破坏盐法，为害不浅。

宗室的掠夺，可以说是无所不用其极的。例如东昌（今山东聊城）、兖州、济南三府人户，领养鲁王府羊3100余只，从宣德年间到弘治三年，养了60多年，已经交纳过羊毛10余万斤，羊羔60余万只。虽然养羊人户已逃亡殆尽，但仍每年一征毛，三年一征羔，为害不已。又如王府校尉，按规定由民间派充；镇国将军，间或也有乞恩佥换校尉的。这些校尉，不过是给使令之役、导引出入而已。如有病故，则奏请发给勘合由地方衙门佥替。从成化初年起，各王府校尉如因事、因病或去世等缘故缺额时，准其径自通过所在的布政司转行州县佥替，毋须再向朝廷奏请。这样作诚然简便，无奈王府官员不知礼法，乘机谋利。他们不论校尉到府时间长短，一概以老疾报请更换。为了能够实现其愿望，又将书画等物馈送给州县官，求他们胡乱查勘。等到新的校尉佥解到府，入见之初，每名勒索见面银100两，或120两，最少也不下80两。应役之后，每年索办月钱银12~13两，最少也不下10两。其他的种种勒索，更难数计。因此，只要一入王府当差，即使是殷实上户，要不了几年，准会弄得骨肉离散，财产荡然无存。在这种情况下，王府知其艰难窘迫，再榨不出油水了，便逼令其出银30~40两，否则痛加责罚，待其顺从之后，才将其退回另外佥替。所以州县每佥一名校尉，合境之内家道稍好一点的，都要补贴一些盘缠。每当审定由谁充当之时，则全家男女大小，抱头痛哭，好象发配边远地区充军一样。此情此景，令人目不忍睹。另外，有的郡王受封之后，或入继为亲王，或者病故无后，因而前项校尉都应退还给官府，充当另外的差役。可是却一直被原王府长史司占用，因循岁久，不予改正。对这种敲骨吸髓的作法，有的官员不避“以疏间亲”的嫌疑，沉痛地指出：“民为邦之本，财为民之心，其心伤则其本伤。在此十分凋敝的时候，不设法加意抚恤，反而竭民之财而不顾其死活，这就未免太伤国本了！如不及早设法处置，诚恐脂膏有限，朘削无穷。年复一年，百姓更难活命。虽说亲亲之道，在于同其好恶，但不能纵容他们为恶而失去民心！”在弘治时期，凡是不利于权要势豪的意见，照例是没有结果的。

四、凶残横暴

“靖难之役”以后，诸王的权势虽然日益削弱，行为也受到诸多限制，但其目的仅仅在于防止他们篡夺帝位。至于他们尊崇的政治地位，压榨老百姓的特权以及养尊处优的生活待遇，并没有被剥夺。诸王、宗室自然也知道自己的地位特殊，除了谋反朝廷，其余的杀人越货、生活腐化算不得什么，大不了送到凤阳高墙去。此外，他们是老百姓养的“寄生虫”，毋须读书习艺，因此不免既愚且顽，干起坏事来往往超出常人想象之外。当然，皇帝也总是以亲亲之谊对他们包庇、纵容。所有这些，构成了诸王、宗室为非作歹的主客观条件。

弘治七年（1494），朱祐樘的大弟弟兴王祐杬之国，兵部派遣员外郎莫驄准备车船。王府官员加倍要车，而驄只按规定付给。兴王因此谎奏莫驄延误事情，请加以惩罚。等到兴王出发之后，兵部奏称：“凡是在京的文武官员，没有奉旨，不准私见亲王，同时驄也没有误事，不该受罚。”然而，朱祐樘竟命锦衣卫将莫驄逮捕治罪，结果是赎杖还职。朱祐樘要维护的是皇室的尊严，而不是什么法理。

弘治九年四月，朱祐樘下令将六科给事中庞泮等42人、十三道监察御史刘绅等20人关进锦衣卫狱。事情的起因是，封藩湖广武冈州（湖南今县）的岷王膺钰，纵使其下为恶，被武冈知州刘逊裁抑。同时又以库藏空虚，打算减少其岁禄。于是惹怒了岷王，给刘逊罗织了一些罪名，上奏朝廷。朱祐樘自然偏袒自家人岷王，在情况还未弄清的时候，便下令锦衣卫官校前往武冈逮捕刘逊。给事中庞泮等乃上奏说：“岷王只因禄米没有按时拿到，以致迁怒于刘逊。刘逊固然难逃其罪责，然而朝廷也不能偏听偏信。况且岷王所奏之事，牵涉近百人，现在只逮逊至京，而证人又不在，不过是一面之词，法司也难据此决断。再说，锦衣卫官校乃朝廷亲军，只要不是谋为不轨及妖言惑众等严重情节，祖宗以来未尝轻易派遣。请令法司转知镇守、巡按官员察勘，则事之曲直自然不能掩盖。”奏上，朱祐樘大怒，说什么“一个小小的州官为亲王所奏，才下令逮问而科、道官就纷纷上章奏阻，太不懂事了”。一下逮捕了几十名言官，以致六科衙门都空了。这是一件大事，于是，五府、六都、都察院、大理寺、通政司等衙门，由吏部尚书屠滽带头，上奏说：“科、道乃朝廷的耳目，就是要培养其敢言之气。如果随意将其关进监牢，摧折其锐气，势必驱使他们趋利避害，惟知缄默观望，保持禄位而已。以后若有重大事情，还有谁肯为朝廷说话！然则，摧辱言官，对人主是很不利的”。朱祐樘可能觉得自己做事太过火了，现在满朝文武都在为庞泮等求情，而且所言也十分在理，只好乘机下台。所以在接到奏疏的当天，便下令释放庞泮等人，但每人仍罚俸三月，表明彼等的确有错，只是皇帝"大度"才放了他们。至于刘逊，逮至京城，下到锦衣卫狱，然后贬去四川都司作一名断事，专理刑狱。皇帝和亲王的尊严（或者说面子）就这样被保全了。

诸王及王室成员以势压人、为非作歹，当然不必如上所述定要借助于皇帝，实际上他们是横霸一方的"土皇帝"，完全可以凭自己的权势为所欲为。今略举数例于下：

其一，岷王府的南渭郡王长子膺锂，性情十分凶狠，所为多不法。奸污其父的宫女；谁要是违背了他的旨意，往往被活活打死或者绑在柱子上射死。这样被杀的男女有数十人之多。膺锂与其弟犹如仇敌一样，他曾经把毒药放在食物里，想把他的弟弟们毒死。他奸污弟妻，南渭王令其弟迁居以避之，膺锂却造谣诬蔑，迫使弟妻自缢灭口。他又进而捶死其弟之生母，并率人围攻其弟住宅，其弟翻墙逃走并投诉于官府。朱祐樘命官会勘，弄清了事实。命将膺锂交渭南王严加管摄；其弟奏事有不实之处，减禄米三分之一；被奸污的宫女令其自尽；助纣为虐的群小被处决者一人，杖一百发边远充军者15人。这个判决，无论如何不能说是公允的。为恶者逍遥法外，被害者却受到了处分，甚至是命丧黄泉。说朱祐樘在纵容宗室作恶，一点也不过份。

其二，荆王府荆靖王妃魏氏生子见潚、见溥，夫人王氏生见濍。魏氏钟爱见溥，凡是金帛等贵重之物，定要加倍给他，这就引起了见潚的不平。靖王死，见潚继位，大施报复的手段。他将其母魏氏禁锢于宫中，减去其衣服饮食，使之抑郁而死。接着就是杀其弟见溥，他使人召见溥来王府骑射，实际上是骗局。等见溥一到王府，立即将其捆绑起来，亲自用铁尺不断捶击之，见溥哀号求免，见潚乃将其口塞住，再用铜锤将其击毙。至此，见潚还不放过，恐怕他复生，于是又用铁火筋从他的肛门穿进去，致使血流满地。见潚乃谎称见溥是马惊之后，掉下来被践踏死的。后来，见溥的妃子何氏到王府去朝见太妃，见潚将其强奸，并拘留不遣。他又想私通堂弟见潭之妃茆氏，见潭的母亲马氏知道后，十分惧怕，加紧提防。

见涑大怒，将马氏抓进王府，髡其首，又打了一百多鞭子。与此同时，还将见潭逮进宫中，与其母捆在一起，用装满土的袋子压在他们的面部，使其窒息而死。接着就把茆氏械系入府，将其强奸。此外，见涑又纠集一批恶少，每日在一起驰射或者私自过江游荡。只要听说哪家有美女，就前去抢来。他还干没官粮，网罗货利，搜刮来的钱财，动以万计。他无恶不作，无缘无故地将其堂弟镇国将军见滏、见洓拘禁起来，减其饮食，活活将其饿死。他的同父异母弟见濮怕大祸临头，秘密上疏告发其罪。朱祐樘命法司勘问，具得实情，于是将其拘押至京。不久，皇宗大臣奉命议论见涑之罪，一致认为应该处以极刑。然而朱祐樘却有自己的看法，他说："见涑悖违祖训，灭绝天理，戕害骨肉，渎乱人伦，得罪于天地祖宗。诸王，文武大臣议其罪大恶极，法当处死。但念亲亲，不忍加刑，从轻曲宥，削王爵，降为庶人并禁锢起来。"王府辅导官通通罢黜、见涑犯罪就是他们阿谀逢迎之故。见溥之妃何氏被见涑奸污，似乎也犯了罪，命其自尽。茆氏只是削其封号和冠服，总算留了一条命。见濮没有及早奏报，减其岁禄三分之一。这是又一次满纸荒唐的裁决。对于亲旧、近幸，大臣的放纵、曲宥，必然导致急速的腐败，明中叶以来的无数事实，为我们证明了这点。

过了几个月，已经降为庶人的见涑又不甘寂寞起来，上奏其弟樊山王见濮有不法之事，想借此出一口恶气。见濮也不示弱，再次揭发见涑有谋为不轨之事。朱祐樘命太监韦宁等前往核实。结果查出见涑购置，许多弓弩，又经常操练船马，还广积生铁，收藏器械。朱祐樘这才以见涑"穷凶极恶，天地所不容，国法所不宥"为由，令其自尽。

其三，晋王府的宁化王钟锈，因为有罪革去了岁禄和冠服，然而他却更加凶残。他强抢许多妇女入府，稍不如意，就拼命地鞭挞，或者砍足，髡首，或者以装满土的袋子压面，前后害死了六七人。校尉吴刚、白宗善于逢迎，很受钟锈赏识，甚至多次令其入宫与自己的妃子武氏及婢妾淫乱，有一个婢女不从，惨遭杀害。钟锈的母亲见此情景，惊恐成疾，不久去世。他的生母刘氏有一次在吃饭时用好言相劝，钟锈根本听不进去，还扔酒器打她，幸好刘氏躲得快，没有打着。有一个陈老太婆患了精神病，钟锈将其衣服剥光绑在树上，然后将铁绳烧红缠在她的身上烙。他强求奸污庶母李氏，李氏不从，便用棍棒打，又用刀刺，在钟钡毫无人性的凌辱之下，一群婢妾不胜其毒，相约在一个晚上逃出王府，被巡逻的人抓获。镇守太监刘政、巡抚都御史张敷华等各奏其事。朱祐樘命太监罗禄、大理寺丞王鉴之等前往太原，会同都御史按问。由于钟钡送了重贿，而宫人又畏惧钟钡势大，不敢讲真话，因此，罗禄便隐瞒其罪恶上报。这样一来，钟钡更加肆无忌惮，更加作恶肆虐，终至于彻底败露。朱祐樘说："钟钡不孝与淫乱事情，尚在疑似之间。不过，可以肯定的是闺门不正，违法多端，不宜再作藩王，降为庶人，送凤阳高墙内禁锢终身，官府仍然供给薪米。逃出的宫婢，通通送浣衣局。吴刚、白宗处斩。"罗禄、刘政等宦官免予处分，而张敷华等却罚俸三月。

其四，恭靖王之子。宸润虽比宸浮年长，但为小老婆所生，故王位仍由嫡子宸浮继承。因此之故，两人互相仇视。经帮凶们怂恿，都走上了同一条道路，那就是竟相作恶。宸浮多次夺取良家女为媵；有的差役因一点过失便被打死，或者命人将其勒死，或者惧怕责罚自己跳井而死，死者共九人。宸润、宸浦等也不甘落后，他们曾经以私愤随意杀人；嫖妓、奸污尼姑、逼令侍女咽盐而死；又纵下为害。后来两者发生了矛盾，相互不停地告发对方。朱祐樘命宦按问，所告事实真假各半。据此，将宸浮、宸润革爵为庶人，宸浦等减禄米三分之一，并责令其改恶从善。

王室成员除部分知礼守法、安于"寄生虫"的生活，或者更如朱元璋儿子朱棣那样，编撰有益于世的《救荒本草》之外，大部分人都应该永远钉在耻辱柱上。他们给朱明王朝，给老百姓，给直接受其奴役的人带来的祸害，真是罄竹难书。明王朝的日趋腐败，不断衰弱，他们是有责任的，或者说是罪责难逃的。

明宪宗成化明孝宗弘治

追逐声色货利的外戚

一、政治上最为孱弱

朱元璋吸取了历史上所谓的“女祸”及外戚干政的教训，制定了汉唐以来所没有的极其严厉的“家法”。规定天子、亲王之后、妃、宫嫔，只能在民间慎重选娉，不由勋旧，也不由士宦，进奉者更不能接受。除成祖朱棣的仁孝皇后系中山王徐达女外，其后则多出自民间。其用意在于，后妃出自民间，较为俭朴；同时习见民间情况，可以佐人君节俭之治；最主要的是在政治上没有奥援，难以出现象汉元帝王太后外家为祸汉朝统治之事。

弘治黄釉碗

在既进皇室之门后，后妃只能主宫中之事，宫门之外的事，毫发不得干预。自后妃以至嫔御、女史所需之钱、物，都由尚宫取旨，行文内使监复奏，交有关衙门支付，如直接到部领取者处死。以私书出外，同样处死。宫嫔以下有疾，医者不得入宫。只得根据症状取药。宫中悬有红牌，上镌戒谕后妃之词，使他们经常警惕。所以，史家称赞明代是“宫壶肃清”。孝慈高皇后马氏与朱元璋是患难夫妻，经常对元璋进行劝谏，朱元璋也还能接受。可是，有一天马皇后问朱元璋：“现在天下的百姓是否安居乐业？”朱元璋却说：“这不是你应该问的！”马后反驳道：“你是天下之父，我乃天下之母，子民安否，为何不可相问？”朱元璋访得马皇后亲族，准备给他们的官做，马皇后辞谢说：“国家的爵禄，应该给有德才的士大夫，而不应以私情给予我家。从前外戚受宠以致骄佚。并终于为祸者不少，应以此为戒。”朱元璋认为马皇后说得好，便没有给其亲族的官爵，只给了一些金帛。

由于朱元璋立法很严，没有出现过后妃执政之事。英宗即使时年方九岁，无力处理国事，大臣请张太后垂帘听政，太后不同意，说：“以我寡妇，坏祖宗家法不可”，仍委政于大臣。张太后的弟弟左都督张升既淳谨又有才干，大学士杨士奇请加以委任，而张太后却不许其预政。后来，只有英宗复辟时会昌侯孙继宗以夺门功参议国是。从此以后，外戚中的所谓贤者，差不多循规蹈矩，谦谦有儒者之风；而一些凭借恩宠，骄奢淫逸之徒，其所好不过是声色货利。他们没有军国之权，也没有宾客朋党作为羽翼。加上明廷诸臣对他们决不轻易放过，经常抨击不遗余力。所以有明一代，外戚在政治上是十分孱弱的。

当然，这并不是说他们对明朝的统治，对老百姓没有危害，恰恰相反，他们与诸王、宗室一样，是明代社会的毒瘤之一。

二、贪婪的张氏家族

1. 张皇后擅宠 整个明代，外戚之被宠，没有超过张氏的，这与张皇后有很大的关系。

张皇后，兴济（今河北青县南）人。父名峦，以乡贡入太学，为人敦厚重信义。母亲金夫人，据说梦月入怀而生张后，颇有几分神秘的色彩。成化二十三年（1487），张氏被选为太子妃。同年，朱祐樘即皇帝位，张氏被立为皇后。他俩的爱情很专一，与民间夫妻相似。不过，有许多材料说，这是由张皇后擅宠，朱祐樘惧内形成的假象。

弘治元年（1488），太监郭镛曾请选秀女，储于宫中，等朱祐樘服完丧后，册封二人为妃，以便繁衍子嗣。不料谢迁却上疏反对，认为服丧期间，不宜谈论此事。选妃之事，因此搁置了起来。第二年，礼科右给事中韩鼎又以“国本”为重，提出选妃问题。他同时还批评了不选妃以多育储嗣，而相信邪说，企图以斋醮来邀福，是令人大惑不解的怪诞之举。朱祐樘虽然对韩鼎的意见表示理解和赞赏，但却没有采取行动。过了几十日，韩鼎再次上疏催促。朱祐樘说：“立大本的话很有道理，但不能仓促举行。”大概此时张皇后已经擅宠了，她专以祈祷来求子嗣，朱祐樘虽然同意韩鼎意见，想选良家女以充六宫，但为张皇后所制止而无法实现其愿望。弘治三年，荆王见溎也曾上疏请广选良家女以繁衍子嗣，但朱祐樘仍未同意。说明张皇后之专宠，连宗藩已有不少人知道了。弘治十五年（1502），经筵讲官在讲《通鉴纲目》时，一日偶尔讲到唐朝大宦官李辅国依附张后乱政之事。殊不知眼前的张皇后也颇为专擅于内庭，且与唐代的张皇后同姓，讲官无意中犯了大讳，左右人替他捏把汗。讲官并不知道，等他省悟过来后，大惊失色，以为必将遭到重责，可结果却连一句批评的话都没有。由于朱祐樘始终因张皇后的妒意太深而未选妃，所以死后其陵寝没有一个妃嫔附葬的，与南京朱元璋的孝陵以及北京天寿山的朱棣长陵下至宪宗朱见深茂陵的情况形成鲜明的反差。那些陵寝附葬的妃嫔多的有40人，少的也有7人。相形之下，明孝宗的泰陵便不免显得有点孤寂。

《明史》说张皇后生二子：武宗朱厚照及蔚悼王厚炜。厚炜三岁时死去。而有些材料则说，武宗并不是张后所生，其生母乃美人郑金莲，小名黄儿。起初，周太后因为朱祐樘没有儿子，便选了两个美人，一为郑氏，一为赵氏，在宫中服侍朱祐樘。而朱祐樘却置之不理，不与他们发生男女关系。周太后无奈，只好把话挑明。朱祐樘不得已，只好偷偷地与他们发生关系。后来，郑美人生下朱厚照，朱祐樘还不知道。周太后向他致贺时，朱祐樘感到很为难，因为他还没有给张皇后提起过此事。周太后说：“这事好办，孩子就算是张皇后生的，然后诏告天下，立为皇太子，事情再好没有了。”张皇后也赞成这样做。这个孩子就是后来的武宗。后来周太后病危时，将郑、赵二美人托付给王太后照管，让他们住在仁寿宫。

郑美人的父亲叫郑旺，霸上人。他经常到西华门找内臣刘林探问情况，同时送些时新瓜果入宫，然后回赠些衣服等物。郑旺因此在乡亲们面前夸耀，称自己是郑皇亲。过了两三年，才被缉事衙门查获，根据张皇后的意思，朱祐樘下令：处决刘林；郑旺暂且监禁，后遇赦得免。由此可见，此事决非妖言，否则，郑旺乃罪魁，为何不立即加刑？看来朱祐樘是知道郑旺实系冤枉的，而刑部尚书闵珪也知道朱祐樘不过是受制于张皇后，实在无意杀郑旺。到了正德二年（1507）十月，此案又起，时张皇后与武宗朱厚照“母子”的恩情已深，无论如何也难以改变了。而闵珪已为屠勋所代替，不了解内情。因此，尽管郑旺再三不服判决，但终究逃不了一死。

朱祐樘惧怕张皇后，总是尽可能满足其欲望；但另一方面，他又不能不顾忌人言，不能不适当地考虑国计民生。所以，我们看到他似乎八面玲珑，处处敷衍，活得也是够累的。现略举数例于后：

有一次，张皇后想制一件珍珠袍，给朱祐樘说，须差管理宝藏库的太监王礼去广东珠池采取，这样才整齐好看。朱祐樘没有同意，但珍珠又不能不给，便叫王礼及萧敬一同到内库去检选。萧敬以这些东西乃太祖朱元璋所蓄，不敢动。又叫取太宗朱棣以下所储的珍珠来看，从中选择了一些光泽晶莹的，制为袍服，其余的仍然放回原处，留作他日之用。事情办妥之后，朱祐樘才责备王礼说：“内库有的是好珍珠，你却要借故去广东。去后难免生事坏法，扰乱百姓，他们怎么受得了！这遭且将就吧，今后再敢来说，必定剥皮示众！”王礼一听此话，心中甚是惊恐，小心翼翼，不敢再有闪失。

张鹤龄兄弟仗恃张皇后势力，横侵民田。朱祐樘应官僚们的请求，派司礼太监萧敬及大理寺官前往查勘，没有袒护张氏，认定他有问题，敬如实复命，张太后大怒，朱祐樘也从旁帮腔装出发怒的样子，使张皇后不觉得自己无理、孤立。与此同时，朱祐樘又悄悄地给萧敬说：“出去以后，不要说张皇后为此事发怒了。”又拿出100两银子，分赐给勘查的官员“压惊”。

弘治十八年（1505），户部郎中李梦阳应诏上书，极论时政的得失。其中指责寿宁侯张鹤龄“招纳无赖，网利贼民，势如翼虎”。鹤龄上奏辩解，并断章取义地说梦阳疏中有“陛下厚张氏”的话，这是对张皇后的谤讪，其罪当斩。当时张皇后有宠，其母金夫人在朱祐樘跟前边哭边诉，请朱祐樘替张氏作主，惩办李梦阳。朱祐樘只好将梦阳关进锦衣卫狱，而锦衣卫指挥使牟斌揣知帝意，只是从轻惩治了梦阳。不久，宥梦阳，只是夺了他的俸禄。可金夫人却不服气，不停地告状，而朱祐樘则始终不予理睬。有一天，朱祐樘南宫去夜游，张氏的一家也陪同前往。酒过三巡，皇后、皇太子及金夫人离席更衣，然后去庭院中随便游览。趁无人之际，朱祐樘单独与鹤龄谈了一次话。谈话内容，左右人不得而知，只是远远地看见鹤龄将帽子摘下，以头叩地，似乎是求饶的样子。左右的人知道朱祐樘袒护李梦阳，便请求不要加以重罚，只须予以杖责，从而消除金夫人的怒气就行了，朱祐樘仍不同意。他给刘大夏说：“他们想用杖刑将梦阳打死，难道我能以杀直臣来使左右之人高兴吗！”

由于张皇后的擅宠，朱祐樘的庇护，张氏一门因而平步青云，真所谓“一人得道，鸡犬升天”，封建的裙带关系在他们身上得了充分的表现。张皇后之父张峦，由大学生一跃而为都督同知，再封寿宁伯，进寿宁侯，死后赠昌国公。峦之子鹤龄、延龄俱为侯爵。不仅如此，连鹤龄的亲戚朱臣、梁露等既无军功，又非国戚同姓，也被授予锦衣卫百户。

2. 贪婪的张氏兄弟　张氏凭借政治上的特殊地位和熏灼的权势，夺民田庐，肆为奸利。朝野诸臣，多次上章弹劾，而朱祐樘皆因皇后之故，置之不理。因此，张氏的贪欲更加膨胀。

朱祐樘刚刚即位，就将南京闲住右少监梁芳辞还的和远官店改赐给张峦。弘治四年（1491）二月，封张峦为寿宁伯。峦请给勋号与诰券。吏部尚书王恕反对，说：“从前（英宗）钱皇后和（宪宗）王皇后，正位中宫几十年，钱承宗、王源始封伯爵。今皇后才立三年，张峦已封伯。现在又急于要求封号诰券，恐怕别人难于理解而议论，有累陛下的圣德。希望迟几年再办，使人无话可说。”朱祐樘不听，命照王源的先例，给张峦封号、诰券，每年食禄1000石，子孙世袭；免本身杂犯二死，子一死。张峦死后，奉旨修造茔城，其规模之大，规格之高，非其他皇亲所能望其项背。特别派遣大臣督军营造，对其中的贫穷者经常用鞭子抽打，强行输纳；逃跑者须要勾解，缺少者又须添补；如此逼迫煎熬，没有个尽头。刑部尚书彭韶反映了真实情况，朱祐樘并未下令停止，而是说已有成命，叫赶快督造完毕。另外还在兴济给张皇后建造一座家庙，十分豪华壮丽，修了几年才完工。

号称能敬礼士大夫的张峦，生前死后可算是穷极奢侈的了。他没有克制自己的物欲，而是借皇帝之势，使物欲在张氏家族中横流。

张鹤龄兄弟广占民田，前面已略加叙述。他们的魔爪不仅伸向北方，而且还转向了南方。正如南京监察御史徐敬等所说，他们强抢民田，网罗天下之利，如狼贪虎噬，漫无纪极。北方还不满足，又跑到南方的泰州（今属江苏）搜刮民田。消息一传开，老百姓十分惊骇，感到大祸即将来临。徐敬等请求赶快把已被侵占的土地还给百姓，并且对投献者绳之以法；戒谕寿宁侯张鹤龄遵守法度，他的家僮等人，应该在官府登记而禁止其出入，所有帮闲、帮凶等无籍之徒，通通驱逐，不使其继续为恶。此外，张氏侵夺的土地，基本上自行管业，因而经常发生管庄人征租害民，打死人命之事。同时，王府、勋戚的庄田，每亩照例征银三分上下，而张鹤龄的庄田却奉旨每亩征银五分。户部尚书周经奏称，此例一开，如果有人援例奏请，将如何处置？答应吧，伤害了老百姓；拒

明黄釉暗刻二龙戏珠盘

绝吧，又有不一视同仁之叹。他希望朱祐樘收回成命，与亲王、勋戚庄田一样，仍每亩征银三分，否则就是独厚外戚而不顾赤子，不念“先帝”。话是说得很重的了，无奈这类意见总象泥牛入海，毫无消息。朱祐樘决不会抛开他和皇后的特殊关系，而去维护老百姓的利益，讨他们的欢心。在他看来，“民为邦本”未免有点虚无缥缈。“普天之下莫非王土，率土之滨莫非王臣”，臣民为王室与皇亲奉献一切以至肝脑涂地，才是天经地义的。

除强占土地外，张氏还染指商业。弘治六年（1493），朱祐樘命令将宝源店后房76间赐予张鹤龄管业。本来，宪宗朱见深曾经有过诏令，不许勋戚之家占据关津桥梁水陂及开设店铺，侵夺民利。可是朱祐樘即位以后，却大开禁例，以致勋戚之家，主要是张氏家族，纵令家人开店设肆，邀截商人货物，垄断市场，自都城内外坊市及张家湾、河西务等处，所有的民利全部被他们侵夺。他们豢养了大批的家人，其中有不少是市井无赖、附势觅利之人。这些人唯利是图，无恶不作。弘治九年，发生了长宁伯周彧与寿宁侯张鹤龄两家因琐事忿争，聚众斗殴，轰动京城之事。起因是平日互相争夺市利，矛盾日深，一有机会就发作，便成仇敌。周、张两家都是皇亲，为争市利而械斗，未免有失观瞻，损朝廷之威。六部、都察院衙门尚书屠滽等为此上疏说：“皇上听说此事后，难道能够无动于衷吗？勋戚之家开设店铺，引起老百姓的怨恨、戚属之间也容易结仇，怨恨愈积愈深，仇则一结而不易解。这样，以后很难保证不发生意外之事。”他们请求朱祐樘时时告诫勋戚，各修旧好，不要因小利而失大体；遵照宪宗诏旨，停止开设店铺。根据永乐年间规定，王公之家仆从不过20人，一品官不过12人，酌量裁减勋戚家人，不得滥收。朱祐樘只是命令赶快张榜禁谕，不准象从前那样纵容家人为害。这个问题似乎就算解决了。

盐课是明王朝重要的财政收入，而开中盐行，却可获得颇为丰厚的利润。所以，除了正当的商人以外，王室、勋戚、权豪势要也紧紧盯住盐引，千方百计从中牟取暴利。弘治年间很有权势的周、张两家外戚，自然不会例外。例如，弘治十七年（1504）初，庆云侯周寿家人周洪，奏买两淮残盐80万引，寿龄侯家人杜成、朱达等，奏买长芦、两淮残盐96万余引。工科左给事中张文上书指出："万一王府皇亲及左右贵幸之人援例奏请，不好拒绝；照例赐予，则又没有那末多盐引。再说，将灶丁现在煎的盐都给了他们，商人支盐更难；而且他们一出盐场，便弊端百出，阻坏盐法，使商贾不通。"他希望收回成命，重治洪、达等人，不要使私门日富，国计日亏。朱祐樘并没有听取他的意见，而是答应了周寿和张鹤龄的请求。于是，同年十二月户科都给事中韩智、监察御史常赐等相继上言：第一，所谓残盐，乃盐场堆放年久而经风雨消折残余之盐，正宜蠲免以苏灶丁之苦。如果给了周、张两家，则将尽被勒取。况且此种残盐，因可免盐课，所以价格较低，还可夹带几十倍的好盐，因而必然冲击正常开中，使盐课亏损。第二、正课一亏，则救荒、饷边费用，将很难筹措。第三、执法要公，只厚于戚畹则失去法的正公性，如何能够信示于天下？第四、人人都想得利，如果尽归势要，又拿什么去招引天下的客商？第五、淮、扬各处，贫困的灶户尚未复苏，再加皇亲之害，则将逃移殆尽，何以为久远之图？他们认为，从周、张之请，必然害灶丁、害商人、害盐运司、害官府、害国计。户部也请求收回成命，加惠于天下。而朱祐樘却说什么，已经同意他们的请求了，不要再议论了。不过，群臣仍然论奏不已，致使朱祐樘一度犹豫。无奈张鹤龄再三请乞，因之终于许诺。直到弘治十八（1505）年朱祐樘去世之后，周、张两家的"残盐"尚未支完。户部尚书韩文提出，凡是尚未提取之盐，全部停止支给，而武宗朱厚照继承父志，下令仍然听其买补。

张氏兄弟不仅对财富贪得无厌，而且还越礼犯分，到皇宫去胡作非为。当时，他们以皇帝亲戚的关系，任意出入禁中，太监何文鼎，对此十分反感。有一天，二张去宫中观灯，朱祐樘陪他们饮酒。一会儿，朱祐樘要上厕所，便将皇冠摘下交给执事之人。二张趁机戏将皇冠戴了一下。此外，延龄喝醉了酒，还奸污了宫人。文鼎怒不可遏，手持大瓜（武器）在他们饮酒的幕外等候，准备击杀二张。因为太监李广给二张走漏了风声，他们才逃脱了。次日，文鼎上疏竭力劝谏，朱祐樘不仅不听，反而十分生气，将文鼎交锦衣卫拷问，追究主使者，文鼎说："有二人主使，但拿他不得。"问是何人？答曰："孔子、孟子。"朱祐樘怒气难消，御史黄山等竭力救援，都不允许，后来，在张皇后的授意下，何文鼎被杖死于南海子。文鼎死后，朱祐樘才知道他是冤枉的，命以礼收葬，并为文祭之。

3. 穷途末路　朱祐樘去世以后，张皇后成了慈寿皇太后，而张鹤龄兄弟则是武宗的舅父。所以，在正德时期，张氏家族仍然是势焰熏灼的。当时延龄家奴有叫祖玉的，与其子祖景有矛盾。祖景便在延龄跟前说祖玉的坏话，怂恿延龄将祖玉赶走。祖玉十分愤怒，乃奏诉延龄与祖景阴谋为逆，武宗朱厚照下令多官会审。延龄兄弟全家都因之十分惶惧，太后只好出面，从中斡旋，鹤龄也送了大量的贿赂，这才使事情平息下来，只是不准延龄朝参而已。

明世宗朱厚熜像

武宗死后，其堂弟朱厚熜入继大统，是为世宗。开始，以张太后为母，位居世宗生母献太后之上。继而称张太后为皇伯母，加上尊号昭圣慈寿皇太后。张鹤龄以拥立世宗之功，进爵为公，延龄进为侯。“大礼议”后，张氏的地位进一步低落，政治上失去了强有力的庇护。按说应大大收敛，谋求保持其既得利益之道。然而遗憾的是，他们并不这样，而是继续作恶。这就不可避免地走向彻底的毁灭。

嘉靖初年，延龄的婢女偷了点钱去布施一个和尚，延龄为此小事残暴杀了婢女和僧人。另外有个指挥叫司聪的，历来为延龄放债，欠了他500两银子，延龄索债很急，司聪一时无法偿还，便将祖景之事抖出来，写成奏章，用来恐吓延龄，企图阻止其讨债。延龄将其奏搜出，大怒，用乱棒将司聪打死，还召来其子司升，命令他将其父尸焚毁，可以免去其欠债。这种暴行，自然激起司升的愤怒，再次告发了延龄。此时，张太后以皇伯母名份居于仁寿宫，她对世宗母亲睿太后既不礼尚往来，而世宗朱厚熜曾在朝见张太后时，又对他不好。因此，要想得到朱厚熜的庇护是不可能的。

朱厚熜对张延龄的恶行十分愤怒，下令将其逮捕关进刑部监狱。尚书聂贤还以为有张太后的关照，拟从宽处置。他上书说，延龄杀人的确是事实，而祖景揭发他谋逆之事，年深日久，又无佐证，就算他告发的事属实，也并未真的叛逆。朱厚熜批驳道："论处大逆之罪，主要在于谋与未谋，并不一定要真的反叛才算。"看来朱厚熜似乎要动真格的，所以张太后十分窘迫，但又想不出什么好的办法来。恰好这时朱厚熜得了第一个儿子，距他即位已经12年了，自然是十分高兴的，正好借此机会入贺，谈谈延龄之事。可是，朱厚熜知道张太后是"醉翁之意不在酒"，因而谢绝了她入贺的请求。内阁大学士张孚敬上奏说："延龄骄恣跋扈，在先朝罪恶累累，杀人之事，的确是事实。不过，陛下应推献皇与明孝宗兄弟友爱之心，以保全后妃之情谊。"朱厚熜没有表态。孚敬又上奏说："陛下继大统时，昭圣张太后是竭力赞成的，而在朝诸臣，持反对意见者不少，但太后并未被惑误。大礼议，中朝臣非议陛下，至今未已。现在延龄有罪，大小官员，默无一言，他们希望太后不得善终，以此加深陛下之过。按照谋逆之罪，应当族诛，昭圣皇太后难道不是张氏？不知陛下对此将如何处置？"孚敬这一诡辩，居然打动了朱厚熜，使他改变了主意。判延龄杀人罪，绞死，同时降鹤龄南京锦衣卫指挥。到了冬月应当处决罪犯的时候，朱厚熜似乎又有点犹豫了。张孚敬又乘机上奏说："根据《大明律》的规定，太皇太后、皇太后、皇后、皇太子妃五服以内的亲属犯罪，列为八议之一，赐与公侯的誓券有免死的条文。延龄，既是张太后的亲戚，又是侯爵。陛下打算用祖宗之法来处治延龄，《大明律》也是祖宗之法。"朱厚熜说："太后眷恋她的兄弟，难道司聪等人就该死！"不过，延龄总算没有送上绞刑架，胆颤心惊地苟且活着。封建法律并不是公正的。

鹤龄、延龄得了重罪成了落水狗。既然是落水狗，自然人人都可以痛打。然而，具有讽刺意味的是，痛打落水狗的乃是张氏家奴以及一些市井无赖。张氏的家奴垂涎于张家巧取豪夺来的偌大家产，他们探知朝廷对张氏已经不感兴趣，于是便窜掇一些素与张氏结怨之人，共同向张家要挟，榨取财物，如不得手，便向官府告发其罪。有个叫班明的男子，上奏说鹤龄私通益庄王（与朱厚熜系同祖父的兄弟），造符咒以魇帝星。这是以巫术谋害皇帝的大罪，所以朱厚熜立即下令逮捕鹤龄。鹤龄在从南京押往北京的途中死去。后来查无此事，班明判了诬告罪，发边远充军。又有个市井无赖叫刘东山的，因为其他罪坐牢，正好与延龄关在一处。延龄坐牢已经八九年了，不免有些怨气，便经常搜集一些历史上赏罚不当之事，在其上批注曰："君道不明。"这自然是影射世宗朱厚熜对自己的处分不当。其实，他根本没有资格说这种话。刘东山等他写完了，便偷偷地拿来藏好。有一天，狱吏把延龄的镣铐取下来，让他自便，反过来要给东山带上镣铐。东山不服，狱吏揍了他一顿鞭子。东山气愤已极，便将延龄手书的"君道不明"上奏，同时牵连狱吏。朱厚熜又一次被激怒了，下召赦免了刘东山，加等判延龄处斩，凡是给延龄松弛过刑具的刑部官员都治了罪。

刘东山出狱后，市井无赖的嘴脸更加彻底暴露。他有意张扬写了疏草，准备上告，实际是敲诈勒索张延龄。有一天，东山的父亲惹恼了他，他就用弯弓而射之，幸好未中。其父便到御史陈让处去告了东山的状。陈让乃紧急追捕东山。东山在走投无路的情况下，反告让、同时再次诬告鹤龄兄弟及其子侄以巫术魇镇朱厚熜及其母亲；延龄家人往来仁寿宫，盗窃内藏，并侦察皇帝的动静；御史陈让与延龄通贿等等。朱厚熜大怒，逮捕了陈让等人，与延龄都一起关进诏狱。东山因此益发蔓引株连其所不满之人，遂安伯陈鏸等几十个人都进了牢房。情况十分严重，张太后甚至穿上破旧的短衣，坐卧在禾科编成的席藁上，表示自己有罪，以为延龄请命，但朱厚熜仍然不肯饶恕。陈让在狱中上疏揭露刘东山的奸计，言词甚为切激，朱厚熜开始怀疑东山是诬陷。恰好按治诏狱的指挥王佐，伪装偏袒东山，因此将东山的真情弄了个水落石出，上奏之后，以诬告反坐罪，械死东山，陈让、陈鏸等被赦出狱，而延龄仍以前罪长系。嘉靖二十一年（1542）八月，张太后去世，延龄彻底失去了奥援。过了五年，延龄终被斩于西市。贪得无厌，骄奢淫逸，暴戾恣睢半个世纪的张氏家族，才恶贯满盈而被扫进了历史的垃圾堆。

外戚的权势大小，与后妃是否有宠关系十分密切。弘治年间，朱祐樘母亲的亲族，虽经认真寻觅，但除了冒认者外，始终没有踪影。后妃除张皇后外，再无他人。其余较有势力的，是宪宗生母、太皇太后周氏弟弟周寿、周彧。他们广占民田，贪求无厌，为了争夺土地与商利，寿彧与鹤龄、延龄两家家奴互相斗殴。另外就是宪宗王皇后的王源、王清，王源在宪宗朝曾一度强占民地二千多顷，后经弹劾还官，这三人封侯封伯，非常贵显，但都“谦慎守礼”，在外戚中有贤名。

恣意贪残害民的宦官

一、假皇权以肆虐

明代的宦官专政，实质上是君主专制的反映。从朱棣开始，宦官逐渐把持了政治、军事、刑侦以及经济方面的大权。文武官吏在明朝的政治舞台上，扮演的只不过是配角而已。

明朝的第一个贪残的大宦官是英宗朝的王振，其后又有曹吉祥以及宪宗朝的汪直，武宗朝的刘瑾等。有人可能会因此认为，宪宗和武宗之间的明孝宗弘治时期，宦官的权势得到了控制，其实并非如此。

不可否认，朱祐樘即位之初，迫于形势曾经不得不惩治梁芳、韦兴、陈喜等宦官。同时弘治年间又有几个知书奉法的太监如怀恩、何文鼎等，但总的来说，势焰熏灼，恣意贪残，与成化年间毫无二致。弘治初，李文祥曾上书指出当时的情况是：“权移内侍而不在内阁。赏罚只根据宦官的喜怒，祸福也由他们的摆布。他们仇视言官，公行贿赂。谁要是对其阿谀逢迎，则引为知己而得到超升。谁要是敢于揭他们的短，得罪他们，便会得到暗中谗害、并窜谪远方。这种颠倒是非的举措，真使臣僚们寒心，也使老百姓慑于彼等淫威而不敢论说。”弘治年间宦官势焰熏灼的例证太多了，现在简述如下：

少傅兼太子太傅兵部尚书马文升，为朝廷特别倚重。朱祐樘命其阅兵于教场，又命司礼监太监李荣同阅。马想与李并坐，但经再三交涉，李竟不允，于是只好各居一幕而交替检阅。陈洪谟说：马“以保傅之官，掌本兵之柄，又值弘治之世，而宦官乃若此，真是骇人听闻啊！”

朱祐樘对刘大夏的信任程度，超过了他对刘健、谢迁、徐溥等人的信任，这是举朝皆知的事实。太监自然也不可能不知道。不过，刘大夏知道，他和朱祐樘的关系，并不及宦官和朱祐樘之间的关系那样深。所以他在给朱祐樘进言时，只要牵涉到宦官，不是不敢说，就是吞吞吐吐。而宦官凭借他们与朱祐樘的关系，也不把刘大夏放在眼里。刘大夏自己就说过，他提出来的应兴应革的军国大事，凡是属于外廷的，通通准行；但是只要稍涉权幸，便会遭到阻挠而很难实行，或者根本不能实行。有一次，司礼监太监陈宽等奉朱祐樘之命去京营拣选坐营的近侍内官，朱祐樘命兵部尚书刘大夏前往参预其事。大夏不敢介入，以外官不得干预此事的旧规为词，婉言谢绝。朱祐樘笑道：“岂忧此曹他日害卿耶？有朕在上，何忧之？”不久，朱祐樘命令英国公张懋与大夏同往。京营中有一个太监叫岑璋的，仗恃他长期得到朱祐樘的宠眷，私下向朱祐樘请求不参加预选，朱祐樘答应了。可是后来又告诉大夏，如果岑璋到期不来，应当据法处置。大夏说：“既然已经有旨允许，就不必再议了。”朱祐樘说：“我虽一时情不能已，答应了他，然而再没有传出命令，叫你等补上本章，这怎能算是有旨？”到了预选之期，岑璋果然未至，大夏便与陈宽等参奏璋抗命不遵。奏章上去，顷刻就批出，说：“本当拿问，且饶这遭”。岑璋知道后，甚是恐惧。其余近侍，也“自此检束，不敢肆”。朱祐樘略施小计，就使刘大夏和众近侍都服服贴贴的。看来他是很会玩弄政治手腕的。不过，刘大夏并未得意忘形，在对待宦官的问题上，依然是小心谨慎的。有一天，朱祐樘退朝后与大夏议论国事，后来谈到左右近侍，刘大夏不发言了，朱祐樘说：“尔犹豫不言，难道怀疑我是听左右近侍话的皇帝么”？大夏只是叩头谢过，但并未说啥。又有一次，朱祐樘问大夏，何以缺少钱粮？大夏答道：“祖宗时民出一文，公家得一文之用。今取诸民者数倍，而实入官者或仅二三。”朱祐樘又问道：“这些钱到哪里去了？”大夏不敢说，因为牵涉到宦官。他只好请求朱祐樘斥退左右，然后再奏；等到左右之人已经退出，朱祐樘再三诘问大夏钱粮究竟到哪里去了，但恐“隔墙有耳”，内心不免仍怀忧惧的刘大夏，哪里敢明说，只好吞吞吐吐、含含

东厂方位

糊糊地暗指宦官，特别是镇守中官。

弘治九年（1496）十二月的“满仓儿案”，清楚地显示东厂宦官特务的凶焰。满仓儿是彭城千户吴能的女儿，吴能把她卖给了乐户张媪。骗她说，这是周皇亲的家。后来张媪又将满仓儿转卖给乐工袁磷，袁磷迫使其为娼妓。吴能死后，有人将仓儿情况告知吴能妻聂氏。于是聂与磷争夺仓儿，并且告到官府。刑部郎中丁哲与员外郎王爵共同审理此案，问明了真情，并鞭笞袁磷。数日后，磷死，女断归聂氏。东厂太监杨鹏的侄子，曾淫于满仓儿，于是教唆磷妻诉冤于杨鹏。杨鹏乃逮聂氏及张氏等讯问，张氏谎称满仓儿乃其妹，聂氏之女早已卖到周皇亲家去了。其他的证人都畏惧东厂及镇抚司刑罚，只好照张媪说的供认。锦衣卫镇抚司乃据此奏劾丁哲苛刻偏徇，殴死无辜，而王爵则随声附和，枉断此案。朱祐樘命法司与锦衣卫再审，去周彧家提审满仓儿，但并无此人。于是再命府部大臣及给事、御史廷读，张媪及满仓儿才吐露了实情。都察院上奏：哲因公事殴人致死，罪当徒，爵及聂氏母女当杖。判决后，有一个小人物勇敢地站出来打抱不平。他就是刑部典史徐珪。徐珪上疏说："丁哲审断满仓儿一案完全正确。而杨鹏之侄淫于此女，且以他事恨哲，意图报复，乃因袁磷病死，想借此陷哲于死地。三法司畏惧东厂，不敢辨明，直到会审于朝堂，乃不能隐。现在既然已知实情，则其女诬其母，罪不容诛而仅拟之以杖，哲等无罪被诬而反加之以徒。轻重倒置如此，可见东厂之势为群臣所畏已至如此地步"。接着他又揭露东厂，镇抚司断狱的黑暗，而"刑司不过据其词以拟罪，纵使洞见真情，孰敢擅更一字！"他请求革去东厂，戮杨鹏叔侄及满仓儿于西市，进丁哲、王爵各一阶以酬其被诬受辱之苦。他说："我是一个小人物，左右前后都是东厂、镇抚司之人，与其死于此辈，还不如死于朝廷。愿斩臣头以行臣言，虽死不恨！"这种落地有声之言，并没有也不可能使朱祐樘改变对东厂宦官特务无限信任的态度。结果，徐珪落得个赎徒发原籍为民的处分。丁哲为民，王爵杖赎。而杨鹏等依然继续作恶。

内官监太监李广，可算是弘治朝曾经最有权势而又作恶多端的太监，他以炼丹符水左道之术，深得朱祐樘的宠信。他怂恿朱祐樘在内府修建万春、寿安等宫，动用旗军万人，以遂安伯陈韶督工。他权倾中外，以致驸马贵戚事之为父，总兵镇守呼之为公。有个富豪子弟叫袁相的，想当驸马，于是给李广送了一笔厚礼。事情居然办成了，其神通广大可想而知。婚期快到了，然而却物议沸腾，连深宫中也知道了。给事中、御史们纷纷奏劾李广，且请罢黜袁相。朱祐樘下令："将袁相黜回，驸马别选。同时斥责太监萧敬以及杨穆、韦记奉命选附马，但很不认真，以致引起非议。本当依法究治，姑且宽宥其罪。至于言官们所说的李广招权纳贿等事，没有事实根据，作罢"。弘治十年（1497）四月，礼科右给事中叶绅等奏劾李广八大罪状，主要是说他以烧炼之名，而进不经之药；阿附皇亲，要结邪人；侵夺京畿百姓土地，几乎激变良民；东南之民凡有输纳，巧取其利，以致远方之民破家荡产。他们请将李广法办，以为后戒，然而朱祐樘却置之不理。因此，李广的宠幸毫未动摇，照旧蛊惑朱祐樘以极大的兴趣投身于游乐、斋醮之中。朱祐樘听信李广之言，不顾国计民生的艰难，下令预作明年元宵节烟火。因用费太大，工部有意抵制，这才下令减少三分之一。李广又劝朱祐樘建毓秀亭于万寿山，并修乾清宫西室，役军士九千人，花费百余万两。十一年，毓秀亭建成，恰好此时太康小公主患了天花，众医治疗无效，李广给她喝了符水，很快死去。宫中正在因此归咎李广之时，太皇太后周氏居住的清宁宫又发生了火灾。有人说这些都是因为毓秀亭修建的年月不利，犯了太岁之故。太皇太后发怒道："今日李广，明日李广，兴工动土，致此灾祸，累朝所积，一旦灰烬。"李广知道后，十分恐惧，自知不免，服毒而亡。广死后，太监蔡昭为之请赐祠额、祭葬。朱祐樘对这个忠实的奴才仍眷恋不已，所以允许了蔡昭的请求。然而，内阁大学士刘健等却反对此举说："内臣祠额、祭葬，乃朝廷褒功之意，实非常典。今李广之死，罪恶贯盈，万口称快，都说广欺罔之情，赃滥之迹已全部败露，朝廷必然明正其罪。现在反而赐之葬祭，又予祠额，是使欺罔赃滥之人与善良者无别。这样恐怕上累圣德国家安全局人与善良者无别。这样恐怕上累圣德，下拂民心。"朱祐樘只好稍作让步，命祭文仍旧撰进，祠额就不拟了。十一年十二月，都察院、府、部衙门以李广招权纳贿，赃物累钜万计，庄田盐货尤多，请籍没入官。朱祐樘没有同意，这就十分清楚地表现了他对于包括李广在内的太监钟爱之情。

"张天祥案"再次证明了东厂的淫威。天祥乃辽东都督指挥佥事张斌之孙，斌以罪废，天祥纳粟后得到其祖父的官职。当时，有泰宁卫部的十余骑射伤了海西女真的贡使，天祥乃掩杀他卫38人，而确指彼等就是射伤贡使者。巡抚张鼐等奏捷，而巡按御史王献臣却持怀疑态度，正好张斌的妻弟指挥张茂及子钦因与天祥有矛盾，前来献臣处告发天祥，说他系劫营滥杀无辜。献臣立即上报，尚未批复时，献臣便调离了。朱祐樘命大理丞吴一贯、锦衣卫指挥杨玉，会同新任巡按余濂勘问，尽得此事实情。张斌等人皆论死，天祥死在狱中。天祥的叔父张洪多次讼冤，朱祐樘密令东厂侦察其事。还奏吴一贯等所勘都是诬枉的。朱祐樘深信不疑，打算彻底推翻吴一贯等的判决。召内阁刘健等至，出示东厂缉事的揭帖说，当时御史王献臣，止凭一指挥告发天祥诱杀，吴一贯等亦不曾亲到彼处，止凭参政宁举等勘报，事多不实。现在拟将一干人犯提解来京，令锦衣卫于午门前会问，方能搞清。健等对曰：东厂揭帖不可行于外，先经都察院会勘后再议。朱祐樘再召见刘健等人，责问其阻挠逮解一贯等至京之故，刘健等人说："此事已经法司勘问，他们都是公卿士大夫，其言完全可信。"朱祐樘反驳道："先生辈且未可如此说，法司官若不停当，其身家尚未可保，又可信乎？"大学士李东阳针锋相对地说："士大夫未必可尽信，但可信者多，其负朝廷者不过十中一二而已。"谢迁接着说："凡事须从众论，一二人之言，恐未可深信。"朱祐樘见他们怀疑东厂的宦官特务，自然不依，怒气冲冲地说："先生辈此言皆说不得。此事密切令人到彼处体访得来，谁敢欺也！"大家只好又说："此事干证皆在彼处，如提解来京，恐劳人动众呵。"朱祐樘固执己见，毫无商量余地说："此乃大狱，虽千人亦须来。若是不明白，边将谁肯效死！"刘健人等再三争执，见朱祐樘声色俱厉，终于不敢深言东厂之非。后又召见，朱祐樘从容地与刘健等说："昨因张天祥事，先生辈言文职官不负朝廷，亦不应如此说。文官虽是读书明理，亦尽有不守法度者"。又说："缉访之事，祖宗以来亦有旧规。今令东厂具所缉事题本批行"。刘健等以为"不如传旨，乃命拟旨将一贯等提解至京"。一贯等到京之后，朱祐樘亲至午门审问。他想借此发泄对刘健等官僚士大夫的不满情绪，表明他坚定不移地支持东厂特务，因而拟处一贯死刑，幸赖刑部尚书闵珪与都御史戴珊竭力救援，才贬为嵩明州（云南嵩明）同知。其余的王献臣贬广东驿丞，余濂充云南布政司照磨，张茂父子论死而赋免，张洪反得论功。朱祐樘亲自导演的、东厂特务策划的一桩冤案，就这样完结了。《明史·王献臣传》说："明孝宗励精图治，委大臣，中官势稍绌"。这完全是根据表面现象得出的错误结论。

实际上，明代的宦官权势，自洪武以来就在日益增大，中叶以后便积重难返了。加之朱祐樘与其列祖列宗一样，内心深处并不信任大臣，因而在官僚士大夫之外，又竭力使宦官统治机构从中央到地方都完善并巩固起来，形成另一套操纵自如的统治系统。自然，一个稍有头脑和政治手腕的统治者，总要力求使官僚士大夫之间，宦官之间以及官僚士大夫与宦官之间既相互制约，又能基本协调一致，这样才能使统治得以维持和巩固，否则就会出问题。不过，有一点是清楚的，那就是自永乐以后，明朝皇帝愈来愈把宦官作为主要统治工具。朱祐樘也不例外。弘治初年，对宦官虽然偶有罢黜，不过是玩弄的政治权术，或者是宦官内部因权势的消长而倾轧的结果。实际上，当时谁要是敢于纠劾宦官，或者得罪宦官，必然遭到他们的打击陷害，而且是不获全胜决不罢休。

弘治元年（1488），南京守御浦子口指挥崔钰被守备太监陈祖生箠死，其母汪氏上告朝廷。遣官勘问属实，本当依法处治，但朱祐樘却以“守备任重”为由，宽释了陈祖生。

同年，御史张爵、给事中周紘点闸南京操军，发孔缺伍十分之三。后来在太监陈祖生、蒋琮掩饰下，发现陈祖生、蒋琮以及主帅成国公朱仪丑行的御史、给事中反而成了罪人。

此外，户部员外郎周时从疏请将宪宗朝太监汪直、钱能、蔡用等处以重刑，同时察核两京及各地镇守中官。于是，宦官们便指出其奏疏中“宗社”二字没有越格，大不敬，朱祐樘即令法司逮治。

弘治二年，南京监察御史姜绾等连名奏劾南京守备太监蒋琮变乱成法，欲以内臣为言官；嫉害大臣；滥批词状，径送各衙门；分差内官，于钱粮处所，纵其侵渔；按季取受班匠工银；官员稍不顺承，即阴加察访，惊疑人心；保举革罢内臣、窃朝廷之权，使恩归于己。今士大夫侧目，人人自危；军民受苦，怨声载道。接着蒋琬又上奏自辩并告姜绾等不法之事。于是，卷进去的人愈来愈多，问题愈来愈复杂。到了第二年才由朱祐樘决断，御史姜绾等降级外调，而太监蒋琮、陈祖生、郑强、钱能、李荣等虽然确有罪过，但却免予追究。

弘治八年（1495），山东按察副使杨茂元奏请撤回随刘大夏治河之太监李兴，因其随从太盛，费用惊人且烦扰地方；同时并请罢革山东镇守内臣以苏民困。李兴等的利益受到侵犯，于是群起而攻之，说茂元所奏皆妄。朱祐樘命巡抚都御史熊翀等核实。翀也不敢冒犯李兴及镇守内臣，只好说“茂元所奏有不实之处”。朱祐樘乃下令将茂元逮送锦衣卫监狱。于是，刑科都给事中庞泮等以及两京十三道御史都纷纷上章为茂元申辩，认为茂元本为纳忠而反遭祸，本为报国而反以辱身。这就势必使人人自危，而只知保持禄位，阿谀逢迎。最后以茂元奏事不实，降二级外调长沙府同知。

九年，御史胡献上疏指出："东厂校尉，原本用来缉访奸私的，但近来只为内戚、中官泄愤报怨。如御史武衢忤寿宁侯张鹤龄及太监杨鹏，主事毛广忤太监韦泰，皆为校尉用鸡毛蒜皮的小事，夸大成罪。满朝文武都知道他们是冤枉的，但无人敢说。我也知道，今天说了，他日必为所陷，然而我不怕！"奏疏送上以后，鹤龄与韦泰各自上疏辨解。恰好此时给事中胡易奏劾监库内臣贺彬贪黩，贺彬也使用宦官们的贯伎，诬告胡易。朱祐樘于是下令将献、易都关进诏狱。后谪胡献为蓝山县（湖南今县）丞，易被释放。

弘治十四年（1501），内使刘雄经过仪真，知县徐淮没有及时供应，惹恼了刘雄。刘雄乃渡江诉于守备太监傅容，傅容上奏其事，朱祐樘命械系徐淮至京，交锦衣卫拷讯。六科十三道的言官们纷纷上疏请宥徐淮，都不准。后被杖，对品调边方。

十五年，监察御史车梁应诏言事，其中谈到东厂、锦衣卫所获盗贼，都是先用严刑拷问，已成定案后才交法司，法司不敢平反，只照定案办理，其间岂无冤死的？他请求今后捕获盗贼，直接送交法司推问，不要先行刑讯具招，以免枉滥。主东厂者以车梁的叔父先年因有罪曾被东厂揭发，此次车梁乃挟私妄言。朱祐樘命将车梁关进诏狱，幸赖科道相救，才得赎杖还职。

这类的事例很多，真是不胜枚举。从总体上来说，弘治时期宦官的嚣张气焰，并没有受到抑制，这应该是符合事实的结论。

不错，弘治朝的确有过几个较好的宦官，但他们不是早死就是被谗害，或者并无多少权柄，因而无法改变弘治朝宦官的整体形象。例如怀恩，文献记载说他是高密（山东今县）人，也有说是苏州府的人。成化时升任司礼监掌太监。其人性情鲠直，廉洁奉公，识义理，通典故，他辅弼宪宗，动辄以"祖宗"法度为依据，直言正色，无所避忌，赢得了大家的信任和尊重。他敢于保护朝中正直的大臣和宦官，也敢于和梁芳、僧继晓、李孜省以至汪直相抗衡，适当减轻他们的危害程度。成化末年，梁芳与万贵妃相勾结，谋废太子，立兴王，怀恩力争，被宪宗发配到孝陵司香

（一说斥居凤阳）。朱祐樘即位以后，召回，仍掌司礼监。力劝朱祐樘斥逐万安，用王恕。一时之间，正直之人纷纷进用，怀恩出了很大的力气。可惜这个对弘治新政做了很多有益之事的太监，不久便去世了。弘治元年正月，赐祭葬，并建祠赐额曰“显忠”，享受了朝廷对宦官的殊荣。又如长随太监何文鼎，奏请沙汰漏网的以及新进的传奉官，凡是文非考中，武非军功而升职者，一切革去，以杜幸门。而吏部和兵部却持异议，他们希望朱祐樘保持镇静，不追既往，今后内外大小官员，俱照旧额，随缺随补，自然就止住了奔竞之风。何文鼎的建议未能实行。弘治十年，何文鼎又以揭露张鹤龄兄弟罪恶，被张皇后杖死。其他还有被称为“廉洁爱民”的福建镇守邓原，浙江镇守麦秀，河南镇守蓝忠，宣府镇守刘清等。遗憾的是，像这样的宦官的确是太少了，他们的正直清廉并没有起到多大的作用。

二、肆意剥削侵夺

明朝的宦官不仅利用他们手中的政权、军权以及刑狱等特权，肆意为虐，而且还大肆奸贪。至于直接掌握各个经济部门大权的宦官，更是很少有几个身上是干净的。

从洪武年间开始，宦官就参与经济活动了，不过当时的情况并不严重。而在永乐，特别明中叶以后，宦官的魔爪便逐渐伸到了各个经济部门。他们所到之处，大肆搜刮，从而给老百姓带来了深重的灾难。

弘治年间的宦官与以往一样，兼并土地，同时又借管理皇庄和王庄之机，敲剥庄户。他们奉皇帝之命，四出采办其所需的各种物品，骚扰百姓。押解各地以岁办为名义进贡的土特产品。监督或者直接管理商税的征收。奏讨盐引，贩卖私盐。监管仓储、库藏。提督市舶，贪污、走私。

在宦官参与经济活动的问题上，明朝的最高统治者与大小官僚的意见始终是针锋相对的。后者坚决反宦官介入，而前者毫不妥协，坚持派遣，例如：弘治元年四月，监察御史杜忠说：真定府的木材，原来只由该府委官监督税课司抽分（即征税）。成化年间才添设内臣一员监督。而该内臣带领的人数众多，未免骚扰。他请求将内臣撤回，仍旧委官抽分。朱祐樘没有同意。七年二月，工部复奏同意监察御史张泰请求免差苏松诸府织造内臣的建议，而上供之数由官府如式织造。可是朱祐樘不放心，命令仍然遣内官前往督造，同年九月，山东按察副使杨茂先以山东灾害频仍，差徭、征敛太繁，请撤回镇守临清太监。朱祐樘说：临清地方须人守镇，不必取回。十一年十一月，兵科给事中艾洪言：各处镇守太监皆苛敛横索，想方设法积聚货财，使利归于内官而怨归于朝廷，其流毒生民，贻患国家，简直没法说清。他请求清查一下，如系弘治以前所设，不便立即废除，也应加以戒饬而革其弊；如系本朝添设的，都应取回。朱祐樘没有表态，实际上是不同意。十三年正月，尚衣监太监前去监督通州仓，户部尚书周经反对，说京、通二仓总督已经添至五六员了，他们侵占勒索，不胜其扰，他请求裁革，朱祐樘以已经差遣为由不准所请。此外，朱祐樘还命令另给蔡用关防一颗，使之能独立行事。

有时朱祐樘虽然迫于形势，暂时裁减了某些部门的内官，但不久即行恢复，而且还有所发展，如弘治十一年（1498）九月，户部尚书周经等上奏说：“陛下即位之初，曾下令裁革各仓监收内官，然而现在又有旨令右少监莫英，太监刘璟监督京、通（州）仓事，与以前的命令刚好相反，人君的法令之所以普天下都遵行而不违背的原因，在于一个信字。如果令行未久，自己就不实行，虽有好的政令，谁还相信？再说，弊病刚刚革除便又复生，命令才行就自己沮格，实在太可惜了。”他们恳请暂将新添的监督官通通取回。然而朱祐樘以莫英等已经委用为由，拒绝周经等的请求。隔了一年多，十三年五月，五府六部又提出这个问题，说：“京、通二仓及各马房、内库各库、京城各门、上林苑监、南海子等处，原来的管事内官止有二三十员。弘治初年虽曾裁减，但未作为定规。近来又直接降旨加添，数额日益增多，以致军民被其虐害，不可胜言。”他们请求照弘治初年的事例，在现差内官中选留忠厚清正者，其余的则尽行取回。朱祐樘推给各衙门办理，而他却没有说是否裁减。既然如此，衙门又怎敢办理！

因为有皇帝的支持，所以宦官们便肆无忌惮地进行搜刮。如果朱祐樘在知道宦官的奸贪情况以后，能够及时而认真地制止；或者在问题发生之前，采取适当的措施防微杜渐；可能使问题不至于发生，或者不至于发展到严重的程度。无奈事实并非如此。例如：李广霸占土地和广纳贿赂的问题已被揭露，而朱祐樘却以无事实根据为由，不予处治。又如：李梦阳曾上疏指出，“内官是腹心之病，仓、厂、场、库这些经济重要部门，都由内官来把持。本来每处一二名就够了，可是现在却少的五六人，多的二三十人，用这么多人干啥？一个老虎十只羊，尚且没有全羊，何况是十虎而一羊呵！现在某内官的奸贪之情已被揭发，陛下也清楚地知道了他的情状。外廷纷纷议论说：某人一定不会宽宥，必然要窜斥。然而几个月过去了，仍然搁置不行。既然其奸已经败露，不置之法，又不窜斥，他还会有什么忌惮而不敢干的呢！”再如：朱祐樘曾问兵部尚书刘大夏民穷逃亡的原因，大夏举例说，广东市舶司一个宦官，每年聚敛的钱财，与省城官员俸禄相当；如果放松一点，更会倍增。这些钱财，都出于民。朱祐樘说：“此弊很久就知其危害了，但朕在内势孤，如陈宽、李荣庸劣不足虑。只有萧敬熟悉很多事情，朕必须问他，但不给权力不行，所以此事很难有大的变更。”对宦官的敲榨勒索，枉法聚敛置之不理，无异是一种纵容。因此贪污之风便愈刮愈猛，不可遏止。

最突出的莫过于李广恣意奸贪一事。李广凭借朱祐樘对他的宠幸，毫无顾忌地揽权纳贿。被揭发后，朱祐樘又不加以处分李，广死后，有人请求籍没其家，朱祐樘也不同意。刑科都给事中张朝用等，御史丘天祐等疏请惩治送贿者。他们说：李广已恶贯满盈，朝野称快。然而李广贪污的金帛，何止千万。这些都是钻营奔竞之徒的贿赂，对此不加惩处，何以为戒？他们请求拘捕李广之亲信，责取簿籍，交付法司审问。同时将依附李广而升官者，夺官杭爵，以清仕路。朱祐樘要他们将奔竞交结者，指名上奏。这是堵塞言者的巧妙的办法，因为谁送了贿，送了多少，局外人是很难弄清楚的。所以要指名参劾，事实上就是使其无法参劾。后来，朱祐樘派一个宦官去李广住处，原想搜寻“奇方秘书”，无意中却搜出一本中外官僚送广贿赂的簿籍。上面写着某送黄米几百石，某送白米几千石，通计不下数百万石。朱祐樘不相信，说：“这是假的，吾曾去过广宅，岂能容纳如此多的白米！”另有一说是，朱祐樘说：“李广的食量有多大，为何要接受这么多的米！”不管是何种说法，都显示了朱祐樘的幼稚可笑。左右的人说，黄米系指黄金，白米乃指白银，行贿的人避免别人知道，所以用隐语来表达。这样一来，真象开了锅，沸沸扬扬地闹腾起来了。有的主张公布送贿者的姓名，并严加惩办；有的则主张不露痕迹地处理；被指名者则大呼冤枉。至于朱祐樘，则始终坚持既不籍没李广，也不惩治行贿者。吏部员外郎张綵上疏说："广平时招权纳贿，致使陛下受奸谀蛊惑之名而不自知，军民遭到贪残剥削之苦而无所诉，现在纵然不追究李广的罪恶，难道连他的恶党也一并置于度外而漫不惩戒吗！切盼将营求愧遗多的大臣，令其致仕，小臣罢黜。"接着，张朝用、丘天祐又奉旨疏上交结李广之人。武臣有：保国公朱晖、恭顺侯吴镒，丰城侯李玺、遂安伯陈韶、成山伯王镛、宁晋伯刘福、都督孙贵、副总兵朱瑾，文臣有：吏部尚书屠滽、户部尚书周经、礼部尚书徐琼、刑部尚书白昂、工部尚书徐贯、礼部侍郎程敏政、兵部侍郎王宗彝、工部侍郎史琳、林凤、都察院左都御史王越、右都御史李蕙、右副都御史彭礼、通政司左参议姜清、太常寺卿崔志端、李温、少卿李杰、寺丞王福广、太仆寺少卿杨瑛以及几个地方官吏。他们说，这些人虽然贿赂有多寡，交结有深浅，但都是心术奸邪，踪迹诡秘，吮痈舔痔，何所不为？奴颜婢膝，无复羞耻。他们请将这些人通通罢斥。其实，张朝用、丘天祐等的指名，无非是"风闻言事"罢了，连他们自己心里也不踏实。因为送贿的簿籍在朱祐樘手里，谁在上面有名，除朱祐樘外，其他人说的都可算是"无稽之谈"。所以，张、丘等人再次请求将行贿簿籍发下，由法司逐一查究。朱祐樘则说："奏疏牵涉太多，而且又没有指陈实迹，所以诸人仍旧供职，簿籍也不必追究。"朱祐樘的态度既然如此，而其他的人也无法知道真实情况，所以，凡是被指名的人，无论其是否送过贿赂，都纷纷反扑过来，声言自己是清白的，不能蒙受这种不白之冤。户部尚书周经说："李广已死，所以科道敢于使劲地打死老虎，以诬陷臣，假如李广还在的话，臣纵然奔竞，彼等也只好退缩如畏虎，岂敢狂吠！"他请求法司严审李广家人并清查簿籍，如果"有臣姓名，但有寸金尺帛，即系交结，将臣斩首市朝，以为奔竞无耻之戒"。吏部尚书屠滽也说，如果簿籍上有他的姓名，"即凌迟处死，以谢言官"。另一方面，有的人又在黑夜乘轿前去寿宁侯家，求其缓解此事。后来又陆

泰陵

续有言官提出公开行贿簿籍和惩治送贿官员的请求。对这些意见，朱祐樘通通地置之不理。此时，聪明的编修罗玘，揣摸透了朱祐樘复杂的心理：公开行贿簿籍，处分李广并籍没其家财，这无异是自己否定自己；同时，把行贿者都暴露在光天化日之下，而且都给予处分吧，朝堂岂不为之一空？一个也不处分吧，未免宽大无边了，而且今后吏治不知将依于胡底！还有，既经暴露，即使没有受到处分，怎能继续留任？据此，罗玘提出了一个巧妙的解决办法。概括说来，就是把棍子拿在手上，再暗中选择对象，于适当的时机给予责打。这样既可使送过贿的人经常惴惴不安，又可处分部分人之后不致引起太大的震动。他所持的理由是：第一，这些送贿之人中，有不少文武大吏，其中有的颇有影响，如果一旦暴露其恶而处分之，朝廷的威信将大大削弱；第二，逼迫太急，贵戚之家就会竭力钻营，谋求脱免。果真如此，“是闭一门又开一门，塞一穴又开一穴，死一李广又生数李广”，这是应该考虑到的；第三，科道官劾奏，得于风闻，如指名而言，万一以张作李，将玉石俱焚，甚是可惜；第四，古者刑不上大夫，以其近君之故，尊其近于君者，所以尊君也。他建议委曲求全，不要使言官指名揭发，只须暗中降旨叫这些送贿者自己称疾引退，否则在近期内借考察两京大臣之机而以他事黜退其尤甚者数十人，表面上好象若无其事，实际上是责罚。罗玘的这一建议正中朱祐樘的下怀，因而被采纳了。逐渐将屠滽、徐礼、白昂等最为恶劣者以他事罢去。事情虽然结束了，但送赌者之姓名，一一盛传于朝野，致使这些人着实难受了一段时间。不过，日子久了，又故态复萌，再没有羞愧的样子了。

弘治年间，宦官招权纳贿，巧取豪夺的事例比比皆是，虽然没有李广那样突出，但性质仍然是十分严重的，例如：焦竑曾说：弘治时期，“内府仓库诸司宦官每多索贿，民不胜害。”而胡献则说：京、通二仓总督、监督内臣每收米万石，就要勒索白银十两。如以每年运交400万石计算，每人就是4000两。此外，各占斗级二三百人，要他们交纳月钱。李嘉祥在谈到长安等门仓粮的收纳的情况时说：原来粮米入城，守门内官每千石索要过门钱1000文，后来逐渐加到一万余文。此外，往来盘粮，照例派内官一员监视，所取不过白银二三两，名为茶果钱。现在每门增加内官一员，每员索银20两。他们还巧立名目，百方诛求，谁要违抗，就肆意鞭挞。

弘治十七年（1504），户部上奏说，近年各仓库门房添设内臣太多，贪污受贿之情，难以名状。如甲字十库原额三十来人，近添至331员，遇有钱粮，百计吓取，如纳布、绢、丝绵，每斤或每匹索银五分；银珠、靛花每百斤索银30两，换补者加倍。只是松江一府，每年得使用银子七八千两。今日之弊，没有比这再大的了！

镇守、守备太监遍布全国，他们不仅握有兵权，而且还握有政权，因而其权势在总督、巡抚之上，加之皇帝的纵容，所以作威作福，搜刮百姓便不足为奇了。两广总督秦紘曾奏称：“中官、武将总督两广者，大都纵容私人骚扰商贾，他们贼杀无辜，交通土官为奸利。”

福建镇守中官死后，巡按朱文籍其资财，以累万计。

镇守金齿（今云南保山县南）的内官吉庆，上任时选取京师的恶少从行。在任上搜民财不遗锱铢，势若掳掠。他将搜刮来的钱财都换成宝石收藏起来，其中最珍贵的，用一个水椟装上，经常带在自己身边，锁在一间屋子里，昼夜守护。他的随从们垂涎这些珍宝，但又无法得到，于是就天天谋画如何才能使贪婪的守财奴吉庆早死。恰好吉庆患了消渴病，急需喝水，可随从们偏偏不给他水喝。请医前来诊治时，随从们私下送些贿赂，故意以燥热的金石药物治疗。吉庆喝药后，极度燥热，他这才醒悟，叫其亲信将椟中宝石拿出来，换点水活命。可是得到珍宝者却跑了，再不顾他的死活。吉庆呼天抢地的哀号，直至头发干枯皮肤干裂才死去。随从们然后把吉庆搜刮来的民脂民膏瓜分，各自东西地走了，让他的尸体在那里腐烂。一个月以后，尸体已经生蛆了，官府才把他掩埋了。沈德符在讲完此事后评论说："明孝宗朝号极治，而中官之横至此。即滇南一方，而普天之下可知"。

与此相似的，有南京守备太监刘琊，原在陕西、河南镇守时，贪声已著，到了南京，贪婪更甚，积累了很多资财。在其私第修建一座玉皇阁，延请方士讲求烧炼之术。有个术士知道他很信神异，因而每事都称玉皇大帝之命来调动他，骗去他不计其数的钱财。刘琊有一条玉绦环，价值千金，术士哄他献给玉皇，因而将此物偷了出来。有人写了一首诗，嘲讽道："堆金积玉已如山，又向仙门学炼丹，空里得来空里去，玉皇原不系绦环。"

工部左侍郎李鐩上奏指出，各处镇守内外官，不以保障地方，爱护百姓为心，而借进贡以取悦于朝廷。南方的有禽鸟、花木、时鲜奇货之贡，北方的有马匹、果品等物之贡。名为自行备办，其实借此聚敛。军民被害，已经到了极限。

贩运私盐，可以获得更厚的利润，所以明代的宦官也争相贩运私盐。他们大张旗鼓地运送，公开发卖，甚至命令地方官代其发卖，谁要阻拦，必然得罪而去。如弘治六年（1493），盛应期在管辖济宁诸闸期间，太监李广的家人贩卖私盐，到了济宁，畏惧应期，便将盐丢在水中逃去。此时正好有南京进贡的内官诬奏应期阻滞荐新船只，李广再从中编造一些情节，于是将应期逮捕关进诏狱。又如岐王前往封国时，中官携带的私盐装了几百艘船，沿途强卖于民。到了湖广，为巡抚徐恪查出，不许放行。于是，其党羽暗中在朱祐樘跟前说徐恪的坏话，过了一年，由中旨改任南京工部右侍郎，恪不奉命，说大臣的进用，应由廷推而不应由传奉。他请将自己罢黜算了，但未获允许。

本来内臣的奉禄并不多，每人每年12石，有功者则加一级12石，至72石则与文武官的正一品相同。虽然如此，但自宣德、正统以来，宦官的收入愈来愈多，而其中又多来自强行勒索，他们锦衣玉食，拟于王者。而且其弟侄人等，也授任职事，倚势为非，聚奸养恶，家人以百计，资财万余，田连千顷，马匹以千数。余继登说："内官因有此家产，所以贪婪无厌，奸弊多端，身虽在内，心实在外，内外相通，而祸乱便由此产生了。"

第六章　盛世危忧难克终

朱祐樘即位之初，迫于形势，加之满朝文武对他又寄予厚望，因而不得不在各方面对宪宗朝的弊政作一些必要的治理。于是一时之间，群情激奋，认为“中兴”可期，太平有望了。

古人说：“靡不有初，鲜克有终”，朱祐樘正是如此。他的开端虽然并不很好，但毕竟显示出了改弦更张的样子。也许因为中国能做点好事的皇帝太少的缘故，所以朱祐樘与其骄奢淫逸之父亲稍稍异趣时，便博得了他的臣民以至后世不少士大夫的赞许。遗憾的是，朱祐樘没有也不可能坚持到底，在他即位之后没有几年，便走上了他父亲曾经走过的老路，而且在某些方面还要走得远些。等他醒悟并要有所作为时，却命丧黄泉了。

朱祐樘的荒怠，有其客观因素，而更重要的则是极端君主专制的必然性。弘治时期，没有大的内忧外患，表面上呈现出一派歌舞升平的景象。面对这种“盛世”的假象，朱祐樘不免有点飘飘然起来。尽管不少官僚士大夫及时地给他敲了警钟，可自以为是的专制君主，对那些有益的意见总是听不进去，对潜在的危机也总是看不见，一心只想作个“太平天子”。于是，朱明王朝日趋衰颓了，而老百姓也日益陷进了苦难的深渊。

还应指出的是，由于朱祐樘的荒怠，不仅给臣民们留下了一个充满隐忧的天下，而且还给他们留下了一个没有受到良好教育的、十分荒唐的新君。

历史上对朱祐樘的评价很高，实际上是没有根据的谀词。我们必须根据事实，给朱祐樘一个恰如其份的位置。

明宪宗成化明孝宗弘治

日渐荒怠的“太平天子”

一、绝对的权威导致必然的腐败

明朝的皇帝，只有朱元璋是31年如一日地“忧危积心，日勤不怠”的。在他之后，建文帝统治的四年，一直忙于平定燕王朱棣的叛乱，维护帝位，无暇逸乐。成祖朱棣以“英主”见称，可却不免“倦勤朝事”而“渐寄笔札”于宦官；他还热中于佛教经典，喜作佛曲，使宫中歌舞之；当时，京城以及各地建造了无数的佛寺宝刹，宦官特别信佛，几于成风。仁宗朱高炽的才德都不及其弟汉王高煦，故朱棣始终厌恶他。于是，当他登上皇帝宝座，长期受压抑的情绪顿失之后，存在于他身上的恶习便尽情地发泄出来，尽管在守丧期间，仍然纵情声色。其子宣宗朱瞻基也颇有乃父风：多次带上一大批侍从和军丁到宣府等地，以巡边谒陵为名，大搞畋猎，每次总需十天半月。此外，他还十分喜好歌舞和斗促织。在他死后，单是释放的教坊司乐工就达3800余人。朝鲜《李朝实录》载：“洪熙皇帝及今皇帝皆好戏事。”又说：“洪熙沉于酒色，听政无时，百官莫知早暮。今皇帝燕于宫中，长作杂戏。”英宗朱祁镇即位时还是小孩，政事由其祖母太皇太后张氏及内阁大学士杨士奇等主持，正统七年，张氏去世，英

明英宗朱祁镇像

宗亲政，其实是王振专权，英宗则颇事游乐。宪宗朱见深的荒唐，我们在本书的第一章已有较多的揭露。至于明孝宗朱祐樘，号称“勤于政事”，实际上惑于左道，“斋醮烧炼，靡烂失度”。在他统治的18年中，只有短短的几年是差强人意的。其他如武宗、世宗、神宗、熹宗等，都是有名的昏庸腐朽的皇帝，用不着赘述了。

为什么明代竟有如此之多的热中于神仙佛老、斋醮烧炼、声色狗马、荒淫侈靡的皇帝?

总的说来，地主阶级到了明代已经进入了腐朽没落的阶段，他们除了享乐之外，不打算、也不可能有所作为了。至于地主阶级的总头子皇帝，则把天下看作自己的私产，认为对老百姓进行敲骨吸髓的剥削以供其淫乐是天然合理的，是享受他们“产业之花息”。更重要的是，极端君主专制体制的建立，致使皇权空前高涨，不受任何约束，因而极大地助长了皇帝的腐化。在这种体制下、原来一人之下，万人之上的中书省丞相没有了，他手中平章军国大政、进退百官的大权全部收归了皇帝。原来可以封驳诏书的门下省，变成了主要针对百官的给事中。尚书省的六部，成为直接向皇帝负责的办事机构。皇帝成了主子，百官成了奴才。“唯辟作福，唯辟作威，唯辟锦衣玉食”，在明代真正成为现实。皇帝拥有绝对的权威，自然会为所欲为，从而导致彻底的腐化!

极端专制的君主，是名副其实的独夫。唯恐大臣专擅，结党乱政；唯恐官僚士大夫图谋不轨，有害于自己的统治；这种对臣僚深怀疑惧的思想，在洪武、永乐以后的各代帝王中都顽固地坚持着。他们既然不信任官僚士大夫，就必然要依靠所谓的亲信，并利用他们去严密监视所有的臣僚。从永乐开始，宦官在政治舞台上日益扮演着重要角色。特别是从中央到地方权力结构的双轨制确立之后，宦官更成了维持明朝统治的核心、支柱。在这种情况下，尽管有的官僚士大夫或者出于维护封建统治的一片忠心，或者出于与宦官及其同伙争夺权力的需要，曾经不断上疏指出重用宦官，“变乱祖宗成宪”，使其“得专刑杀，擅作威福，贼虐善良”，贻误封疆，科敛累民等等在政治、军事、经济各方面带来的严重后果。然而，在倾心于宦官的皇帝看来，官僚士大夫们的这些诤谏，无非是想“去其左右，使朕孤立”，无非是“因内臣在镇，未便作弊”。因此，几乎涉及宦官干政的章奏，都遭到皇帝的深闭固拒，或者“不报”、“留中”，置之不理；或者给上章奏的人以“斥责”、“降调”、“削籍”、“谪戍”等处分；甚至下诏处死。而宦官的地位，从未因外官的攻击而动摇。既然皇帝有了宦官这一腹心，依靠他们就行了，何必要亲自去处理政务？何必要“劳心焦思”而不及时行乐？从宦官这方面来说，他们要牢固地把权力掌握在自己手里，就必须深得皇帝的宠幸。而宦官邀宠的办法是很多的，最妙的大概要数唐代大宦官仇士良在告老还乡时与其同辈所说的办法。他说：“天子不可令闲暇，暇必观书；见儒臣则又纳谏，智深虑远，减玩好，省游幸，吾属恩且薄而权轻矣。为诸君计，莫若殖财货，盛鹰马，日以球猎声色蛊其心，极侈靡，使悦不知息，则必斥经术，暗外事，万机在我，恩泽权力欲焉往哉！”这种引诱皇帝横征暴敛、奢靡淫乐的伎俩，可说是历代的宦官所惯用的。明代的宦官除此之外，还借助于神仙佛老，斋醮烧炼。于是，本来就具有荒淫腐朽主观条件的明代皇帝，在宦官的蛊惑之下，其荒淫程度大大地加深了。

帝位的嫡长子继承制，很早就暴露出了它的严重缺陷。这种制度规定，只要是嫡长子，不论贤愚，帝位非他莫属。如果是“明君”倒也罢了，如果是昏君、暴君，岂不大成问题？幸好在明代以前，有权力很大的丞相能在一定程度上制约君权，因而问题还不十分严重。可是到了明代，丞相被废除了，因而天子和丞相相辅相成、共同维护统治的格局也就被打破了。这样，当皇帝不贤和昏庸之时，几乎没有什么力量可以扭转、改变他所带给国家和臣民的灾难。明中叶以后的武宗、世宗、神宗，尽管荒诞得出奇，致使明王朝的统治陷入了深重的危机之中，但谁也无能为力，只能由自然规律来解决问题。这种不合理的、甚至潜藏着巨大危险的帝位继承制度，看来已经走到了它的尽头。不过，这个问题只是到了清代才算基本上解决了，尽管还存在着若干问题。

由于上述的种种原因，所以从朱棣开始，明代的十几个皇帝都不同程度地存在着荒诞不经的行为，或者说不同程度地腐败。应该说，这是极端君主专制必然产生的恶果。因此，朱祐樘的荒怠是完全可以理解的。

二、怠于政事

弘治初年，由于宪宗统治的恶果尚未消除，因而社会的积弊甚多。杨守陈在弘治元年的上疏中，曾经指出当时存在的主要问题，计有：官鲜廉耻之风，而士多浮夸奔竞之习；既不讲求教化，刑禁又十分松弛；风俗侈靡而财匮乏，人民困穷而盗贼日繁；要冲之地城池不修，各地之仓库很少积蓄；武器朽钝行伍空虚，将帅骄惰而不知用兵之道，兵士疲弱而不习战阵。政治、社会经济、军事等各方面都存在着不容忽视的危机。正是在这种情况下，朱祐樘才不得不在登极诏中宣布采取一些必要的措施，以抑制宪宗朝遗留下来的积弊，从而使明王朝的统治不至于急剧地衰颓。

然而，朱祐樘决非大有为之君，他之所以要救正积弊，完全是迫不得已。因此，他所采取的救弊措施，力度既不大，实行的时间也不长，有的甚至是边救正边照老样子办。所以早在弘治元年七月，朱祐樘的经筵讲官、赞善张元祯就说他近来颇为崇尚异端，宠爱近习，致使其心受到蛊惑；追求货利，耽于玩好，致使其心荒怠；开启幸门，堵塞言路，致使其心暗昧而不明。这些都不是以行王道为心，如不改正，便不能大有作为。与此同时，南京御史张昺也上言指出朱祐樘在逐渐改变的苗头。他说：言路刚刚打开，可是却有言官因小小过失而不免锦衣捶挞之辱；经筵刚刚开始，就有寒暑停免之说；宦官梁芳虽已斥逐，但随即祭祀已故之佞幸；外戚万喜虽然受到惩处，可是后妃之家请乞庄田仍然照准；方士僧侣虽已远窜，可符书仍张贴于宫禁，番僧很快便回到了京师；传奉虽然革除了很多，但并未革尽，且又有新的传升；织造并未完全停止，进贡也时有所闻。二年三月，监察御史司马垔上疏说：据说传奉又将开始，奏疏颇不亲览，以前斥逐的内臣即将取用，耳目之好又将兴起，直言谏诤者又将受到责罚。他说："陛下天性聪明，必无此事，然防微杜渐，不可不严。"实际上他说的都是事实，只不过故意闪烁其词，以免触怒主子而受到责罚罢了。六年五月，工科给事中柴升在应诏陈言时，又指出朱祐樘在纳谏施政方面，三二年来，与前渐不一样了。如日晏始听朝政，无故辄免经筵，西苑游观之乐，南城流连之戏，以及对宠幸之无名赏赐，释道杂流之传奉乞升等等，虽然舆论多次指陈，但就是不见改革。如果以上诸人是在弹劾某些官员，则其意见可能有不实之处。可他们是在给皇帝进言，指陈其过失。在极端君主专制条件下，臣下只能诚惶诚恐，岂敢无中生有地胡说？所以，可以肯定，朱祐樘的荒怠，不是从弘治七八年突然开始的，而是在此之前有一个渐进的过程。

朱祐樘的荒怠，反映在政务方面的问题，主要是视朝太迟，批复章奏稽缓，很少延见大臣面议国事，对应兴应革之事漫不经意等等。

早在弘治八年（1495）之前，内阁大学士徐溥等就多次请求朱祐樘在黎明时上朝。朱祐樘虽然口头上答应了，但未见行动，反而愈来愈晚。八年六月，徐溥等再次提出这一问题。说是当此盛暑之际，所有的侍卫执役人等，自四更起就前来伺候，站立时间一久，不免精疲力竭，都在御道两旁横七竖八地或坐或卧，再无行列；天下朝觐官吏以及四方朝贡使臣，也混同于其间，这样既有违礼法，又不便观瞻，特别是各衙门官吏朝参结束之后，疲惫已极，实在有碍于政务的处理。他们希望朱祐樘远法其祖宗的旧规，近复弘治初年的事体，每天黎明时视朝。朱祐樘又表示了要改正的态度。

实际上朱祐樘不过是与大臣们虚与委蛇而已。九年六月，即一年之后，徐溥等又说，视朝时间比旧渐迟，近日尤甚。每日上朝，两班文武官员曝立日中，脸被晒得通红，甚或汗流浃背。至于午门外的侍卫执役人员，俟候既久，不胜困惫，因之有弃兵卸甲仰身高卧的，也有中暑倒地搀扶出外的。朝贡使臣也有混同坐卧不就行列的……徐溥等人为了使朱祐樘真正接受他们的意见，只好把朱元璋和朱棣搬了出来。他们说：太祖高皇帝在《祖训》里讲："吾平日持身之道，虑患防微，如履渊冰，心胆为之不宁。晚朝毕而入，清晨星存而出。平康之时不敢怠惰，此所以畏天人而国家所由兴也。"又说太宗朱棣曾经告诉六部尚书及近臣："朕每天四更起床，穿戴好后静坐一会。此时神清气爽，思考四方之事，分别轻重缓急并想出恰当的处理办法，然后才交付有关衙门去办理。朝罢之后未尝即入宫中，取四方奏牍一一审阅，有关边报及水旱等事立即吩付施行。闲暇之时则取经史阅览，未尝敢自暇逸。之所以如此，考虑到天下之大，庶务太多，岂可须臾怠惰？一怠惰则百事俱会废弛！"徐溥等人切望朱祐樘法守

"圣祖神宗"如此深忧天下之安危，日勤不怠地处理天下事务的精神。奏上之后，朱祐樘又表示采纳这个意见，但仍然是我行我素。在他看来，似乎祖宗的创业理应是艰苦的。再说，他们艰苦创业就是为了儿孙享受嘛。此外，文武臣僚都是奴才，奴才为伺候主子流点汗、吃点苦，算得了什么大事情？难道还要主子陪着他们辛苦，天还未明就起床早朝？总之，朱祐樘要及时行乐，要做自己喜欢做的事情，祖宗兢兢业业、日勤不怠的精神，他不愿多想，更不愿仿效。

于是，弘治十年、十三年、十五年以至十六年，内阁大学士们又一再提出早朝的问题，然而朱祐樘却总是"千呼万唤不出来"。刘健等在奏疏中曾沉痛地指出："由于视朝太迟，因而各衙门文书政务多致耽误。特别是在边方多事，敌骑纵横，官军接连丧败，难以支持，以及四方灾异，奏报相仍，各处民穷财尽，盗贼成群之际，正是忧勤惕励，不遑暇食之时，怎能怠荒而不励精图治！"他们警告朱祐樘，如不改弦易辙，要想久安长治，保无祸乱，恐怕是很难的。他们说："我等说的次数很多了，虽蒙采纳，但转眼之间依然如故。当祸乱尚未形成之时，言不见信是可以理解的，假若祸乱一旦爆发，恐怕后悔已经来不及了！"尽管刘健等人晓之以理，又动之以情，无奈朱祐樘已怠惰成性，因而始终无济于事。

视朝太迟，对政务的处理已经产生了消极的影响，加之章奏的不及时批答，更使一些政事拖延不决。弘治十年（1497）二月，大学士徐溥等上奏说：内殿奏事，按旧制为每日二次，如有紧急事情，还可随时奏闻。现在只有一次，章奏批答，往往要经多月，各衙门的题奏本，有的要稽留数月，甚至干脆不发。以此事多壅滞，不能很快付诸实施。同年四月，徐溥等又说："天下之事，由君主一人决断。而一日万机，处理又须精当，固然有实际困难。但是如果迟疑不决则庶务壅滞，奸弊将由此而生，祸乱也会由此而作。想起来实在太可怕了！前因灾异迭见，令群臣上书言事，到现在快一月了，未蒙处分。群臣所言纵然不合陛下之意，也须明白告诉大家，岂能都置诸不理？还有，科道等官先因言事'冒犯天威，回话认罪'，现在已半月多了，照样不闻不问，致使各官天天怀着忧惧的心情，待罪在家，不能供职。至于各衙门的章奏，前后'留中'未报的不知道有多少。”十五年（1502）十一月，大学士刘健等还说：“各衙门因天变奉旨言事，所说的都是有关兴利除害、救灾补弊之法。对此，汲汲行之犹恐来不及，怎能迟留久滞，多至四五月，少亦不下一两月。因此，事多牵制，不得施行。臣民们日夜悬望，深怀忧惧，不知如何是好。当此民穷财匮之时，兴利之事有所未尽，而弊害却越积越深。内阁、五府、六部、六科、十三道莫不以此为忧，难道只有皇上以为不足忧吗？近年以来奏事每日只得一次，而各衙门接本官员有等候一日还拿不到批文，只好空手而回的。堂堂朝廷，如此举措，恐怕有负上天的托付吧。”刘健等人这次的言词较前有点激烈，然而，朱祐樘正沉溺于声色、斋醮等侈靡荒诞的生活之中，军国大事，民生疾苦早已置诸脑后，不再关心了。所以，刘缝等人的话，并没有起到刺激的作用。在这里，我们似乎隐隐约约地看到了万历朝百事俱废的兆头。

朱祐樘既怠于政事，自然要疏远大臣。按照老规矩，皇帝每月要举行三次大经筵，每日还有一次小经筵，这是与大臣共处，聆听他们结合“圣经贤传”发表政见或进行规劝的机会。可是朱祐樘不热中于此道，经筵开始不久，就“俯从”王恕寒暑停讲的建议，暂时停止。以后便时停时开。实际上停的时候多，开的时候少，每年进讲不过数日。如弘治九年春天和夏天，日讲才得三次，秋季和冬季，经筵止得一次。经筵、日讲既然流于形式，那就只有靠朝参或召大臣面议政事来亲近儒臣了。自洪武以至宣德时期，皇帝除早朝外，还要两次召见大臣议政，并与内阁大学士共同商议，由皇帝决断。而朱祐樘除早朝见见大臣之外，再不露面了。早朝只是形式，大臣在这里也不过是摆设而已。在朱祐樘统治的十八年中，召见内阁大臣议政，就那么两三次。因为这种事自他父亲宪宗朱见深统治时期以来太少了，所以只要召见一次，满朝文武就要高呼“圣明”了。其实，朱祐樘既不“圣”，也不“明”，高呼“圣明”的人，有的是想用廉价的赞歌去换取高官厚禄，有的则是奴性十足的自然流露罢了。

由于朱祐樘的怠荒，兴利除弊之事，早已引不起他的兴趣了。不仅如此，连即位之初已经革除的弊病，也死灰复燃起来，且有愈趋猛烈之势。如弘治十二年（1499）十二月兵科给事中张弘至在奏疏中就列举了八个方面的问题，即：第一，开始裁革传奉官500余员，而近年仅三次就传升300余员；第二，即位之初，首黜异端，而近年却斋醮不绝，糜费万计；第三，起初对邪佞之人，毫不犹豫地去除，可是近年来有的不职官员，多次被劾，却仍被优容，以致政务废弛，物情遏塞；第四，原说要与府部大臣面议大政，可近年来从未听说延见大臣；第五，即位之初，取回了宪宗朝添设的镇守、烧造内臣，而近年却又渐渐再次差遣，生事扰民，莫些为甚；第六，起初尚能令行禁止，虽左右近幸不敢轻为奏扰，而近年以来，陈请乞恩者大都奉旨准行，幸门一开，请乞者将肆无忌惮；第七，即位之初，兵部申明旧制，有攀附乞升者听据实奏闻处治，而近年乞升者相继，虽经参奏，但并未被采纳；第八，起初光禄寺供应之物，还有所节约，而近年来却只见增添，不闻减省，没钱就挪借太仓银两，赊取铺户物料，糜费浩繁。所有这些弊端，还在萌芽状态时，文武臣僚就曾多次提请朱祐樘注意并立即制止，然而其言都不见用。十二年，有个国子监生叫江瑢的，奏劾大学士刘健、李东阳，说他们“杜绝言路，掩蔽聪明，妒贤嫉能，排斥压抑胜过自己的人”，以致弊窦丛生，灾异数见。明眼人一看就知道，这实际上是在批评朱祐樘。而刘健等人便借机来了一番假检讨、

弘治年间的素三彩官像

真进谏。他们说：近年来南北两京科道官指陈了不少弊政，同时也奏劾了不少相互勾结、乞恩传奉的官员，但都奉旨照旧存留不动。这些意见，不完全正确的固然有，但岂能尽皆差误？可是“陛下乃漫无可否，概不施行”。他们说：“自祖宗朝至今未有此事。”之所以如此，都是由于臣等一味顺从，辅导不力，没有竭力敦促“陛下俯从舆论，别白忠邪，明正赏罚”造成的。他们请将自己罢归田里，终养余年。朱祐樘自然是不允，要他们安心办事。同时以排斥大臣罪，命锦衣卫将江瓒逮送镇抚司究问。接着，刘健等又上奏请求释放江瓒，朱祐樘说：“既然卿等奏请宽免，姑释之。”于是，事情便毫无结果地了却了。除了朱祐樘获得了“以广献纳之路，以成宽大之风”的赞颂之外，弊政照旧在蔓延滋长。

弘治十七年（1504）四月，也就是朱祐樘去世前一年，户部主事席书在其上疏中还揭露了许多弊端。他说：近来云南发生了一些灾异，乃令南京刑部左侍郎樊莹前往云贵巡视，奏黜贵州参政等官300余员。好象灾异就是这些人造成的。“臣窃以为灾异系朝廷而不系云南”。真是一语破的！他举了许多例证，如：光禄寺及内府诸监局供应之物，数倍往年；冗食官员积至数千，投充校尉者积至数万；斋醮之修，寺观之建，几乎没有停止之日；苏浙织造频繁，近臣赏赐太滥；皇亲国戚侵夺军民田土，网罗市利；衙门官员、军马钱粮，日渐增添；大狱只据锦衣卫招供之词，刑官明知冤抑而不敢改正；正直的大臣不能起用，而以言事被谪者也未复职；传奉乞升，始终未停。所有这些，大臣们都不闻不问。而云南偶有灾异，便奏遣大臣前去考察，拟将远方官员作为替罪羊，这究竟是为什么！况且云南有灾而一并考察贵州，这又是为了什么！他认为应由两京的文武大臣负责，让他们自陈去留。这实际上是间接对朱祐樘的批评。

所谓朱祐樘的统治是“极治”，全是无稽之谈！

三、热中于修斋建醮

朱元璋早年迫于生计，曾出家为僧。从他一而再、再而三地祷告伽蓝神是否允许其参加元末农民起义的情况来看，朱元璋是信仰佛祖的。后来他在反元战争的过程中，曾好几次与“神仙”、方士有过一些戏剧性的情节，说明朱元璋对方外之士是心向往之的。他的儿子朱棣，可能是受了乃父的影响，也可能是忏悔自己的罪过，因而十分信佛。自此以后，明朝深宫之内，修斋建醮，书符咒水，讲求烧炼之术，似乎成了传统。而朱见深、朱祐樘父子，则是明朝前期两名比较突出的皇帝。

朱祐樘自幼受到斋醮、烧炼气氛的熏染，因而对神仙佛老十分钟情。只是由于李孜省、僧继晓等人勾结太监梁芳，依仗万贵妃、特别是宪宗朱见深的庇护，把个朝政搞得乌烟瘴气，天怒人怨。所以，朱祐樘即位之初，迫于强大的舆论压力，才不得不斥逐僧道、方士，如“番僧”就只留了乳奴班丹等15人。然而，这些人很会窥测方向，他们知道斥逐僧道不过是一股风而已，所以“多潜住京师”，等待时机。风头过后，他们又转相招引，重新使斋醮兴旺起来。六科、十三道言官纷纷提出弹劾，四年（1491）二月，礼部请照即位诏书所说施行。得旨：“斋醮以后俱减省，番僧留182人，余悉遣之。”朱祐樘以退为进，公开宣布斋醮为合法，“番僧”也比从前增加了十倍。

此事既已开了头，自然就一发不可收拾。六年，朱祐樘命“行取”四川光相寺国师领占竹。礼部尚书倪岳等坚决反对，理由是从来没有行取国师的先例；并且路途遥远，骚扰驿递；再说，如果其他已被遣返的国师、僧侣也提出这种要求，很难拒绝。朱祐樘表示让步，不用行取，而令领占竹自备脚力来京。朝臣们自然不表赞同，又多次上疏极论其害，才算阻止了领占竹来京。当然，这并不是说，朱祐樘真的忘情于神仙佛老了。

果然，弘治九年（1496），朱祐樘又下诏升灌顶大国师劄巴坚赞为西天佛子，而道录司左正一王应琦等三人，亦复真人、高士原职。十年，又赐王应琦、陈应循等真人印以及诰命。言官虽然进行过谏诤，但无济于事。与此同时，又开度僧道之禁。九年五月，南京大龙兴寺左觉义发直等奏请给度，礼部劾其故违成命，请置之法。朱祐樘却说：僧道虽然数额较多，但弘治年间还未曾给度，尔部可提出恰当的解决办法上报，不许象从前那样太滥。礼科给事中屈伸提出不能给度，其理由有三：一是弘治初年已有停止十年一给度牒之命，如果今日又再开度，是朝出而暮改，既行而复阻，以后谁还相信并遵守诏令？二是度僧是为了增添“冥福”，这是荒诞不经之事，哪里有什么“冥福”？三是近日有僧人伪造私牒，事发被逮。未度之先，弊已如此，开度之后，弊将如何？他请求收回成命。工科给事中柴升也说：僧道原额只有三万，近年已增至37万多。现在军多缺伍，匠多缺役，里甲日耗，田土日荒，与此辈避重投闲、遁入空门有关。另外，近年各处破获的妖言谋逆之党中，不少是此辈倡导的。所以，根据现状，正当设法削减僧道，以便渐复原额，岂能使其发展而成将来不可救药之患？他请求将发直等逮问，以正其妄请滥度之罪。对于屈伸和柴升的意见，朱祐樘都未置可否。不久，礼部议定了一个给度僧道的所谓“经久之计”。即从九年五月之后，20年或25年开度一次，在京准度8000名，南京5000名，直隶及各布政司府州县原额有缺时，照数保送来京，由礼部会官审验考试，合格者收度，有弄虚作假者，必罪不宥。朱祐樘同意了这一办法。

大约在弘治八年前后，朱祐樘又受到太监李广的蛊惑，迷恋于斋醮以及烧炼服食之事。弘治十年二月，大学士徐溥上疏指出：斋醮之事乃异端惑世求利之术，圣王之所必禁。今内庭禁地，经常修斋建醮，赏赉无算。黜退道官复升真人，赐以玉带，恩宠过于公卿，远近传闻，无不骇异。最近上清龙虎宫、神乐祖师殿、番经厂都发生了火灾，神如有灵，何不自保？至如烧炼之事，其害尤甚。对这些切中时弊的意见，朱祐樘照例充耳不闻。李广死后，神仙斋醮烧炼之事，仍然继续不停。

弘治十三年（1500），五府六部在上疏中指出：频年以来，广作斋醮。如派遣真人王应琦带上银两前去武当山、龙虎山修斋建醮。又显灵宫因开拓修饰，作斋醮一次，赏赐太滥。他们恳求“凡为异端者悉皆斥逐，各处修斋者一切停止”。同年，南京的官员疏陈，为了斋醮，只是光禄寺用饭的僧道每日就有数百桌，南京成造的器皿有十余万，取香数十万斤。其耗费确实惊人。

弘治十四年闰七月，朱祐樘派遣太监王瑞前往武当山送像挂旛，修设斋醮，命大学士刘健等撰敕和祝文。健等拒不受命，说武当山宫观像设富丽已极，增添易换，实是徒劳无益。况且现在四方灾异迭出，人民穷困，州县驿递正常应付尚不能堪，如又动此大役，拨给船只成百上千，人夫成千上万。这不仅会迫使人民逃亡，恐怕将激成祸变。根据记载，朱祐樘只是接受了刘健不撰敕和祝文的意见，而王瑞仍然带上随行官舍勇士人匠80余人，及应用黄马快船60余艘去了武当山。尽管礼部尚书倪岳、兵部尚书马文升等极力谏止，但朱祐樘都不予理睬，说：“卿等所言，具见忠爱，但事既举行，难以中止。差去官员人等，不许沿途生事扰人，已有敕严加戒谕。”既然知其“忠爱”而又不听其言，说明朱祐樘要将错误坚持到底，决不回头了。

十六年十月，刘健在批评朱祐樘视朝太晚，章疏留中不出，“因循积习，遂以为常”时，明确指出佛老鬼神之事有妨政务。他说：“寺院宫观，斋醮无时，佛道经书，刊写相继。更有甚者，年年派人去千里之外与神像挂袍，或者白昼散灯于大市之间。朝野传闻，无不骇异。”他说：既然崇尚僧道。必然疏远贤臣；既然不惜耗费大量钱财以修斋醮，就必然顾不上爱民；把佛道的与人方便、慈悲为怀作为处理政务的信条，就不免滥赏冒功求进者，宽容坏法失机者。

十七年二月，朱祐樘决定在朝阳门外修建延寿塔一座，大学士刘健等上言：“今寺观相望，僧道成群，斋醮不时，赏赉无算。竭天下之财，疲天下之力，势穷理极，无以复加。”他们说：之所以不惜花光府库钱财，榨干民脂民膏者，以其能“祈福消灾，庇民护国也”。可是近年以来，却灾异频繁出现，人民流离失所，内忧外患迭至，祸患之多，难以枚举。“不知其所祈者何福？所消者何灾？护国庇民，其功何在？”他们说：“若省修建之费为赈济之用，即可以活数百万生灵之命，岂非祈福延寿一大功德哉！”结果，修塔一役总算停止了。不过，此时距朱祐樘大去之期已经不远了，而他对神仙佛老仍然是深情眷顾的。

四、奢侈逸乐

所谓“贵为天子，富有四海”，因而竭天下之财以供其淫乐，似乎是理所当然之事。

弘治八年（1495），礼部尚书倪岳等以灾异修省，条陈32事中，曾经提到游幸渐频，进贡又起，乐戏重开。朱祐樘斥责道：“游幸、进贡、乐戏，原无此事，何得辄为此言？”其实，已经走上荒怠之路的朱祐樘，一心一意追求的就是穷奢极欲的生活享受，连国家的安危，百姓的死活都不顾，何止讲求游幸、进贡、乐戏？十年四月，礼科左给事中叶绅等在条陈中说："鳌山观灯，或彻夜不休，宫中燕享，或竟日乃已。"后来在许多朝臣的奏章中，涉及朱祐樘奢靡淫乐的不少。事实是无法否认的。

朱祐樘的奢靡淫乐以及荒诞不经，除了迷信神仙佛老，修斋设醮之外，较为突出的就是织造、修建和任意挥霍。

织造缎匹以满足皇帝奢侈生活的享受以及用作赏赐，始终是明代的一项虐民之政。朱祐樘即位之初，只是部分地暂时撤回浙江、苏州等地督造的内臣，并没有停止织造。所以，整个弘治朝，织造之事一直不断。

弘治朝武士盔甲

弘治六年（1493）十月，西安知府严永濬上言：两次下达图样，令本处织造彩妆绒氍49匹。先造的25匹，已用银二千余两，尚未完工。现在又派24匹，依原样织造以进。他说：臣不知陛下何以如此珍爱彩妆绒氍，如果是供自己使用，则一两件就够了，何必织造这么多？如果是用作赏赐，则其颜色图案又非群下所敢当。如果以为有官府出钱，织染局出工，虽然织造几十匹也不算多，这就不对了。因为官府并无库存银两，还欠各边军士冬衣布花，共需数十万两。织造所花的二千余两，全是挪借来的。如能以织造之费作边军之用，未必无补。边军有没有冬衣，朱祐樘不在乎，而彩妆绒毵则是不能缺少的。

十一年五月，英国公张懋、吏部尚书屠滽等上言：改造织金彩妆闪色诸罗缎纱，织造羊绒彩妆闪色诸衣物，所需工料价银，不下百万两。督造的内官要借此谋利，官府也要借此剥下。张懋等希望减少织造，取回督造中官。

同月，以内织染局罗缎缺用，命浙江运司支盐二万引，付太监韩义、麦秀织造。户部尚书周经等上疏激烈反对，以为天下盐运司之设，专为军饷计。而近年来盐法已因亲王、外戚之陈乞与内官之夹带而遭到破坏，如再支盐引以为织造之费，则一遇边患，更将束手无策。他们引《皇明祖训》所载："内府饮食常用之物，官府上下行移，不免取办于民，是以文繁生弊，故设酒醋面、织染等局于内，取其不劳民而便于用。"想以此制止朱祐樘不再干这种劳民伤财之事。然而，为了追求享受，朱祐樘竟也敢于藐视"祖宗垂示之典"，说："盐价业已准行，今后每年给五千引就是了。"

同年十一月，礼科都给事中涂旦等上言：近差内官前往苏杭织造缎匹，陕西等处织造羊绒、织金彩妆、曳撒秃袖，江西烧造各样瓷器，都极其淫巧。又取福建丝布，追督甚急，他们说，各处连年灾伤，加之边方多事，如果再加重老百姓的负担，那百姓怎样活命？他们请求停止常额之外的织造，并取回内官以宽民力。朱祐樘向有关衙门一推了事。

弘治十三年（1500）正月，工部商尚书徐贯上言：近年来织造改样的纻丝纱罗等数至万计，尚未完工，现在又令苏杭等府织各色花样1500余匹，每匹价银有的多达四五十两。奇巧过多，费用惊人。这种不顾百姓之艰难，奢靡害政的织造，伏望停免。得旨：不允。

同年四月，礼科都给事中宁举等言：陕西织造绒褐袍服，大为一方之害。每绒褐一匹，所费不下一二百两。陕西边方多事，民力已竭，岂能再增加如此重负！此外，近来令苏杭等处按颁降花样织造数万，而且追征特急。恳求暂时停织绒褐，减省苏杭等处颁降的花样，取回织造内臣，以宽民力。对这类意见，朱祐樘的对策就是命有关衙门酌情办理，实际上是无法办理。

同年五月，五府六部等衙门奏：自弘治七年至十三年，南京、苏、杭差内官织造上用各色织金紵丝8.476万匹。数量不可谓不惊人。

同年七月，巡抚陕西都御史熊翀言：所遣内臣织造各色金彩妆羊绒500余匹，十个月才完成20匹，而费用则超过了两万。他说：现在边患频仍，仓庾刍饷在在空虚。以服御与边民相比，孰为重轻？以织造与边防相较，孰为缓急？答案自然是十分清楚的，无奈朱祐樘就是不准取回内臣，停止织造。

十四年正月，司设监奏请改造龙毯、素毯104件。工部复奏说，所用羊毛要取之山西、陕西，绵纱等料则要取之河南，毯匠则取之苏州、松江，成造则拟式于南京。因此，没有几年时间与很大的花费不行。请赐停止，以恤民困。有旨：令陆续成造。

从上述很不完备的有关织造的材料来看，朱祐樘究竟是节用爱民的皇帝还是不恤民艰、只图自己享受的皇帝，不是十分清楚的吗？

这里说的修建，主要是与游乐及神仙佛老有关的部分。朱祐樘虽然还未发展到闯出宫禁，到处游玩，但他可以在宫中搞一些建筑，以供其游幸、祈祷，也可以在京师或外地修建寺庙。而大兴土木，就必然大量调拨军士，大量耗费民财。例如弘治七年（1494）十月，朱祐樘受了太监李广的蛊惑，命逆安伯陈韶带领团营官军一万人在内府修建万春、寿安等宫及各处殿宇房屋、墙垣、桥梁。钦天监以“年岁不利”，请推迟到弘治十年再兴工。而兵部尚书马文升、英国公张懋等则以各处兴造，已拨军士1.4万有余；且京军困苦，逃亡甚多为由，请求缓期。朱祐樘一概不听，命照数拨给军士，动工兴建。又如十一年五月，张懋等上疏指出，近年工役太繁，内而寿安、钦安富、西七所、毓秀亭之修建，外而神乐观、太仓城楼及皇亲屋宇之创造，近来又在兴济县建真武祠。这些工程，消耗了三军的壮气，浪费了万民的膏血。他们希望已经动工的应降低规格，还未动工的则通通停免。

从朱祐樘即位之初，群臣就盼望他节用爱民，以后根据朱祐樘的所作所为，群臣又一再提出节约用度的问题。而朱祐樘则一面说“节财用，朕自处分”，另一面则照旧甚至加倍挥霍。且看：

弘治十三年（1500）五月，五府六部奏称：光禄寺岁用果品等料，牲口等物，每年都由户都按照定额派征。近年来为赊买行户物料，屡次借用太仓官银，现累计已将至十万两。此外，每年户部给予内承运库银两也有定数，可是近年却额外三次取入太仓官银共130万两应用。这些银两都来自百姓，作为应付兵荒之需，不宜挪用。现在宴会、赏赐、斋醮之费十倍于前，还有内官、外戚、僧道之赏。请命光禄寺堂上官会同他官将供应之数查清，明白具奏；凡无名之赏及斋醮等费，全部停止；今后不许光禄寺借支太仓银两。这本来是要朱祐樘决定的事情，可他却推给了有关衙门，让其斟酌办理。

十四年闰七月，大学士刘健等又说：近年以来，用费太多了，只是光禄寺费用就增加了数十倍。各处织造，降出的新样动辄就是千百匹。显灵、朝天等宫，泰山、武当等处修斋设醮，费用也是成千上万两。太仓银存积无几，不够给边，而取入内府至四五十万。其他开支时时增加，未有究尽之期。现在还不警省、节约，将来怎么得了！他说：向来大小衙门陈言，事有干碍内府及王亲贵戚者，无论可行与否，概令照旧。臣等之规谏，也未尽采纳。他们希望朱祐樘“念国计之艰，悯民力之困，躬行节俭，减省供应，绝异端无益之费，停内府不急之工”。朱祐樘得疏之后，“嘉纳之”。就是说表示赞赏，并不付诸实施。

所以，在十六年（1503）四月文武大臣会议所上“足国裕民之策”中还说：近年费出无经，如妆造武当山等处神像，费黄金不止千两。各寺观修斋、赏赐等项，每年费银不止数万。因此，户部陆续交给内库黄金共1.7万余两，银一百余万两，又几次进太仓银195万两，而内库仍在告乏。至于光禄寺每岁所用牲口，原来折价银五万两，近年杀牲太多，糜费到了极点，已借过太仓银10.3万余两，久未偿还。大臣们认为，不厉行节约是万万不行的。以黄蜡一项而言，正统初年每年用三万斤，弘治元年已派至8.5万斤，现在则达11万斤，还要买添9万余斤议上，朱祐樘迟迟不予答复。

弘治时期，商品货币经济虽有一定程度的发展，但供应皇室的物料仍然采用原始的、野蛮的实物征派，而不是从市场采购。明代的所谓采办，实质上是一种勒索、掠夺。当时，皇室所需的一切，包括生活、建筑、军工用品等等，都由各地贡纳尽管这种办法很不合理，甚至十分荒唐，如有的东西内库已经堆积如山，甚至朽烂不能用了，有的所谓时鲜，还在运送途中便已腐不可食了，但是"祖宗"立下的规矩不能变，皇家的尊严、气派不能丢，所以，贡纳照样进行。对此，各地人民付出了沉重的代价。例如，运送南方进贡方物，要用很多马快船只。这些船只所经过的州县，往往要差拨人夫成百上千名。而这些人夫都是附近州县、卫所出银雇用的。一年之间，单是自仪真至通州这段，所用雇请人夫等项银两，就不下十几万。这些都是赋税之外的民脂民膏。此外还有层层的额外科派。弘治十八年（1505）三月，李梦阳上疏说：现在油、蜡、皮张等物料的上供，比弘治初年增加了十倍。不仅如此，户、工二部在往下派征时，必然加倍；下之州县再加倍；百姓输纳时又加倍；经过内官必有贿赂，更要加倍。于是，百姓简直难于胜任，怎能不愁苦万状！

除了各地的贡纳，还有内府为皇帝制造生活用品的监局。其供役的人匠，数量十分惊人。弘治十四年，工部说内府监局所招人匠已至万余，每年支粮万石，还有冬衣布花之费。

这些不顾老百姓死活强征来的贡物，以及内府制造的物品，很多是堆积如山，有不少则已腐朽无用了。弘治十六年（1503）九月，户部奉命清理内府甲字等库。事后奏称：各库合罗丝大约够五年支用，红花够八年，水银够十年，俱应停征。乌木、皮张、氆氇、衣服等物，除还能使用以及应禁止其他人使用者外，多余的以及不耐久的，拟差官估计价值折作俸禄，遭虫蛀不堪使用者焚毁。绵羊皮交光禄寺变卖。丝绵布、紫草等不堪使用的，也估价折俸。同年十月，工部又奉命盘查内府各库。事后奏称：藤黄、靛花青、密陀僧（即氧化铝）、碌攀土、茜草、乌梅、蓝靛、五倍子、光粉、熟铁，约够五年支用，鹅翎约够十年支用，锡约够15年支用，鱼线胶约够20年支用，麂羔皮积久无用，俱宜停征。盘出之物，除堪用者不动外，其余腐烂、损坏、窄小不堪使用之物，另库收贮，照例估钞，折与文武官俸粮等用。

要说这是"暴殄天物"，一点也不过份。

充满隐忧的弘治朝

一、吏治日益败坏

总的说来，弘治朝的吏治，其败坏程度不如从前的成化以及此后的正德等朝。然而也不可否认，有的情况确是相当严重的；有的虽然只是到了后来才成为困扰明朝统治的严重问题，但此时已初露端倪。

官吏的贪污问题，是封建社会的痼疾，无法彻底根除，朱元璋使用了前所未有的酷刑来惩治贪吏，也只能是暂时抑制。到了永乐朝，又是贪官污吏遍布内外，剥削及于骨髓了。以后各朝，此风一直很盛。弘治年间，贪官也不少，而且是无孔不入的。如南京户部主事高垣奉命前往苏松等府查勘水灾。所至之处，派遣其养子高林及旧吏蒋能等，与当地掌管赋税者通关节。他们如同贸易一样，如果能送银一百两，则不问所报灾情程度是否属实，照准不误，否则便一再批驳。由于如此，被灾州县没有不送贿赂的。又如吏部文选司郎中贡钦，利用他手中掌握的选拔官吏的大权，招权纳贿，肆意妄行，把铨选部门变成了卖官鬻爵的交易场所。最突出的自然是李广受贿一事。由于行贿的人太多了，朱祐樘宣布全都免予处分。据记载："翌日早朝，空班谢罪"。只有兵部尚书马文升以及南京兵部尚书王继是干净的。这虽然有点夸大，不过，贪污的病毒已经遍布明王朝的机体之内，则是可以肯定的。

大量传奉乞升，致使冗员充斥，是吏治方面极大的弊病。在朱祐樘即位之初，曾将成化年间传奉乞升的官员基本革除。但事隔不久，又死灰复燃起来，而且火势愈来愈旺，虽经大小臣僚共同努力，也始终未能扑灭。

弘治四年（1491）二月，吏部左侍郎彭韶说：近年来有些无功之人，通过走门子、拉关系，得授千百户等官，甚至有承袭都指挥的。不只武职，文职也有。他希望朱祐樘的对此要严加杜绝，坚决改正。朱祐樘答复是：你所说的，我已经知道了。

同年五月，御药房太监覃文传旨升御医徐生为太医院院判。御医许观以徐生考试时名列第二等，不当越次补官。朱祐樘命吏部、礼部、太医院同御药房太监推选，吏部以没有同太监推举的事例，加以拒绝。得旨：既不必会选，徐生用药曾有效，升院判。此例一开，于是原来裁革的冗员又纷纷请求复职。如文华殿书办中书舍人杜昌等就乞复寺丞之职。监察御史滕祐上言：杜昌等乞复原职，此乃天下冗员复起之渐。冗员既起，则群小满朝，成化末年之弊政，将再现于今日。他请求将徐生、杜昌等执送法司，重加责罚。朱祐樘说：徐生已经升用，不必再议论了。至于杜昌等人之事，吏部可讨论提出妥善办法。吏部尚书王恕等认为，应将徐生、杜昌等执送法司，明正其罪。这样，纪纲才不致废坏，弊端才可杜绝。奏上，得旨：杜昌等本当执问，姑贷之，令仍旧供事。

朱祐樘对传奉乞升带有明显倾向性的态度，使得奔竞无耻之人接踵而来，无法遏止。起初不过数人，后来发展到一次十数人以至上百人。起初不过是杂流，后来发展到了正途。起初不过升一级，后来发展到超升三级。尽管文武官员一再进言：大小官员应由吏部推举，传奉乞升为破坏选法，应送法司问罪；“祖宗”旧制，武职非有军功不升，非西北边方大功，也照例只升一级；各监局匠役及官，有的供事年久，效劳颇多的，止须厚加赏赐，年资很深的可以酌量升其俸级；士子砥砺名节，武人冲锋陷阵，积以岁月，始得一阶，今杂流末芝乃坐而得之，则文武之士，孰不解体！他们要求清查、裁革传奉，仍令以旧职役供事，庶几幸门可塞而民困可苏。对这些意见，朱祐樘的态度是“不听”、“不从”、“命已之”、“姑置之”、“不必查”，严加拒绝。于是，传奉乞升的冗员乃呈直线上升的趋势。弘治十二年共有790余人，十三年上升为文职841员，武职266员。十三年以后自然还会增加。因为朱祐樘在这个问题上表现出来的执拗，使官僚们不愿再有所论列了。十七年正月，监察御史刘玉上疏说：近年以来，幸门大开，传奉不已，继之以内批。开始以王宁备倭登州，现在又以胡震分守通州。当王宁命下之日，兵部与言官还纷纷上章诤谏；而现在对胡震的任命，却都缄默不言了。“可见只要陛下稍稍改变初衷，群臣之心就会更加颓靡。这种瓦解之势，是十分可怕的”。其实，在朱祐樘看来，大家不讲话更好，免得自寻烦恼。

除贪污及传奉之外，有的问题虽不严重，但它并不是一个好的兆头，弘治以后，这些都发展成了严重的问题。例如：

当时，在吏部等候选官的官吏及监生等，等候的日子久了，往往借贷于人，名曰官吏债。其债利都取偿于民。此外，京师有些富室专门放债，各卫指挥等官如果用度不足，往往向他们借贷，名曰捎俸钱。等到关俸时，其俸全为债主所有。于是又借，以后再偿还。这样周而复始，以致军职日渐贫乏。要彻底偿债，只好剥削军士。

明朝初年，通过多种途径选官。后来则主要通过科举，而且又逐渐以进士为重。弘治年间，府州县官因有政绩而擢升者，主要是出身于进士的，其次则为举人。至于岁贡、吏员，则虽有突出政绩，也很少被重用的。这种情况，愈往后愈严重。

弘治十四年（1501），马文升由兵部尚书转为吏部尚书。御史张津等上言：马熟知边事，宜在兵部，吏部应该慎重地选择正人主持。奏上，奉旨："进退大臣，朝廷自有公道，这御史每如何辄擅铨衡？皆下狱，送法司拟罪。"后来根据朱祐樘的旨意，拟了个"运炭还职"。当时，吏部尚书员缺，马文升与刑部尚书闵珪资望相当，都有希望递补。北方的官员主张由马文升出任，而南人则主闵。推举者以马为首，遂以马接替。从此马、闵产生隔阂。马不仅恨闵，而且怒其部属，一年之间，刑部十三司没有一人转官的。弘治十八年四月，即朱祐樘去世前一月，马终为御史何天衢劾罢。这种朝臣之间因利害冲突，进而结为朋党，混斗不休之事，弘治朝尚未发生。但发展到嘉靖之后，便愈演愈烈，以至成为党争。

由于朱祐樘的奢侈靡费，因而廷臣也多事游宴。当时，京师的一些富家、揽头等各种各样的人，每逢节令时日，便在朝天宫、隆福寺诸处摆下丰盛的筵席，托知已邀请廷臣赴宴。席间，命教坊子弟歌唱助兴。廷臣中有的不自检束，私下与教坊的顽童相狎乐。富豪则借此结纳廷臣，谋求私利。不仅廷臣多事游宴，而且即将选官的进士也只考虑何处容易升迁，何处出产多可以享受等等，什么造福人民，经国远谋等等全然抛弃了。如当岐王等须设辅导官时，吏部尚书耿裕拟任命弘治三年进士数人为检讨，俟岐王等出府时授为长史。因为长史一职，不知从什么时候开始不能往外调升，以致一经任命，便视为禁锢而落魄，不愿担任此职。于是，预选的六名进士，相约前往吏部辩论，说吏部偏私，推选不当，他们不肯就职。裕好言劝慰，众人更加侵侮；裕复正色斥责，众人也针锋相对地诋斥。吏部侍郎吴宽气愤地说：你们太放肆、太傲慢无礼了，敢于顶撞主司，厌弃长史之职。假如铨选都任人自己选择，可以吗？你们都是我录取的，平时究竟所学何事！众人这才退去。官风、士风的变化，有时代的烙印，也是明王朝进一步趋向衰朽的标志。

弘治朝吏治的败坏，首先与朱祐樘的过失有关。他听信近幸之言，因而传奉乞升之弊始终不能校正，并且呈恶性发展之势。他怠于政事，因而对一些应兴应革之事置诸不理，对一些不称职的官员不予处理，或者好坏不分，随意处置。如弘治十年（1497）五月，南京吏科给事中郎滋等劾奏两京文武官之不称职者，包括尚书、寺卿、通政、都督等几十名达官，所列问题有年老衰惫、晚节不逮、赃罪多端、公行贿赂、庸劣贪婪、贪刻粗暴、老懦贪婪、肆行淫暴、奔竞无耻等。他们请将这些人或罢归田里，或革去管事，或明正其罪。朱祐樘却下令“俱留办事”。在朱祐樘的宽仁、实即宽纵的思想指导下，对于不称职的官员，甚至贪残的官员，往往从轻论处，或者以犯者太多，通通宽宥不论。致使人皆以为为善无荣，为恶无辱，因而奸佞得志，忠臣解体。对一些颇负时望的、有才干的官员，却往往不分皂白，随意处置。如刑部尚书何乔新，为官刚正清廉，却不明不白地令其致仕。后来虽然很多人上章请复其官职，但都是“泥牛入海无消息”。又如户部尚书周经与礼部尚书徐琼、刑部尚书白昂、工部尚书徐贯等，多次受到言官奏劾。弘治十三年冬，言官又以灾异请策免大臣。于是经等各上章求退，朱祐樘都同意了。河南巡抚杨纶上言：周经与徐琼等人品高下，真有天壤之别，琼等可免，经则不能让其去，请仍起用，以从人望。没有结果。后来论荐者至80余疏，通通被搁置起来。

此外，吏治的败坏与宦官权势的增长也是密切不可分的。宦官是皇权的代表者，他们走到哪里，都要君临一切，而任何一级的官员，也都要巴结他，以求稳固并发展自己的权势。巴结的方式，或者是唯命是从，或者是尽量行贿。根据记载，明代有权势的宦官，如王振、汪直、梁芳、李广、刘瑾、冯保、魏忠贤等等，没有不是“家财万贯”、“富比王侯”的。分布在各个部门、各个角落的大小宦官以及他们的从人，除极少数人外，无不公开索贿、掠夺。而贿赂则来自官吏或将帅剥削军民的赃物。当然，在封建社会里，“千里为官只为财”是为官者的信条。因此，即使没有宦官的索贿，官吏们是会照样贪赃枉法的。不过，为了满足宦官的贪欲，官吏势必被迫恣意贪污；而且，有宦官作后盾，贪官也定然肆无忌惮。所以，说宦官助长了贪风，一点也不为过。此外，传奉乞升之不能停止，皇帝怠于政事等等，也无不与宦官有着直接或间接的关系。

二、赋重役繁民不聊生

由于朱祐樘的侈靡逸乐，怠于政事，同时也由于内外官员的腐败贪残，因而弘治时期的社会经济出现了比较严重的问题：国家财政困难，库藏空虚；赋役繁重，百姓处于水深火热之中。

明皇宫内苑

明宪宗成化明孝宗弘治

成化年间的财政本已困难，朱祐樘即位不久，又逐渐走上了其父走过的荒怠老路，因而国计民生问题也随之日趋严重。弘治十五年（1502）十月，户部以粮税减损，而国家费出无径，乃将收支状况会计奏上。奏中说：每岁天下税粮，大体上是固定的。近年有时遇到事故停减，以致岁入不及原额的；也有逐年加添，而岁支过于原额的；以至有一岁所入，不足以供一岁支用的。其停减者，如漕运米400万石，除天津、蓟州岁收30万石，京、通二仓岁收370万石，每岁该放支338万石。弘治七年，因张秋河决，寄收临清仓89万石，后因运船迟误，寄收天津仓40万余石。又如河南、山东、山西起运京边粮料，每年都有定额。八年，因地方灾伤，上述各地都少起几万至几十万不等。其加添者，如军官折俸银，弘治十四年，一季支13. 99万余两，比景泰六年多12.7万两。军士冬衣布花，弘治四年支23万余匹，比成化十三年（1477）多3.3万余匹。还有锦衣卫官军月粮，武骧右卫勇士月粮，象马等房料豆，都有不同程度的增加。又如内承运库，近年累称不足，金则以税粮折纳，又在京师买过8386两；银则共取太仓195万两，甚至将河西务钞关船料改拟折银进纳。光禄寺先年会派厨料、牲口，各有定数，俱足一岁供用，近来数次借太仓银共13.3万余两。又如各边，各年除原派粮草外，每岁该送银48万两；自弘治十三年用兵以来，大同、宣府、延绥就类解过银425万余两，开中盐661. 3万余引，茶900万斤。在外如河南、山西、湖广诸处，也多入不敷出。百姓的负担也增加了。如山东、河南、北直隶解边折粮，先年榆林每石，不过二钱五分，宣府不过八钱五分。因边方多事，改征本色，每石用银至一两八九钱。又如内府供应等库，速香、黄蜡，岁输有定额。近来令广东添买速香至4.5万斤；各府添派黄蜡8至11万斤；顺天府又买速香3000斤，黄蜡8万斤。总的说来，常入之赋，或以停减而不足；常用之数，又以加添而过多。则知在内在外，一岁所入，俱不足以供一岁所出。况且灾伤迭见，供给频繁，实在可忧！以往丰收之年多，运河也畅通无阻，边方无调发，州县没有流移转徙之人，官府得以借先年的积蓄，保证一岁之支用；现在太仓无数年之积，而冗食一天比一天加多，内帑缺少当年的费用，可供给还在不断增加，各地经常有天灾，边方又不断请给粮饷。在这种情况下，万一漕运迟误，边郡有警，则京储要求岁入370万之数，边饷所须400万两之银，是十分困难的！如果再加上大范围的水旱，或者大规模的战争，费用又将出自何处！户部希望朱祐樘“悯天下民物凋敝之甚，念财赋需用之急”，命令大臣与科道官，筹画良策，以备采用。

解决财政问题，历来不外采取节流和开源两种办法。

弘治十六年（1503）四月，户部奉旨会同文武大臣及科道官，议上“足国裕民”三策十二事。主要内容有：第一，非兵荒等项急用，不得借支太仓银两，礼、工二部所借者，令如数补还。第二，支用金银，必须遵照旧制，不得浪费及妆造神像、修设无益斋醮。第三，各王府食盐，每年各与三百引本色，织造用盐，待原数支尽后即停请乞。第四，各王府及内外勋戚庄田，每亩征银三分，水草湖荡每项征银二钱五分，由官府类收解纳。第五，苏、松、常等府，每年解送折银布匹，送部看中即送贮甲字库备用，不必再拣。十八年三月，兵科给事中王廷相又提出应按定制煞住风俗奢靡之风；查革新增冗官；酌量蠲免赋税；严禁酿酒。所有这些办法，总的说来就是要朱祐樘节约，不要经常修斋设醮，不要滥赏，裁革传奉乞升的冗员，不要大兴土木等等；就是要权贵们放弃自己部分的既得利益。这无异与虎谋皮，自然不能付诸实施而只好流为空论。

朱祐樘不愿放弃奢靡的生活享受，不愿疏远神仙佛老，权贵们也不愿放弃自己的既得利益，而要使金银珠玉堆积如山。既然如此，解决财政问题，就只好加紧搜刮了。于是，赋重役繁，民穷财尽的记载，便频繁地、连篇累牍地出现在了我们的眼前。

弘治三年（1490）十二月，监察御史徐昇上言：南方之民困于转输，北方之民困于差役。

六年闰五月，太常寺少卿兼翰林侍讲学士李东阳奏称；今天下民穷财尽，其势已极。

八年八月，兵部尚书马文升上言：赋重民困，未有甚于此时者；役繁民困，未有甚于近岁者。赋重役繁，小民嗟怨。

八年十二月，南京礼部尚书童轩上言：近年以来，东南之民恒困于岁办，西北之民恒疲于力役。

明宪宗成化明孝宗弘治

九年五月，南京监察御史张弘宜等奏：现在天下的百姓，劳苦万状。公私交征，没完没了。遇灾蠲税，可是照旧征敛。运粮运物的军民，一年到头不得休息；假若遇到风涛，全都喂了鱼鳖；到了京、通各仓，监收内官，每石勒索分例银，因而借贷，出上利息赔偿；岁复一岁，军士只好扣除月粮，民则累及身家。其他如解运军需，该送两京内府上纳，也多差内官监收，每物都要份例银；解户没法交纳，只得托人送贿，辗转欺诈，费用比原物成倍地增加。

九年九月，南京给事中张宦等奏言：京城内外，土木大兴，致使军民两困。南京织造缎匹，费用取于郡县，日朘月削，何止千百？以故人心怨望，水旱相仍。

十一年四月，礼科给事中马子聪奏称：寿宁侯赐第的工役尚未完结，毓秀亭、兴济庙又相继开工。真是百役并兴，万民失业。中外汹汹，人情忧惧。

十四年三月，南京大理寺评事夏鍭上疏说：浙江天台等地，逃亡的人比留下的还多，饥寒困苦者约有十之八九。其他如杭州，其繁华全是虚假的。嘉、湖、苏、常，是天下号称殷富之地，然一家而兼并十家之产，则一家富而十家贫，因此贫穷者反而比其他的州还多。至于江北，自淮扬以至于京郊，州县市集，大都人烟萧索。百姓之所以如此穷困，主要是赋敛横流，徭役山压；加上自然灾害频仍，土田收入，不够官府的追求，只好离乡背井逃亡他方。其他还有养马、煎盐、夫役、贡纳、王府侵夺等等，不胜枚举。

十四年闰七月，户科给事中许诰说：陕西人民，近年输夏税麦子边方，每石要用盘费银三两，百姓已经不堪重负。后来又有丁粮丁草，其费用与麦税略等，因而百姓只好纷纷逃窜。

十六年六月，刑部主事刘乔上言：徭役征敛重累小民，而官员之家以及奸顽者，大都获得优免。同时，松江官布之征，层层剥削，以致佥一解户，或破一二十家之产。

十七年五月，内阁大学士李东阳奉命前往曲阜孔庙祭祀返京，上疏言沿途见闻，实在令人触目惊心。他说：“臣自四月以来，经过黑河、天津一带，适遇天时亢旱，夏麦枯死，秋田没法下种。运粮船未至，客船很少。拉纤之人，身无完衣；荷锄之人，面有菜色；极目四望，可为寒心。临清、平安等处，盗贼纵横，杀人劫财者比比皆是。传闻青州劫夺尤甚。盗贼成群，白昼公行，出没无忌。又闻南来之人说，淮阳诸府，十分狼狈，有的掘食死人，有的贱卖生口，流移抢掠，各自逃生。人心惶惶，不知所措，至于江南浙东荒欠之地，朝廷虽差官赈济，减耗折粮，拆东补西，于事无济。加之户口消耗，军伍空虚，官军没有十天半月的储积，俸粮则有拖欠累年的。东南为钱赋所出之地，一年灾荒，便成了这个样子；北方素来没有积蓄，今年如果再欠收，则将何以堪之？国家承平富庶百余年，一时之荒就无法应付，假如有不测之变故，又将何以处之？”他说：成化年间他曾去南京公干，现在所见郡县凋敝的状况，超过当时十倍。他曾向沿途的官吏、百姓作了调查，都说现在冗官冗员太多，费用无度。差役频繁，科派重迭，各种物料，都向百姓要。内府钱粮的交纳和使用，更是既无限度，又是一笔糊涂账。京城里的土木工程，接连不断，做工的军士，既劳苦又赔钱，因而每遇班操，宁死也不去。势家巨室，请乞无厌，田连州县，敲剥太甚。加以贪官酷吏，肆虐为奸。民力困穷，嗟怨交作。他说：臣以为今日之民生，疲敝已深，而国家之财用，则匮乏已极。

从上所述，可见情况是相当严重的。尽管大小臣僚纷纷提出许多中肯的意见和建议，但朱祐樘总是不明确表态，而是“命所司议处以闻”，“命所司看详以闻”，“下所司知之”，“命下其奏于所司”。李东阳在十七年的上疏中，曾语重心长地说：“今闾阎之情，郡县不得而知也；郡县之情，庙堂不得而知也；庙堂之情，九重亦不得而知也。是皆始于容隐，而成于蒙蔽。”又说：臣回顾往时，章奏不少，但只要事关内府贵戚，总要受到掣肘。“臣恐今次所开，又成故纸，如圣谕所谓虚应故事者，则民情何时而慰，天变何时而弥乎？”朱祐樘似乎被东阳的忠诚感动了，批复道：“卿所言深切时弊，足见忧国至意。事当行者，所司查议明白，开具奏闻。”似乎要动真格的了，实际上还是放空炮。十八年四月，刑科给事中汤礼敬上疏指出：“李东阳所奏，付所司议行，未赐俞允。腹心大臣如此，况其他乎！”看来他不免失望了。令不行，禁不止，虚应故事，是朝政腐败的必然结果。当然，首先虚应故事的是朱祐樘，是他没有下决心清除已经较深的弊病，而沉醉在升平的幻景之中。

既然朱祐樘不愿节约，不愿清除积弊，从而使老百姓能够苟全性命，那老百姓的选择就只有或者逃亡，或者铤而走险了。

农民的逃亡问题，在整个弘治朝都没有解决，因为农民在不断地破产。尽管这个问题不如成化年间严重，但从中反映出农民的处境并没有得到很大的改善。

弘治年间各族人民的反抗斗争，规模虽不大，但连绵起伏，始终未断。

四年七月，翁源（今广东翁源县西）“流盗”三百余人入宜章（湖南今县）、兴宁（广东今县）、桂阳（湖南今县）。

四年十月，贵州苗民7000余人攻杨安堡（今贵州都匀市东），与官军相遇，互有杀伤。

八年二月，衮州府推官奏称，京畿近地，盗贼公行，蔓延至于山东、山西、河南，在在皆有。

八年十二月，湖广“流贼”百余人攻八桂阳县，官军弃城逃跑。另有“流贼”百余人，辗转攻打江西会昌、云都、瑞金、兴国、安远（均为江西今县）等县，杀伤官军。

九年三月，广西“盗”二千余人远征广东信宜县（今广东信宜县南），击败官军。

十年正月，福建“流盗”攻打雩都县。

十年，广西瑶、壮民族之穷苦百姓远征广东之茂名（今高州）、化州（广东今县）、石城（今廉江）。官军击斩义军八级，杀无辜百姓约3000人，并大肆奸淫抢掠。

十四年七月，兵部尚书马文升上言江西诸府，“盗贼”充斥。朱祐樘命镇守、巡抚等官用心督捕。

十五年九月，以江西多“盗”，命南京都察院右佥都御史林俊巡视江西。朱祐樘在给林俊的敕谕中，备述了“盗多”的原因。他说：“闻江西盗贼之起，由赋役不均，官司坐派税粮等项，往往徇情畏势，阴祐巨室，贻害小民，以致穷困无聊，相率为盗。而豪家大姓，假以佃客等项名色，窝藏容隐，及至事发，曲为打点脱免，互相仿效，恬不为怪。积习既久，贼徒益炽。官司上下，则又畏罪避难，苟延岁月，任其纵横？多不申报。”

十六年，河南“盗”起，先是活动于乡村，后出击湖广的罗田（湖北今县），蕲水（今湖北浠水县）。

十七年闰四月，江西新建（江西今县）人谢福、陈金、徐九龄等聚众起事，杀官吏人等。

十七年六月，回民起义者百十为群，纵横于直隶及河南、山东等处，官府莫能抗御。

十八年三月，广东南海县（今属佛山市）“盗贼”500余人复起，官府莫能禁。

“山雨欲来风满楼”，弘治朝的起义，正蕴酿着正德时期中原农民大规模起义的风暴。徐溥、马子聪等曾告诉朱祐樘：“优先于事可以无忧，事至而忧无益于事。今承平日久，溺于晏安，目前看来，似乎没事，然而工役繁兴，科敛百出，士马疲敝，闾阎困穷，将来的祸患是十分清楚的，应该引起忧虑。”遗憾的是，朱祐樘“高居九重，耳不闻愁叹之声，目不击贫苦之状，以为世运亨嘉，太平全盛，虽兴土木，亦且无妨”。照样我行我素，拒不改弦易辙。结果铸就了严重的社会隐患，在他统治的时候虽未爆发，但到时机成熟时，是绝难幸免的。

三、缺乏教养的皇储

弘治四年（1491）九月二十四日，皇长子诞生，朱祐樘十分高兴。十月，诏告天下，说是有了皇子，国本就愈加巩固了，上可以慰“圣祖母、母后”之心，下可以副中外臣民之望。

五年三月初七，命名皇子为厚照，说是“四海虽广，兆民虽众，无不在于照临之下”。初八日，册立朱厚照为皇太子，大赦天下。

一般地说，贵族、豪门、权要的子弟，很少成材的。因为他们毋须依靠自己的学识才干去谋求官职，封建制度以及严密的关系网已经给他们安排好了锦绣前程和美好的生活。至于所谓的“圣子神孙”，其骄奢淫逸的程度，更非常人所能望其项背。在宫廷那样一种豪华奢侈、真正挥金如土的地方，皇子皇孙们最容易走上荒淫腐朽的邪路。尽管要依靠教育，培养出一个深知稼穑之艰难，从而勤政爱民的皇帝，是万分困难的，但也决不能放弃教育，否则后果更不堪设想。

再说，在封建社会，特别是极端君主专制的明代，皇帝的好坏，基本上决定着国家和全体臣民的命运。农民希望有个好皇帝，官僚们又何尝不希望有个明君？“明君”出自哪里？传统的看法是出自教育，出自读书明理，出自亲近贤臣。

基于此，所以一些有识之士，对皇太子的教育问题，总是十分关心的。

弘治七年正月，兵部尚书马文升上疏说：自古以来，帝王总是把教育太子作为首要任务。臣闻皇太子很聪明，此时正好施教，以诱发其良知良能。至于如何施教，文升提出的办法是：选择老成醇谨、颇知书史的宫人作保姆，教太子语言，发言要清楚正确，语汇要合于礼义，非礼的、猥亵之语，不能使太子听见。走路要端庄，非礼邪僻之事不要让他看见。要教太子“不忍”、“有仪”，从而培养其仁义之心。要教太子“恭肃”、“分别”，从而培养其礼智之心。内庭的歌舞宴会，不应使太子参与；元宵之鳌山、端午之龙舟也不应

泰陵隆恩殿

使太子观看。至于佛老之教，尤其不宜使之口诵其言，目观其像以惑乱其心志。一二年之后，再命东宫如覃吉那样老成的内臣，先教太子学习孝经，使知孝悌之道，与上天之所以当畏，祖宗之所以当尊，百姓之所以当爱，财物之所以当惜之理。到了八岁，教他诵诗读书，使之穷理、正心、修己、治人之道。等到设立官僚之时，应慎选名实相副、才德老成、学问该博之士充任。从此出阁讲学，涵养德性，了解世事委曲，辨别人物贤否。如此则内外辅导都得其人，而皇太子之德将与日俱进。

八年十月，南京太常寺卿郑纪进《圣功图》。选择历史上“圣明储君”幼年受学以及正位以后之事100条，每条前面将事实绘成图画，然后再用文字叙述。很象现在的连环画。他希望给东宫的讲官，用作讲读教材。

十七年（1504）七月，吏科给事中吴舜上疏，提出辅导皇储之事：第一、命令官僚无论寒暑都应竭力供事，而其所以为教，必以仁孝礼义为本。第二、专设东宫师傅一二员，要德望素著之人，其余东宫官员，也要选择进士出身的正直之士担任。第三、命皇太子延访官僚，朝夕与之相处，讲求治道。第四、求正直且善于开导者二三人，在太子身边充司谏之职，以为他日纳谏之地。

朱祐樘对这些意见和建议，或者表示赞赏，或者“命所司知之”，或者下令“姑已之”。朱祐樘既不重视其子的教育，朱厚照自然更不喜欢学习。据当时东宫的官僚吴宽说：一些太监不愿太子亲近儒臣，因而老是借故使之间断讲读。他上疏朱祐樘说：“东宫讲学，寒暑或风雨则停止，初一、十五以及节日也停止。这样，一年不过数月，一月不过数日，一日不过数刻。本来进讲之时就很少，辍讲之日已经很多，怎能再以他事妨碍诵读？”朱祐樘对吴宽的意见，仅仅是“嘉纳之”，没有引起足够的重视，更未采取相应的措施。

朱厚照比较聪明，又以其“知礼”的表象蒙蔽了朱祐樘，因而博得了他的欢心；加上朱厚照又是独子，自然更是钟爱。朱祐樘游幸所至之处，必令其子陪侍。老百姓用血汗织出来的“奇巧靡丽”的袍服，也让他穿上，听说他颇好骑射，以为这是安不忘危，并不禁止。其实，朱祐樘是深知其子的。他在临终前对刘健等人说：“东宫聪明，但年尚幼，好逸乐，先生辈可常常请他出来读些书，辅导他做个好人。”“反复告谕，若不忍释”。看来朱祐樘的确有些放心不下。

朱祐樘带着许多遗憾离开了人世，其中最大的遗憾，应该是由于他的放纵，没有把太子教育成“好人”，因而给自己的社稷、臣民留下了一个十分严重的隐患。

盛名之下其实难副

一、后世对朱祐樘的赞颂

弘治十八年（1505）四月二十九日，朱祐樘有病，免朝。从此一病不起，五月初六病危，召大学士刘健、谢迁、李东阳至乾清宫东暖阁，宣布遗诏，望刘健等人尽心尽力，辅导太子成为好皇帝。初七，召见皇太子。据说，此日午时有旋风大起，尘埃四塞，云端好象有人骑着龙上升，而朱祐樘正好在此刻去世。这自然是一种附会。

朱祐樘从得病到去世才短短几天，他究竟得的什么病？是怎样致死的？又是一桩说不清的公案。

有的记载说，朱祐樘在露天祷雨，伤了风寒，太医错误用药，以致服药后鼻孔流血，因而去世。

有的记载说，朱祐樘病危时，面色发赤，火声盛气。太监张瑜劝其进药，不答，张说：“再进此一服，即无事矣。”

有的记载说，朱祐樘晚年拟整治太监，太监们十分恐惧，因而趁机下毒手，当朱祐樘患病后，司设监太监张瑜奉命与太医院议处方，张瑜私下与太医院院判刘文泰、御医高廷和决定，不请诊视，就用药以进，继而又与院判方叔和、医士徐昊等进药，不仅不对症，而且与病症刚好相反。于是，朱祐樘只好命丧黄泉了。朱祐樘死后，文武大臣英国公张懋等以及科道等官纷纷上章，请罪瑜、文泰、廷和等。朱厚照命锦衣卫逮捕瑜等，送都察院会官审问。最后，由都察院左都御史戴珊、英国公张懋以及吏部尚书马文升定案上报。拟张瑜及文泰、廷和等与内官交结作弊而扶同奏请者，依律各斩，掌太医院事右通政施钦也有罪责。奉旨：张瑜等处斩，钦、叔和革职闲住，文泰发为民。有人认为，大臣中有袒护刘文泰的，因而没有引用合和御药大不敬正律条，而是比照交结内官律，从而减轻了文泰的罪责。后来张瑜等也解脱了。有识之士虽不满意，也只能徒唤奈何。

朱祐樘统治18年，享年36岁。死后发布的遗诏说他在统治期间，敬天勤民，敦孝致理，夙夜兢兢，惟恐有负"先帝"之托付。现在身患疾病，定难再起，所幸后继有人，也没有什么遗憾的。他告诫皇太子"务守祖宗成法，孝奉两宫，进学修德，任贤使能，节用爱人，毋骄毋怠。"他要求中外文武群臣"同心辅佐，以共保宗社万年之业。"

弘治十八年（1505）五月十八日，朱厚照即皇帝位，是为武宗。六月初七议上朱祐樘谥号，内阁大学士认为："孝为百行之首，敬为万善之源"，孝、敬两字，可以概括朱祐樘的一生，故定其谥号为：达天明道纯诚中正圣文神武至仁大德敬皇帝，庙号明孝宗，葬泰陵。

朱祐樘去世之后，赞颂之声不绝。有的说他是"圣主"，有的说他是"贤君"。有人将他与明代的帝王相比，认为在明代的16帝中，除太祖、成祖而外，可以称道的就只有仁宗、宣宗和明孝宗而已。有人把他与过去的帝王相比，说他象汉文帝、开元时期的唐玄宗或者宋仁宗；有的则把他比作殷高宗或者周代的成、康；有的甚至认为他简直可以与三代之君相比拟。

朱祐樘究竟有何德何能值得如此称颂？或者说，他们的称颂究竟有没有根据，有多少根据？

有的认为，成化以后，太平无事，因而容易骄奢淫逸。但"明孝宗独能恭俭有制，勤政爱民，兢兢于保泰持盈之道，因而使朝政清宁，民物康阜。"

有的说他"恭俭自饬，而明于任人"，朝中多贤人君子。相与维持辅弼，以致在宪宗之后，能使中外乂安。

或者说他能够采纳逆耳苦口之言。虽小官末吏，考察时非不得已，不轻易黜退，尤其轸恤武臣边帅。在位既久，见"弊端日积，欲痛加厘革，以复祖宗之旧"而又"含洪隐忍，不欲太骤"。特别看重名义，谈及后世历史对自己将如何评说时，常怀警惧之心。

又有的认为，明孝宗“仁恕恭俭，敬慎英明，清心寡欲，爱民节用”，“忧勤惕励，始终不渝”。当时，朝多老成英俊之臣，野无废锢之贤，士风、官风、民风都很醇朴，方士、内官没有干扰。内外安宁，几至刑措。

有人认为，尽管明孝宗对外戚太厚，赐予太广，但这是为了两位太后。中贵虽然太盛，但李广最后还是自尽了，苗逵也没有弄权。冗员虽然太多，可先朝的传奉官几乎革除尽了。当时既宽大又有节制，各方面的关系都处理得很恰当。因此，朱祐樘仍然不失为“圣主”。

这些评价，总的说来有失偏颇。有的是只看表象，有的是隐恶扬善，有的则是不折不扣的谀词，有的甚至把丑恶当成美德夸耀，似乎“嗜痂成癖”也是一种可贵的嗜好。

二、名不副实

“盛名之下，其实难副”，这句话很适合于朱祐樘的所作所为及其身后所获得的赞颂。

一般说来，为尊者讳，为长者讳，为贤者讳，特别是对专制君主，尽可能地美化，而对其缺点错误，则尽量回避或者进行辩护，这是很早以来就形成了的一种“合理”的作法。所以，即使是一个坏皇帝，也会获得美谥，也会尽可能地加以赞颂，何况朱祐樘这样一个在明代诸帝中算是较好的皇帝，后人对他大加赞颂是完全可以理解的。当然，可以理解的，并不都是正确的。如果谁要相信朱祐樘真的象所赞颂的那样好，就难免要上当了。

明代的历史，自洪武至宣德为初期，而宣德时期既是鼎盛时期，又是向中叶过渡的时期。就是说，一些衰颓的因素此时正在逐渐潜滋暗长。自正统至弘治为中叶的前期，明朝的统治正经历着由盛到衰的转变。而弘治时期是关键，此时，衰颓的趋势虽然有所减缓，但并未停止，更未扭转，相反还留下了不少隐患。因此，弘治之后，明王朝衰颓的步伐加快了。自正德至万历十年（1582），是中叶的后期。此时，内忧外患迭起，社会矛盾加剧，统治出现危机，幸赖张居正改革，才延缓了覆灭的进程。这一时期，社会经济的发展出现了新的因素。万历十年以后为晚期。此时，明王朝的社会危机已经很深，覆亡的命运已经无法挽救了。

应该说，只有把朱祐樘放在这个大的历史背景下，对他的功过才能看得清楚，才能评价正确。从总体上说，他比其祖父英宗、其父宪宗以及其子武宗、堂侄世宗等都要略高一筹，坏的方面没有他们突出。因此可以说，他之所以受到赞颂，是与前后诸帝比较的结果。此外，他的初政和晚年的有所觉醒，以及凡事不为已甚的作风，也颇博得士大夫的好评。特别在极端君主专制的明代，诏狱、廷杖、特务恐怖统治简直使官僚士大夫经常战战兢兢，惴惴不安。而弘治年间则比较宽松，殿廷之下没有打板子的声音，君臣之间的关系并不紧张。这自然要受到赞颂。

尽管朱祐樘有他值得肯定的地方，但决不像前面所引材料说的那样，其形象真有如此高大。关于这点，用不着多加解释，读者在看完本书之后，自然会得出这样的结论：朱祐樘不过是一个“中主”而已。

朱祐樘统治了18年，时间不可谓短；他本人并非昏庸之辈，不是完全无所作为的。他十分尊崇儒学，对《太极图》、《西铭》诸书很感兴趣，深受其影响。可以说，他是以儒学为宗，又兼治黄老的。他要求官僚士大夫践履纲常伦理，尊主庇民，修政立事。他在用人方面，有时表现得颇有独到之处，如力排众议，起用王越。又如刘健屡荐一人，而朱祐樘则以为其人好作威福，好虚名，没有为国之诚心；在参赞军务时，惟以参奏总兵等官为事，不能画一策以裨军旅；这种人不能称为人物，不能重用。再如刘健认为刘宇“才堪大用”，向朱祐樘推荐。实际上此人品质恶劣。朱祐樘对刘大夏说：“以朕观之，此小人，岂可用哉！”结果不仅没有大用刘宇，连内阁也不完全信任了。不仅如此，朱祐樘对于处理具体行政事务，也是较为熟练的。例如，有一次他对吏部尚书屠滽说：“现在各边总督粮草的官员，如侍郎、参政、都指挥各一员，都是混管，不分勤惰，以致功罪赏罚，往往失当。老尚书与朕分派地方，使各有所总而勤惰功罪因有可考，赏罚亦可施行”。当即叫屠滽把处理办法写出来。可是，屠清却久久不能动笔，惭愧得无地自容。连站在一旁的宦官，也忍不住捂住嘴偷偷发笑。朱祐樘为了打破这一尴尬的局面，对屠滽说道：“你怕人怨恨吗，让我自己来决定好了！”于是很快地便作了井井有条的布置，侍郎等皆悦服领敕而去。据说，朱祐樘为此事很不愉快，“怏怏终夕”，从此很少召见大臣，遇到大事便径自处理了。

既然朱祐樘有治理好国家的主观条件，而当时的客观条件也不错，但结果却并没有把国家治好，明王朝在他统治期间，国势仍在继续下滑。问题究竟出在哪里？我们认为，主要还是在朱祐樘身上。这是因为：第一、他没有也不可能冲决封建的网罗，摆脱传统的精神枷锁。朱祐樘服膺尊尊亲亲等纲常伦理，恪守“祖宗”立下的规章制度，因此，他必然要竭力维护宗室、外戚的利益；有时他似想疏远宦官，但这是“祖宗”以来的陈规，所以还是不敢造次；赋税徭役，天经地义地应由百姓输纳以供上，自然不能轻易改变。第二、极端的君主专制，使朱祐樘成为名符其实的独夫，而文武臣僚则不过是供他驱使的奴才、工具。不可否认，弘治年间，文武大臣中有不少是德才兼备、颇负时望的，然而同样也不可否认，朱祐樘信任的，不过是刘大夏、戴珊等少数几个人，而且还是在弘治末期，其所起的作用是很有限的。至于其他的人，包括刘健、谢迁、李东阳几个大学士以及王恕、周经、马文升、何乔新等部、院大臣，朱祐樘对他们并不深信。他们的意见，凡是涉及贵戚、近幸的，通通碰壁。自然，众正盈朝，对延缓明王朝统治的衰颓，也起到了一定的作用。但他们的作用的确没有得到应有的发挥，这也是十分清楚的。此外，由于朱祐樘的权力没有约束，因此，他想干啥就干啥，想怎么干就怎么干，任随臣下如何申诉，也很难改变他的主意。结果，天下之大，主要由一个人来治理而不是由大家共同来治理，治理不好自然是意料中事。第三、自“土木之变”以后，几十年间承平无事，极易产生晏安的思想；加之皇帝深居宫中，对于天下之事知之甚少，即使从宦官特务那里知道一些，也是极不真实的。根据记载，弘治十七年（1504）六月，朱祐樘闻刘大夏道：“你前次说，天下民穷财尽，‘祖宗’以来，征发赋役有一定常规，为何现在成了这个样子？”大夏答道：“正正为不完全按常规办，很多东西都比从前征收得多了若干倍”。又问天下卫所军士如何？大夏答道：“与民一般穷”。朱祐樘说：“在卫有月粮，征戍又有行粮，何以也穷？”大夏答道：“其帅侵尅过半，安得不穷！”朱祐樘说：“朕在位许多年，不知天下军民都这等穷。”过了几天，乃诏令各衙门将有损于军民的弊政查奏。统治了17年的朱祐樘，对天下军民的疾苦还一无所知。在他的心目中，国家自然是升平富庶，一派繁荣昌盛的景象。在这种情况下，要他革除弊政，抑制奢侈而节用爱民，怎能被接受而且付诸实施?

总之，朱祐樘决不是雄才大略、大有作为之君，当然也不是荒淫的昏君，而是平庸的、力求维持现状的“太平天子”。

孝宗、宪宗两朝之谜

一、所谓"皇庄"

英宗朱祁镇去世后，由18岁的皇太子朱见深即位，是为明宪宗，次年改年号为成化。宪宗在深宫里长大，年幼时，衣食无忧，只知游戏玩乐。做了皇帝以后，他只是遵循父亲的治国方针，继续任用一大批旧朝遗留下的老臣。宪宗即位初期，办了两三件深得人心的事。首先为于谦等人昭雪平反了冤狱，又将以"夺门"冒功的封爵者4000多人革去官职。

但不到一个月的时间，宪宗便重用太监。首先是提拔司礼监姚旺为文思院副使，掌管宫中金银玉器、彩绘装饰等物，以供宫廷之用。宪宗腐败昏庸、挥金如土，掌管皇帝膳食的光禄寺的厨师，由原6000人增添到8000多人。皇室一年消耗的鸡、鹅、羊、猪等费用比正统时期增加了四倍，约合白银十四五万两。接着他做了弊病甚多，为害较大的三件事，即皇庄、传奉官和西厂三事。

曹吉祥像

明代中、后期皇室占有的土地称为皇庄。"皇庄"之名，就始于宪宗。天顺八年，朱见深没收宦官曹吉祥在顺义的田地，设为"皇庄"。但是，明代皇庄的出现，可能更早。它早在明初就已经存在。如《宛署杂记》载：洪武初，燕王朱棣北征，

明宪宗成化明孝宗弘治

"至山后小兴村，得张福等若干人降之，徙入内地，散处宛平黄垡、东庄营等地，以开垦为业。每出征，张福等为亲军，累迁指挥、千百户等官。有旨，以其地为王庄，量征子粒银两，即令建仓黄垡等处，盖成祖龙潜时私庄也。永乐改元，有司请庄所属改称皇庄"。仁宗朱高炽就曾有仁寿宫庄、清宁未央宫庄，英宗朱祁镇为诸子设立东宫、德王、秀王庄田。朱见深的做法，无疑使皇庄的设立名正言顺，从而使皇室搜括土地的风气进入一个高潮。一部分皇庄的收入是专供某宫后妃或未就藩的亲王太子支用的，因而有些皇庄又叫宫庄。《明史》记载："洪熙时，有仁寿宫庄。"这是关于宫庄的最早记录。仁寿宫庄是皇太后的庄田，属于后太后庄田的还有清宁宫庄和未央宫庄。

做太子时拥有庄田（称"东宫庄田"）的明代皇帝共有三人，即明宪宗、明孝宗和明武宗。通过兼并军民土地，皇庄的规模日益扩大，如林俊《传奉敕谕查勘畿内田地疏》载：天顺八年，曾以顺义县安乐里板桥村太监曹吉祥抄没地一处，拨为宫中庄田，面积为35顷；嘉靖初，又侵占了民地40顷，总数达到75顷，比原额大一倍多。皇庄的大量出现，时在明中叶。

从明代中期设立皇庄，到明代后期派太监充矿监、税监，目的都是为皇室搜集更多的钱财来满足宫中奢侈的生活。不过，皇庄并不单是皇帝一个人的庄田，而是包括皇帝本身、后妃、皇太子及在京诸王的庄田，也就是说，是皇帝及其妻、子的庄田。

"皇庄"，专门为供应宫廷使用的粮米等物。皇庄的设立，其实是开了明代土地兼并的先河。朱见深的皇庄，很快就遍布顺义、宝坻、丰润、新城、雄县等处。到他的儿子明孝宗弘治二年（1489）的时候，在京畿内的皇庄有五处，面积达12800顷。他的孙子武宗朱厚照即位一个月内就在大兴县设皇庄7所，并陆续发展到昌平、真定、保定等地，10年内皇庄的面积达到37595顷。上行下效，皇帝既然带头兼并土地，藩王、勋戚、宦官也纷纷请求皇帝赐给土地，于是有所谓的王田、官庄。据说，到弘治十五年（1502），全国官田的面积达到民田的七分之一。土地兼并无疑激化了社会矛盾。给事中齐庄上疏："天子以四海为家，何必与民争利？"宪宗根本不听。于是上行下效，皇亲国戚、贵族豪门强指民地为闲田，请求宪宗赏赐土地，他们霸占民田，有时成百上千亩，更有甚者高达数千顷。由于大量民田被侵占，百姓失去土地，无以为生，阶级矛盾日益激化。

成化元年（1465）南方大旱，人民不堪赋税徭役之苦，饥寒交迫、无家可归，爆发了大规模的荆襄流民起义。以刘通、石龙等人为领导，无数失去家园的百姓跟随他们举义，一时拥兵数十万，纵横湖北、河南、陕西、四川等地。刘通在湖北房县自称汉王，专杀贪官污吏，为民除害。他们坚持了一年多，对抗官府的镇压，后二人被官兵追杀，壮烈牺牲。

二、传奉官

祖制规定，皇帝任命朝臣，也要通过一定的程序。如果是大臣，则要经过科举考核合格，才能选用。若是小官，也要由吏部选拔推荐合格的人才，而且各个衙门官员都有一定的名额。但宪宗却不遵守祖制，随意由自己内批任命，出身资格一概不论。天顺八年（1464）二月，即位不到一月的朱见深下了一道诏令，授予一位名叫姚旺的宫人为文思院副使。这便是“传奉官”之始。“传奉官”是当时人们称呼那些不经吏部，不经选拔、廷推和部议等选官过程，由皇帝直接任命的官员。很明显，这违反了正常的手续，却只是为了满足皇帝或者后宫中某个妃嫔或宦官的愿望。这一举措对制度的破坏，带来了严重的后果：传奉官既然是由皇帝直接任命的，也就说明其中大部分人是无法通过正常渠道获得官职的。传奉官中多数是一些佞幸之人，靠着结交宦官或者行贿的手段取得一官半职，他们的在职也就大大地败坏了吏治。既然传奉官由宫中旨意直接传授，而又不需要经过吏部复核，因此，掌握宫中大权的嫔妃及太监就可以借皇帝之名，大行私利，卖官鬻爵。据说，梁芳取中旨授官，累计达1000人。

传奉官的泛滥，引起了许多官员的不满。成化十九年（1483），御史张稷上疏，谈及传奉官给朝政带来的混乱：“末流贱伎妄厕卿，屠狗贩缯滥居清要；文职有未识丁，武阶亦未挟一矢……自古以来，有如是之政令否也？”张稷说的是，自有传奉官后，文官中竟有一字不识的，武官中竟有从来没拿过弓箭的，自古以来，有这样的政治吗？因此，官员们纷纷请求淘汰传奉官员。宪宗虽然有时也偶而淘汰一些传奉官，但总体上是传授的要比淘汰多。

这种情形，直至成化二十三年（1487）明孝宗即位后大力裁汰冗官，才得到一些改变。但是，好景不长。明孝宗后来与他的父亲一样，也喜欢通过内旨授官，在弘治十二年（1499）曾一次传奉匠官张广宁等120人，再传少卿李纶等180余人。由宪宗创造的传奉官本是对制度的破坏，也许由于能满足历代皇帝任用私人的愿望，竟成了制度。宪宗一定是想："既然都是我的臣民，大家机会均等，我说了算吧。"

宪宗还任意提拔官吏，有时多达百人以上。被任命的官吏，全是不合格的人员，总数多达3000余人。传奉官的出现，说明宪宗已把官爵视为自己手中的私物，由此而助长了官场上营私舞弊和卖官鬻爵现象的蔓延。

三、西厂和宦官汪直

为了加强专制统治，宪宗于成化十三年（1477）正月，又增设了"西厂"。明初原有两所特务机构，一个是锦衣卫，一个是东厂。朱元璋为了打击朝中的反对派，于洪武十年（1376）设置了锦衣卫，掌管皇帝出入护卫，特令兼管刑狱。永乐十八年（1420），朱棣又在东安门设立了东厂，用太监提督，诸事可直接报告皇帝，权力在锦衣卫之上。这两处专司特务职责的官署，作为皇帝的耳目，探听反对皇帝的朝臣，他们设置诏狱，用刑残酷，作恶多端，臣民无不恨之入骨。如此，宪宗还嫌权力不够，又设西厂，命太监汪直提督，汪直为人阴险奸诈、无恶不作。

为什么要在东厂之外再设立西厂呢？据说，宪宗觉得要知道外面的事情，单有东厂远远不够。成化十二年（1476）的七月，京师捕获"尼妖"。他借助宫内太监鲍石、郑忠的帮助进入内府，登万岁山观望，图谋不轨。妖人抓住后，皇帝派太监汪直在灰厂审讯此事，随后就干脆在西城灵济宫前面的一家灰厂内新立了一个特务机关即西厂，由汪直提督厂事。

西厂正式成立后，汪直借用锦衣卫中的力量，在全国范围内展开了他的特务网络，据说“自诸王府、边镇及南北河道，所在校尉罗列”。他原是宪宗宠妃万氏的内侍。由于他诡计多端，专门会迎合万氏的心意，献给万氏珠宝珍玩，尤其会讨万氏的欢心，后被万氏推荐给宪宗。开始时执掌御马监，他拍马溜须，极尽阿谀奉承之能事，取得了宪宗的好感。经过一段时间，成为宪宗身边最为信赖的人物。

设立特务组织西厂后，可给了汪直发挥“才干”的机会，他如鱼得水。在他的控制下，西厂迅速扩充，所领军役比东厂多出一倍，气焰更在锦衣卫之上；他以皇家侦探自居，经常带领心腹在京城内外易服私访，打探消息。上至亲王、大臣府第，下至乡间村野茅棚，以至街头巷尾的琐事，无所不报，凡有不合他的心意之处，便随意栽赃诬陷、捕风捉影，重刑逼供，制造冤狱，残害正直的文武官员，使得朝野上下，人人自危，势力所至，遍及全国南北，边远各地。

在宪宗的支持下，汪直的地位日益巩固，他开始结党营私，广植党羽，凡是反对他的人，都加个图谋不轨的罪名，下到监狱。一次，兵部尚书项忠，在路上遇到汪直，因为没有给他让路，便受到他的当面凌辱。到后来，朝中大臣遇到他，都像躲避瘟神一样改道而行，无人再敢招惹是非。西厂的特务人数，在当时比东厂要多出一倍。气焰非常嚣张，成立的当年就连兴大狱，逮捕了郎中武清、乐章、太医院院判蒋宗武、行人张廷纲、浙江布政使刘福、左通政方贤。明代各省的左、右布政便是从二品，品秩相当高。然而西厂却可以不经皇帝同意就擅自抄捕。这种情形让当时的大学士商辂、兵部尚书项忠忍无可忍。商辂向宪宗建议，撤销西厂，主要的理由就是擅抄没三品以上京官。其疏指出：“自直用事，士大夫不安其职，商贾不安于途，庶民不安于业。”

商辂所说的“庶民不安于业”并非夸张。宪宗接到商辂的奏疏，说：“用一个宦官，哪里就至于这样呀？”但终于拗不过商辂的坚持，加上兵部尚书项忠也上书请求撤销西厂，因此，成化十三年（1477）五月，西厂撤销，汪直回御马监办事。但是，同年六月，商辂和项忠就先后被罢免，西厂又恢复了。这一恢复，就一直到成化十八年汪直失宠以后撤销为止。总共计来，西厂在成化朝的历史上存在了五年多。成化朝的西厂，一方面

成化青花穿花龙纹鹤颈瓶

是扩大了明代特务的职能与侦察范围，侦察的地点不限于都城、地方，而遍及南北边腹各地，这是此前的东厂所没有的；另一方面，宪宗之设西厂，无疑加强了皇帝对于特务组织的偏爱心理。后来的武宗，也就是宪宗的孙子，就效仿他祖父的做法，不但重建西厂，又增设了内行厂。特务组织的存在，使原本属于斯役之流的旗尉，得以肆意凌辱大臣，也算是明代的创举了。

第一次西厂遭撤后，汪直对商辂等人怀恨在心，寻机报复。不久，汪直便捏造罪名，上奏商辂任用奸佞，接着又有御史戴缙因商辂没有提拔自己，也上疏攻击商辂，并无耻地吹捧汪直大公无私，建议恢复西厂。宪宗一见奏疏，正中下怀，便顺水推舟，再开设西厂。汪直仍然官复原职，商辂等数十名正直的大臣，见此情景，只得痛心地辞官归乡，宪宗也不加挽留。

汪直复职后，立即指使手下诬告项忠有非法之事，宪宗下令司法机构和锦衣卫对项忠进行会审，但没有任何犯罪证据。会审的官员深知宪宗和汪直的用意，就是要对弹劾汪直的官吏进行报复。最终把项忠削职为民，并株连所及，一时九卿等官员被罢黜撤职者，达数十人之多。

四、宦官汪直专权“利器”之谜

在明代历史中，汪直可能是继英宗朝王振之后又一个著名的专权者。早期是侍奉万贵妃的小太监，在昭和宫里当差，慢慢地升为御马监太监，做了一个管御马、进贡马骡的七品内官。中期是成化十三年（1477）至成化十八年（1482），汪直的身份是提督西厂。这是他权势最盛的6年。晚期是宪宗将汪直闲置在边陲，然后再把他放到了南京的御马监这一段时间。实际上，汪直干预政治，也就是提督西厂的6年。据《明史》说，汪直的主要特点就是"为人便黠"，也就是花言巧语阿谀奉承的意思。

他最喜欢做的事情，除了做特务之外，就是领兵打仗了。他曾经领着京城十二团营的军队远征过。团营是景帝时期开始创建的京城精锐部队，能控制这样一支军队，足以说明汪直的威势了。成化十七年（1481），远征的汪直请求班师。宪宗叫他继续去宣府御敌，不久又让他去大同巡边，却把军队全部撤了回来。之后，汪直就再也没有回到皇帝的身边，而是直接发配到南京御马监去了。他极为骄横，据《皇明世说新语》说，汪直每到一个府、县，当地的官员都得跪着迎接，竭其所能地招待他，一旦有什么不周的地方，汪直就会这样问："尔头上纱帽谁家的？"

汪直专权的利器是西厂。此外，汪直专权的利器还有"两钺"（钺，古代兵器，大斧）。这是宪宗身边的一个名叫"阿丑"的演戏的小太监提出来的。

有一次，宪宗前来看戏，阿丑装扮成汪直的模样，一手拿一把大钺，钺是大斧。阿丑两手挥动着大斧，挺胸阔步走上台来。台上配角故意问他："你手中拿的何物？"阿丑回答："一个王越、一个陈钺。"

王越和陈钺都是汪直提拔的心腹大臣，平时横行霸道，无人敢惹。王越，字世昌，直隶浚县人，景泰二年（1451）进士。他虽然是一名文臣，但却很能打仗，甚有才略，从成化初年起就在河套地区抵御蒙古鞑靼部的战争中立下赫赫战功，后成为汪直的莫逆之交。王越与汪直的关系，被后人视为其品格上的污点。《明史》称他"躁于进取，依附攀缘"。陈钺，字廷盛，直隶献县人，天顺元年（1457）进士。与王越一样，陈钺也是一个负责边疆防卫的大臣。王越负责的是西北河套一带的防务，而陈钺则负责东北辽东一带的防务。他做辽东巡抚的时候，汪直巡边至辽东。他欢迎的场面非常大，自己匍伏迎接不算，酒席也办得很丰盛，并且重贿汪直的左右随从人员。

接着阿丑又饰演一个醉酒的人，喝得醉醺醺左摇右晃地走上台来，手中还拿着喝空的酒坛。阿丑嚷着：“拿酒来！”嘴里还不停地骂骂咧咧。

帮腔的说：“不能再喝了，李大人来了！”阿丑不以为然，仍嚷着要酒。

帮腔的又说：“圣上驾到！”阿丑还是骂个不停。

最后帮腔人假装紧张：“汪太监来了！”阿丑故意吓得跪伏在地，不敢说话。

那人问他：“为什么皇帝驾到你都不怕，而怕汪太监呢？”

阿丑回答：“我只知道有汪太监，不知道有天子！”

宪宗看到这里，已知阿丑的用意，禁不住面红耳赤。遂对汪直的胡作非为，极为不满。而正直的大臣也一直没有放弃劝谏的机会。他们想方设法从侧面规劝宪宗，要以国家为重，社稷为重，宪宗渐有所悟。宪宗曾听从汪直建议，把他的心腹、统制三边的王越，提升为兵部尚书，又把边将陈钺提升为右副都御史。二人成为汪直的左膀右臂，他们相互勾结、狼狈为奸、气焰嚣张。搞得京城内外乌烟瘴气，一派恐怖气氛，以致当时人们，只知有汪太监，不知有天子。

成化十五年（1479）秋，宪宗把汪直调离西厂，命令他去巡视边关。边臣闻知汪直巡边，沿途数百里，陈设各种供应，极力讨好汪直。惟有镇守辽东的兵部侍郎马文升对汪直不加恭敬，汪直立即给马文升扣上扰边的罪名，发配边城。河南巡抚秦竑对此事十分气愤，向宪宗密奏了汪直的罪行，从此宪宗对汪直更加警惕了。

宪宗终于下定决心，解散了西厂，把汪直发落到南京御马监，后来又罢了他的官。把他的心腹王越和陈钺两人削职为民。又将马文升召还，任命为左都御史，仍然镇守辽东。汪直一伙人作恶多端，他们都没有得到好下场。朝中上下十分受喜舞，认为圣上终于觉悟，对改善朝纲充满信心。汪直本人后来逃过了惩罚，寿终正寝。在明代专权的宦官中，他可能算是最幸运的一个。

五、“恋母情结”之谜

天顺八年（1464）七月二十日，朱见深大婚。朱见深当时婚娶的吴氏，是由父亲朱祁镇选定的。但还不到一个月，吴皇后就被废。取而代之的是王氏，即后来的孝贞皇后。吴氏被废背后的缘由，一直为人所猜疑。一种说法是太监牛玉专恣，讨厌太监牛玉的人想借机夺去他的权柄，故挑动皇帝废后。皇帝自己的说法是吴皇后“举动轻佻，礼度率略”，且可能在册立时牛玉有舞弊的嫌疑。其实，“牛玉舞弊”的说法是不成立的。真正的原因是吴皇后得罪了皇帝宠爱的万氏。

万氏（1430~1487），小名贞儿，本是宪宗的祖母孙太后宫中的一名宫女，诸城人，父亲万贵是县城衙门中的一个小吏，后因犯法被贬戍边。贞儿4岁就选入宫中，长大后选往东宫服侍朱见深。万氏比朱见深年长17岁。朱见深18岁即位以前，就与万氏关系暧昧。万氏与另一个名叫褚五儿的宫女，同被派遣到太子宫中，料朱见深又与她们亲昵狎近，耳鬓厮磨，打得火热。英宗这次知道后，把万贞儿和褚五儿都召来，每人杖打100大

明宪宗妃万氏

板，褚五儿当场被打死，万氏也被打得奄奄一息。朱见深非常痛心，找来最好的御医给万氏调伤，并用好言好语极力安慰。

朱见深做太子时，万氏虽比他大17岁，但二人情意缠绵、形影不离，凡大小事物，朱见深都听信万氏的决定。万氏虽然貌美聪颖，但为人奸佞，嫉妒猜疑、心狠手辣、阴险恶毒，都集于一身。宪宗朱见深一辈子对万氏都非常宠幸。成化一朝的内宫，基本上是万氏主宰着，进而影响了外廷的政治。朱见深眷恋大他如此多岁数的女人，而且纵容她在宫中横行几十年，两人结下了生死之缘，其原因确是难解之谜。

万氏为人机警，身材丰满，很会迎合皇帝的心意。据说每次皇帝游幸的时候，她总是穿着戎装，骑着马为前驱，或佩刀侍立左右。相比六宫粉黛的柔姿弱态，身着戎装的万氏自然给朱见深一种新鲜感。也许，这是万氏邀宠于朱见深的关键。

朱见深做了皇帝之后，本意是想立万氏为皇后，但宪宗和万氏二人，心里都清楚明白，万氏绝不是做皇后的人选。一则因万氏比宪宗大17岁，且英宗早已为儿子选好了三个候选人，最后吴氏册封为皇后。万氏平时横行后宫，无人敢惹，吴氏做了皇后，万氏早已妒火中烧，随时准备寻衅挑起事端。

吴皇后是京师顺天府人，比宪宗小一岁，吴氏“聪敏知书、巧能鼓琴”，仪态端庄，行动举止温文尔雅、落落大方，很得后宫上下的尊重。但是与宪宗举行大婚之后，她怎么也料想不到，竟会夜夜独守空帏。她不能理解宪宗的行为，宪宗由于过早地和万氏生活在一起，对万氏产生了一种无可替代的爱恋和依赖。尽管吴氏年轻漂亮，但宪宗却无法接受她，而且万氏阻止宪宗和皇后亲近。皇后竟遭此冷遇，受尽这般屈辱，心中确实极度悲哀。

而吴皇后的到来，使万氏的皇后梦彻底破灭，情感的压抑和妒嫉，使她产生了一种恶性的变态心理。万氏利用宪宗专宠自己的优势，在宪宗面前百般诋毁吴皇后。以至于变本加厉，步步紧逼。开始时指桑骂槐，后来索性对吴皇后肆无忌惮地大加辱骂。

吴皇后毕竟是六宫之主，母仪天下，竟遭一个无赖宫女的斥骂，愤怒中斥责了万氏几句，谁知万氏居然跳起脚来破口大骂。吴皇后再也按捺不住，命令身边的侍女将万氏按倒在地，杖打了一顿。

万氏长大后从未受过这样的委屈，添油加醋地把吴皇后责打自己的事告诉了宪宗，竟反咬一口，谎说吴皇后容不下她，要死要活地大闹了一番。

宪宗听完万氏的哭诉，深信不疑，他按捺不住内心的愤怒，把皇后传来，不问青红皂白，令宫人把皇后也责打了一顿。不想万氏仍不甘心，宪宗即向万氏发誓，要废掉吴皇后，立万氏为皇后。

万氏于是想出了一个阴险毒辣的计谋，把当初负责选后的太监牛玉打入锦衣卫大牢，用酷刑逼他作出假证，即接受了吴皇后之父吴俊的贿赂，谎称王氏身有瘢痕，吴氏才得以册封为皇后。宪宗得到了牛玉的假口供，立即禀报两宫太后，并提出废掉吴后，经过一番周折，终于达到罢黜吴皇后的目的。可怜吴氏刚刚做了一个月的皇后，就被废除而迁入西宫。从此，只能在寂寞悲苦中度过凄冷岁月。

吴皇后被废之后，宪宗极力在两宫太后面前推荐万氏，竟被二人一口回绝。宪宗虽对万氏情有独钟、爱恋至深，却也无可奈何。只好同意两宫太后册立王氏为新皇后的决定。

王氏生于正统十四年（1449），江苏江宁人，中军都督王镇之女。她温柔宽忍、淡雅宁静，且聪慧机敏，通晓情理。此时王氏年仅16岁，她因年龄尚小，阅历不深，对吴皇后被废的真正原因并不十分清楚。

王皇后表面上心如止水、不动声色，内心却异常悲痛。万氏深知“有嫡立嫡、无嫡立长”的祖制，如果王皇后生了皇子，或其他妃嫔生育王子，自己的美梦必然破灭。她利用在宫中专宠的地位，绞尽了脑汁，用尽了手腕，千方百计阻止宪宗召幸皇后和其他妃嫔。不仅如此，她还对已经怀孕的妃嫔强行堕胎。

王皇后深怕万氏的妒火烧到自己头上，当宪宗偶而要来召幸的时候，她却胆战心惊，每次都借口身体不爽而推脱过去。由于惧怕万氏，不敢与她争宠，虽然她的皇后地位得以保全，可怜她终其一生也未能给宪宗生下一男半女。

明宪宗成化明孝宗弘治

宪宗直到此时仍未生有皇子，私被他召幸的妃嫔宫女有了身孕，被万氏得知，即派心腹送去堕胎药。没有人敢违背旨意，必须吃下去，才不会遭受万氏的迫害。

成化二年（1466）正月十九日，37岁的万氏终于生下一子，宪宗大喜过望，立即册封万氏为贵妃，将盼望已久的这位长子封为太子。除在宫中大行庆贺，还派遣官员到全国名山大川专程祭祀，感谢天地，祈求上苍保佑皇子福寿永康。

万氏一人得道，全家鸡犬升天。父亲万贵，从前因犯罪被贬官，如今贵为皇亲国戚，被封为锦衣卫都指挥使。其兄万喜、万通均被封为指挥使，万喜后又进封为都指挥同知。弟弟万达封为指挥佥事。

对这位寄于无限期望的皇长子，万氏更像爱护自己眼珠一般，精心呵护。也许是由于万氏作恶多端，报应不久便降临到她的头上，于同年十一月，这个太子还不到一岁，就因病一命呜呼了。

这使得宪宗痛不欲生，万氏更是伤心欲绝。万氏一直未再生育，但在后宫仍旧受宠如前，更加横行霸道。把宪宗牢牢地拴在自己身边，不让宪宗接近皇后和妃嫔，甚至安排自己的心腹太监梁芳等人，昼夜监视宪宗的行动。尽管如此，成化十二年十月，宪宗还是进封万氏为皇贵妃。

宪宗求子心切，心为所动。在英宗为他选择的三个皇后候选人中，有一位柏氏，宪宗暗中临幸了她，柏氏于成化五年四月，为宪宗生下一子。宪宗非常高兴，立即诏告天下，进封柏氏为贤妃，册立刚满月的小皇子为太子。万氏气得肝肺欲裂，又使用阴险恶毒的手段，派人先是害死了未满四个月的太子，接着柏妃也不明不白地死去。

一日，年近30岁的宪宗让太监张敏给自己梳理头发，他不胜哀叹地说："朕将老矣，却至今尚无皇子！"张敏闻听此言，泣声奏曰："圣上已有皇子，如今已经六岁了！"张敏方将此事的始末和盘托出。

七年前的一天，宪宗来到内藏库，管理内库的宫女纪氏出来迎驾。宪宗见她美色绝伦，又口齿伶俐，便在内藏库暗地将她私幸。成化六年七月三日，纪氏终于为皇帝生下一个皇子。这事被万氏侦知，万氏盛怒之下，召来太监张敏，命他立即把皇子溺死。张敏深知皇帝正为痛失爱子和柏贤妃而悲伤。至今尚无子嗣，自己怎能忍心再将皇上的亲骨肉毁灭掉呢？况且，手中的小皇子是关乎大明王朝的国本，如果一旦丧失己手，将是千古罪人！思前想后，他将皇子抱还给纪氏，并将母子转移到一处密室，偷偷地躲藏起来。

宪宗听完张敏的述说后，恍然大悟。当即派人前往西宫迎接皇子。纪氏见使者来临，又悲又喜。使者给小皇子穿上红袍，抱上小舆，抬到宪宗面前。宪宗把儿子抱到膝上，见他胎发长垂至地，悲喜交集，哭着说："像朕，是朕的儿子！"第二天，宪宗颁诏天下，大臣们皆大欢喜，早朝一齐向宪宗道贺。宪宗命内阁起草诏书颁行天下，并封纪氏为淑妃，移居西内。大学士商辂仍担心这位皇子会重蹈皇太子祐极的覆辙，但又不敢明言，只说皇子国本攸系，让母子住在一起，便于照料养育。宪宗准奏，命纪淑妃携皇子居住永寿宫。宪宗还大胆地同其他妃嫔共枕，宫内的妃嫔稍稍放开了一点胆子，那些已经分娩的皇子，陆续报闻。宪宗亲自给儿子取名祐樘，这一天是成化十一年（1475）五月十五日。

万氏这时才如梦初醒，一人咬牙切齿，旦夕怨泣。到了忍无可忍的时候，她想出了毒辣的一招，就是将纪氏母子置于死地，先发制人。

六月二十七日这一天，纪淑妃在宪宗住处饮酒进宴，纪妃突感腹内剧痛，告病回宫。第二天，万氏派出御医给纪氏诊治，不多时纪妃就暴病身亡。宫里传说是万氏乘宪宗召见纪氏之机，暗地在酒中下毒，纪氏被毒害。又传闻万氏派出的御医又给纪氏下了毒药，故而医治无效，反倒致使纪氏迅速死去。其时距宪宗见到皇子只有43天。纪妃暴死，举朝震惊，群臣纷纷上疏，请求彻底调查纪妃暴死的真正原因，宪宗心里有鬼，明知此事与万氏有关，只好息事宁人，借口纪妃患急病而死。太监张敏知道万氏也不会轻饶了自己，与其被她害死，不如自己了断。可怜张敏忠义天下，最后竟吞金而亡。纪淑妃死后，被谥为"恭恪庄僖淑妃"，埋葬在京西金山。

万贵妃还想除去眼中钉朱祐樘。可是她也不是那么容易下手的。周太后为了保护孙儿，命宪宗将朱祐樘交给她，放在仁寿宫抚养。不久，朱祐樘被册立为皇太子。一天，万贵妃请祐樘到她宫里去玩，周太后知道她不安好心，叮嘱孙儿，去了之后不要吃任何东西。到了贵妃宫中，贵妃劝祐樘吃饼，祐樘回答说，已吃过饭了。贵妃又劝他吃羹汤，机灵的孩子反问她："羹中有否置毒？"气得贵妃半晌说不出话来。"这么小的孩子就如此防备我、记恨我，长大后还不知会做出什么事来！"她觉得非下决心逼宪宗易储不可。

这以后，她一有机会，就要求宪宗废掉皇太子朱祐樘，诬称太子如何暴戾，如何矫擅，不如废去，另立邵宸妃的儿子兴王朱祐杬。宪宗初不肯答应，哪禁得贵妃一番柔语，继以娇啼。尽管此时万贵妃已年近六十，可宪宗对她又亲又怕，根本离不开她，怎敢不听从她呢？太监梁芳等人勾结万妃，大肆侵吞内府钱财，害怕将来太子即位后会惩治他们，也帮着万贵妃一起攻击太子。宪宗只得答应了。

第二天，宪宗找司礼太监怀恩商量，怀恩连连说不可，惹得宪宗很不高兴，竟把怀恩贬到凤阳去守皇陵。正想再召集群臣们商议废立之事，忽报东岳泰山发生地震，钦天监正据天象所测，说此兆应在东宫，宪宗以为废太子会惹怒天意，把易储之事就此搁起。这才保住了太子的地位。

成化年间的斗彩鸡缸杯

宪宗对万氏宠爱有加，于是太监们，包括汪直在内，纷纷投靠在万氏门下，方百计到民间搜刮珍宝美珠，献给万氏。有时还假托圣上的旨意，到全国各地采办，苛扰百姓。万氏对他们有求必应，使他们能得以青云直上，在朝中形成了很大势力。一些在各省的镇守太监，也都因朝中有人支持，职位居于总督和总兵之上，颐指气使、为非作歹，使得朝廷内外一片混乱。官员无能为力，人民无法生活，而宪宗都不闻不问，只顾和万氏享乐和挥霍。

成化六年（1470），湖北又爆发了流民大起义，以李源、小王洪等人为首，自称太平王，活动在湖北、河南、陕西一带，前往投靠的流民达百万之众。朝廷派出20万大军前往镇压，李源等靠山据守，不幸由于山洪爆发，起义军惨遭失败，被斩杀者达两千之众，流民尸横遍野、白骨累累。

对于万贵妃屡次催逼易储，宪宗只是不睬，她费尽心机也无法动摇太子的地位，贵妃挟恨在胸，酿成肝疾，一次怒打宫女，因身体肥胖心脏负荷量大，加上怒气冲顶，竟一口气没有接上来而猝死。宪宗闻知万氏死去，悲痛欲绝，念及年幼时的一段情分，流着热泪说："万妃一死，朕也活不久了！"他命礼部一切按照皇后的待遇办理丧葬，并辍朝七日，还给万氏加封了荣耀的谥号，葬在天寿山陵区内的苏山脚下。后世称其坟园为"万妃坟"，这是十三陵陵园中的第一座妃子墓。

按照明朝的制度，只有皇帝和皇后死后才能葬于天寿山陵区，像万贵妃这样的妃子只能葬在西郊的金山。万贵妃很幸运，死在宪宗朱见深的前面。作为皇帝最宠爱的妃子，她被朱见深安葬在十三陵陵区。今天在定陵西南约2公里处的苏山脚下，有一占地约2万平方米的陵园，即是万贵妃墓。墓碑雕云凤纹，中间一"田"字，既表墓主"万"姓，且寄吉祥之意，真是宠尽于身后！明末的沈德符曾感叹地说："妇人以纤柔为主，万氏身体肥胖，与纤弱相反，而获异眷，就像杨玉环得宠于唐明皇一般！"

万贞儿以一个卑微的宫女，半老徐娘之身，为何能一举夺宠，宠冠后宫，做了20多年无名有实的皇后？在明代，皇帝拥有多位妃子，但真正谈得上爱情关系的却很难得。皇帝的爱情等感情纠葛与家庭结构中的诸多矛盾也导致明代历史的许多戏剧性变化。如朱元璋和朱棣，对正宫皇后感情甚笃，因而在皇后去世之后再也不重立皇后。明宪宗与长他17岁的妃子万贞儿感情甚好，以至得到一生的宠幸，生了皇子后马上晋为贵妃，并且这宠幸不因万贞儿的胡作非为而衰减一分，仅说万妃具有风骚入骨的狐媚手段显然是解释不了的。

万贵妃死后仅八个多月后，宪宗也一病不起，于成化二十三年（1487）八月二十二日去世，结束了自己昏庸淫糜的一生，死时年仅41岁，他迷信僧道、妖人，重用奸宦、佞臣，把天下搞得乌七八糟，朝政日趋腐败昏暗。有人说：宪宗当朝，纸糊三阁老，泥塑六尚书，朝政紊乱，甚至护不了儿子的生死。但从对一个女人持久的感情来说，算得上是至情至终。

六、童年侥幸死里逃生

自1488~1505年，为明代弘治年间。在位皇帝是明孝宗，名朱祐樘，宪宗的第三个儿子。他18岁即位，36岁去世，在位18年。弘治一朝，既无权臣、宦官或后宫的专权，也很少弊政。所以，弘治朝在明代历史上被称为政治最贤明的时期，明孝宗也被史书描绘成一位贤君。

18岁的朱祐樘于成化二十三年九月六日，登上了皇帝的宝座，第二年改年号为弘治，世称明孝宗。他的生母纪氏当年是管理内库的宫女，纪氏被宪宗偷偷临幸后，怀了身孕。万贵妃逼迫纪氏堕胎，在纪氏流着泪苦苦哀求下，宫女心生怜悯，给她只喝了几口，偷偷把剩余的药倒掉了，回去禀告万氏说纪氏得了鼓胀病。没过多久，纪氏生下了明孝宗，据说出生时头顶无发，是因万氏的堕胎药所致。不久，又被万氏侦知，遂命太监张敏将明孝宗抱去溺死，张敏不忍下手，将明孝宗秘密藏起来，每天喂些蜜糖粥糊，对万氏谎称已把婴儿淹死，后找机会又把明孝宗抱还纪氏，并将母子转移到一处密室，偷偷地躲藏起来。

为了躲避万氏的迫害，明孝宗生下来即藏匿在密室里，直到他6岁时，宪宗听了张敏的述说后，才发现了他。而母亲又遭万氏暗害，中毒惨死。这些刺激在他幼小的心灵中，都留下了不可磨灭的伤痕。他侥幸死里逃生，躲过了万氏的屡次暗害。

据说，丧母时的朱祐樘虽然只有6岁，却会“哀慕如成人”。幼年失母，对于明孝宗影响深远，也许明孝宗后来的善良、温和、宽容，除了儒家的教育之外，还源于幼年时弱者的心态。明孝宗在处理万贵妃一事上，最能体现他的宽容。尽管传说母亲纪氏是被万氏害死的，但是，当他即位后，一位官员上疏要求惩办已死的万贵妃及其族人的时候，明孝宗认为这样的做法是违背先帝的意愿，不愿接受。

他6岁就被父亲宪宗立为太子。9岁的时候，就出阁讲学了。皇太子出阁讲学，是接受正规教育的开始。担任教育职责的官员都是学养深粹之人。皇太子一旦出阁讲学，之后除了大风雨雪天气以及酷热与严寒，每天都必须举行讲读。讲读的内容是四书（即《论语》、《大学》、《中庸》和《孟子》）以及经、史。明孝宗从9岁出阁讲学到18岁即位，整整接受了9年非常正规的教育。在宫中、外廷的双重教育之下，年轻的朱祐樘才不至于像后来的明代帝王那样淫佚放纵。在他成长过程中，又耳闻目睹了宫中的黑暗腐败、尔虞我诈。少年时的这段坎坷经历，对他的影响很大，使他过早地懂得了宫廷的矛盾，社稷的艰难，形成了他嫉恶如仇的性格，也促成了他心怀改革朝政的宏愿。在他做太子时，就暗下决心，日后继承帝位，一定要清除积弊、铲掉奸佞、任用贤臣、勤于朝政，做一个好皇帝。

七、一妻（皇后）之谜

中国古代的皇帝，大都三宫六院，嫔妃成群，明代的皇帝尤其如此。但明孝宗朱祐樘却例外。有人说，他可能是中国皇帝中惟一实行一夫一妻制的帝王。他的一生中只有一个皇后，而且没有其他的嫔妃。这究竟是什么原因呢？

明孝宗皇后张氏，兴济（今河北沧州市）人。成化二十三年（1487）二月，张氏与时为皇太子的明孝宗成婚。同年的九月，张氏被正式立为皇后。张皇后在弘治四年（1491）的九月二十四日生下了皇长子朱厚照，即后来的武宗。朱厚照一生下来，面貌非常清秀，明孝宗对这个儿子非常疼爱，对于张皇后自然更是宠爱。皇帝、皇后像民间的夫妇一样，每天一同起居。这在封建皇帝的私人生活中，真是少见。

明孝宗和皇后形影不离，恩爱有加的情形确实令人难以理解。学者分析可能有以下几种原因：

第一，明孝宗幼年为避万贵妃的迫害，6岁以前一直是秘密养育于宫中的安乐堂内。他对于嫔妃之间的争宠吃醋以及随之而来的宫闱斗争，可谓体会深刻，有切肤之痛。所以，这可能是他不愿有过多嫔妃的一个原因。

第二，明孝宗本人性格温和，又深受儒家思想的熏陶，对于男女之事没有特别强烈的兴趣，即不爱近女色。除了正宫孝康皇后张氏以外，很少接近宫中嫔妃宫女。历史记载，当时有个大学士万安，在宪宗在世时，曾经百般献媚于万贵妃，后来竟不顾自己大学士的身份，冒认为万贵妃的本家，并自认为子侄之辈，常常将一些奇珍献给万氏以固宠。万安还有一个办法，就是用房中术取媚于宪宗朱见深。他深知宪宗好色的本性，就在社会上广泛搜求，得了不少房中秘方。大约他所进献的这些秘术、药方颇见功效，宪宗常常夸赞他。明孝宗即位后，万安为了保住自己在新天子跟前的地位，想把施之于父术转施于子。他亲自将多年搜集的房中秘术奇方工整地抄写成册，由小宦侍放在明孝宗极易发现的地方。他想，这位新皇上既年轻，又适值新婚不久，对此一定会很有兴趣。明孝宗果然很快发现了那本册子，只见字迹工整，装书的小匣子也极精致，细阅一下，发现全都是一些不堪入目的房中术。出乎万安意料的是，明孝宗对此深感不满，当他看见篇末“臣安进”三字，知道是万安所为，不禁怒起。后来，万安终于被免职了。此事也从另一个侧面说明孝宗对于女色，与明代诸帝确有不同之处。

明孝宗之不近女色，大约也跟他的身体状况有关。他的母亲纪妃怀着他时，虽然以“得了怪病”为由骗过了万贵妃，但还是被逼着喝下了一些打胎的药，胎儿虽未打下，却也造成了很大影响。明孝宗一生下来，头顶上就有一块地方没有头发，就是纪氏被迫喝了打胎药的结果。明孝宗出世后，为了躲避万贵妃的耳目，一直深藏西苑的安乐堂中。纪氏奶水不足，太监张敏就用些粉饼一类的东西喂他。这样先天受损，又加上后天营养不足，使得明孝宗后来身体一直不够健康。

第三，张后本人的魅力对明孝宗有足够的吸引力和约束力。史书上也有说明孝宗与皇后张氏笃如民间夫妇，感情很好，似乎亦可能作为明孝宗不近女色之一解。更有史家著作中说明孝宗“为中宫所制”，如此，则明孝宗与其父如出一辙，也有个“惧内”的毛病。成化二十三年（1487）始成为太子妃的张氏，非但在同年明孝宗即位后正式成为皇后，而且集专宠于一身，直到明孝宗去世。

八、郑旺妖言案和明孝宗专宠皇后的弊端

明孝宗夫妇的伉俪情深，虽然令人羡慕，但是，却对弘治朝以及后来的政治格局，发生了一些影响。也就是说，明孝宗专宠皇后张氏造成了一系列弊端。

首先，弘治夫妇感情之专一，造成了皇帝的子嗣相对少了一些。张皇后一生中为明孝宗生了两子三女。但是，皇二子朱厚炜与皇长女太康公主，先后夭折。因此，明孝宗只有朱厚照一个传人。后来朱厚照又没有儿子，所以明孝宗的血脉便绝了。一个如此贤明的皇帝竟然无后，实在是令人痛心。后来，一帮大臣非要继朱厚照即位的世宗称明孝宗为“皇考”，就是一种为明孝宗立后的心态。明孝宗单传，武宗无子，世宗以藩王入继，这种情况引发了明代中期一起重大的政治事件——“大礼议”，对明中后期的历史影响深远。

另外的弊端是，由于明孝宗实仅有朱厚照一个儿子，而且为正宫皇后所生的嫡子。难免令人有各种猜想和某种怀疑。明孝宗长期无子，到弘治四年（1491）得了厚照，且为皇后所生，这与前此三朝太子都均非皇后所生的情形很不相同。而且除此之外，竟又没有更多的儿子。当时，京中颇有流言，传说太子并不是中宫张氏所生。不久便发生郑旺妖言案。

郑旺原是武城卫的一个士兵。他有个女儿，后来，这女孩被选入宫中，到明孝宗时，已经长大成人。郑旺私下与太监刘山交往，打探女儿的情况，知道女儿在太皇太后周氏宫中。郑旺不时将一些时新瓜果托人送入宫中，郑女有时也把些不用了的旧衣物带给郑旺。郑旺得了些宫中之物，不免向人夸耀，吹牛说女儿在宫中很得皇上之心，等等。乡人也很尊敬郑

旺，称之为郑皇亲。不知怎么，就起了这样的流言，说皇太子朱厚照乃是郑旺之女郑金莲所生，被皇后张氏占为己子。流言传入内廷，明孝宗大怒，命立即处死太监刘山，郑旺也被论斩关在狱中，恰逢大赦，才免于一死。

案子到此也算了结了。可是明孝宗死后，朱厚照即位，改元“正德”。正德二年十月，郑旺与王玺闯入东安门，又提起这段往事，并声称要向皇上奏报国母（郑旺之女）被幽的事，一时又引起轩然大波。武宗下命将二人下刑部审讯，屡审不服，拖了很长时间才草草结案。郑、王二人均被处决。

按说武宗朱厚照亲自过问处理此事，不应有疑问了。但是后人根据一些蛛丝马迹，仍旧不断提出种种猜测。人们事后查阅明孝宗处理郑旺一事的卷宗，发现明孝宗对此的批语是：“刘林便决了，黄女儿送浣衣局，为郑旺且监着。”为什么“郑旺且监着”呢？正因为这句批语，使郑旺未被立即处死，后来遇上大赦，保住了其性命。人们猜测，如果传言果然有假，郑旺即为祸首，当然应该立即处死。明孝宗不这么做，正说明其中有问题。更有人猜测，可能明孝宗受制于张氏，心里却很不愿杀郑旺，故有此

泰陵全貌

举。至于批示说“郑氏已发满了”，也有人看见。当时有个叫王赞的翰林编修，正在内书堂教小太监们读书，忽见一宫人被红蓖裹着送往浣衣局，当时内臣宦官们都起立迎接，待之以不常之礼，王赞后来知道，那个宫人就是郑氏。如此，则明孝宗对郑氏的发落，也不过是送至浣衣局罢了。这就更证实了人们的疑问。如果没有确凿证据，郑旺与王玺怎敢又一次赴阙告状，又怎么可能屡审不服呢？很可能是郑旺在与女儿来往时得到了女儿和明孝宗关系的某种暗示或传话，甚至证据。

然而，这毕竟只能是一种猜测，这案子由武宗自己了结，如郑旺所言是真，郑旺就是他的外祖父，他应该彻底翻案。但武宗朱厚照与张皇后感情甚好，恰如亲生母子，他对这事的处理，说明他根本不相信郑旺的说法。

在武宗亲自过问下，维持了明孝宗原案，后来历史上称此事为“郑旺妖言”。

明孝宗专宠皇后张氏，还有一个弊端是，造成了弘治朝外戚张延龄、张鹤龄的跋扈。张氏成为皇后且受宠于明孝宗，给张家带来了极大的荣华富贵。父亲张峦在弘治四年（1491）进封为寿宁伯，不久封侯。张皇后的两位弟弟，也先后受封。张鹤龄继承了父亲张峦的封爵为寿宁侯。张延龄初封建昌伯，在弘治十六年的时候进封为建昌侯。

张鹤龄、张延龄兄弟以外戚骤然富贵，不免气焰嚣张，纵容家人掠夺民田，鱼肉乡里，干一些犯法的事情。大臣们纷纷向明孝宗提意见，要求追查张氏兄弟的违法之事。于是，明孝宗派侍郎屠勋和太监萧敬去查实。但是，事情查实了，却没有办法处理，因为皇后不同意处理她的兄弟。当时的大臣中，像李梦阳、吴世忠，都差点因为弹劾张氏兄弟而获罪。也许，在明孝宗看来，张氏兄弟虽然有过错，但毕竟是皇后的弟弟，所以一般的小过错能宽免就宽免了。当然，他也知道放任张氏兄弟的后果，所以希望通过自己的教诲来使两人收敛。张氏兄弟后来在正德朝和嘉靖朝之交接期间，因为拥护世宗登位，曾经非常受世宗的宠幸。但是，最后张鹤龄被关在诏狱中死去，张延龄被杀于西市。

九、“恭俭有制、勤政爱民”的君主典范

晚明学者朱国桢说：“三代以下，称贤主者，汉文帝、宋仁宗与我明之明孝宗皇帝。”认为明孝宗是夏商周三代以后，与汉文帝、宋仁宗相比肩的贤主，评价很高。《明史》对明孝宗的评价也很高，主要有八字，即“恭俭有制、勤政爱民”。他的勤政、宽容、尊礼儒臣、体恤民生，使他赢得了儒家士大夫的一致好评，被视作明代历史上最符合儒家伦理的君主典范。他接受儒家士大夫们的劝谕，并尽可能遵照他们的要求去行事，因此，也有将他比作周成王，意思是能够听从周公的辅导。明孝宗开创了明代的中兴盛世，其治国方面可值称道的东西很多。学者认为，明孝宗的治国方略的核心即在任用大臣，任人唯贤。

明孝宗继位不久，便大刀阔斧地进行了一系列清除积弊、堪称圣明的行动，这为振兴朝纲，刷新政治，起到了清除障碍的作用，奠定了除弊革新较为坚实的基础。他并没有大开杀戒，只是把朝中奸佞昏庸之辈清除驱走。于贬斥他们的同时，就是大量任用贤能。明孝宗用人标准是察看此人有无政绩，由于他注意任用正直贤能的忠臣，形成“朝多君子”的盛况，在弘治一朝，出了很多名臣。

弘治一朝，名臣辈出。在明孝宗周围有一批对朝廷忠心耿耿的大臣，为他励精图治、整顿朝纲，立下了汗马功劳。内阁中有徐溥、刘健、王涘、谢迁、李东阳等人，同心协力辅佐朝政，均有政声。徐溥是当时的南直隶宜兴人，弘治五年（1492）后任首辅大学士。徐溥的辅政风格，讲究“安静、守成法”，与明孝宗的性格有契合处。而且，徐溥与同僚谢迁、李东阳等人之间，不存在权力斗争，相互间配合得很好。大臣之间的和睦相处，自然能够形成一种与皇权相制衡的“文官”权力。后徐溥因目疾乞归后，内阁首辅为刘健，明孝宗做太子时，他担任过讲官，明孝宗对他一直称先生，异常尊重。

明孝宗即位后，一方面大力清除积弊，大胆提拔贤才，与此同时，他

执行的另一项政策，就是广开言路，虚心纳谏。明朝从正统以后，皇帝每天接见大臣的早朝，时间很短，上报言事，不过片刻。在这种情况下，由于皇帝与大臣见面机会不多，在一些重大问题的处理上，只好听信太监的意见。明孝宗接受前朝的教训，不许太监干政。为了能多和大臣接近，他接受了吏部尚书王恕的建议，除早朝之外，又增加了“晚朝”。明孝宗在倾听了大臣们对政事的见解和意见之后，不失时机地做出了许多重大的决策。

弘治十三年（1500），大学士刘健上奏道：晚朝散归后，天色已黑，各处送来的文件，往往积压在内阁，来不及处理。如四方有灾情，或各边报警等事物，就有耽搁的可能。明孝宗又接受了刘健的建议，除特定的早晚朝之外，每日两次在平台召见有关大臣议事。从此，出现了“平台召见”这一新的朝参方式。

《明史》说：“弘治二十年间，众正盈朝，职业修理，号为极盛者，恕力也。”继王恕之后任吏部尚书的大臣中，马文升也声名甚盛。李东阳后来有诗，称赞明孝宗之善待人臣，其中有一句说：“近臣常造膝，元老不呼名。”说明孝宗对待大臣总像是对待家人一般亲切。明孝宗对臣下宽厚平和，早朝时候亲御奉天门，大臣们言事，要从左右廓庑入门内面奏皇帝。有的大臣因地面太滑，行走失仪，明孝宗从不问罪，奏折中有错字也不纠问。经筵讲官有时失态，他还宽慰几句，不使他们恐慌。

有一年冬天，明孝宗夜晚坐在宫内，觉得寒气袭人，就问左右太监：“此时有无在外办事的官员，正在回家的路上？”身边太监回答说：“有”。他又问：“如此凛冽且昏黑，倘廉贫之吏，归途无灯火为导，奈何？”遂传下圣旨，命今后遇在京官员夜还，不论职位高低，一律令巡逻铺军执灯传送，这事虽不算大，但作为一个封建皇帝能如此体恤臣下，也确属不易了。

明孝宗也注意劳动人民的疾苦，在减轻百姓的负担上，做了许多好事，主要在减免灾区的赋税征收方面。弘治三年，河南地区因灾害，即免收秋粮。后来明孝宗对每年地方官吏奏报因灾情免赋的要求，无一例外地下旨同意。弘治六年，山东地区又因灾情严重而发生饥荒，明孝宗闻报后，立即降旨，向灾区发送库金50余万两，粮米200余万担。为了避免地方官吏从中贪污克扣，派出官员专门监督发放。通过及时的赈济，拯救了260余万灾民的生命。

为了治理黄河和江南的水患，明孝宗命刘大夏为治黄工程的总督理。弘治五年七月，刘大夏坐镇山东。他不负使命，历时两年多，完成了多项水利工程，终于治服了黄河水害。奉旨到江南治理水患的工部侍郎徐贯，首先在江浙地区进行调查研究，以确定比较完善的治水方案。一举修建并沟通河、港、江、湖等河道共130多条。加固堤坝，疏通渠道，使洪水毫无阻碍地泄入海中，也出色地完成了使命。

由于任用了刘大夏、徐贯等认真负责的官员治理水患，既完成了大规模的水利工程，又发挥了以工代赈的作用。自弘治二年至八年，以治黄为主，兼及江南水利，先后用工近60万人，历时长达六七年，在一定程度上解决了灾区人民的失业和救济问题。弘治八年水利工程告竣后，弘治九年一年的赋税收入粮米，较前一年增加了一百余万石。这个数字已接近明初洪武朝的平均岁收。由此可见，明孝宗在治理朝政、改善人民生活方面取得的成绩。

明孝宗在生活上也能注意节俭。宪宗生前爱穿松江府所织的大红细布裁制的袍服，每年要向那里加派上千匹。而这种织品用工繁浩，名虽为布，实际却是用细绒织成。明孝宗做太子时，太监送来新裁制的衣服，他说：用这种布缝制的衣服，抵得上几件锦缎衣服，穿它太浪费了！他做了皇帝后，下令停止为皇宫织造此种昂贵的细绒布料。

在明代的皇帝中，也算孝宗最为仁慈。他对于救荒的工作非常重视，要求各级官府都要设立常平仓，以应付灾荒。在刑罚方面，他要求慎重施刑。在他的这种要求下，一些素以残酷闻名的特务机构如锦衣卫都收敛起来。弘治一朝，政治清明，经济发达，号称太平盛世。